# *Das Gartenbuch für Allergiker*

Lucy Huntington

# *Das Gartenbuch für Allergiker*

## *Die schönsten Pflanzen, die besten Arbeitsweisen*

*Aus dem Englischen von Sabine Lorenz und Felix Seewöster*

vgs

Für Francis, meinen Mann und Partner in allen Lebenslagen.

Die Informationen und Empfehlungen in diesem Buch sind von Autorin und Verlag nach bestem Wissen und Gewissen sorgfältig erwogen und geprüft, stellen aber keinen Ersatz für eine medizinische Betreuung jeglicher Art dar. Autorin und Verlag übernehmen keinerlei Haftung für etwaige Personen- oder Sachschäden, die sich aus Gebrauch oder Mißbrauch der in diesem Buch aufgeführten Anwendungsmöglichkeiten ergeben.

Die Deutsche Bibliothek – CIP-Einheitsaufnahme
*Huntington, Lucy:*
Das Gartenbuch für Allergiker : die schönsten Pflanzen, die besten Arbeitsweisen / Lucy Huntington.
Aus dem Engl. von Sabine Lorenz und Felix Seewöster – Köln : vgs, 1999
Einheitssacht.: Creating a low allergen garden <dt.>
ISBN 3-8025-1385-1

Titel der englischen Originalausgabe: Creating a low allergen Garden.
Erstausgabe 1998: Mitchell Beazley, an imprint of Octopus Publishing Group Ltd, Michelin House, 81 Fulham Road, London SW3 6RB.


Umschlagfoto: Andrew Lawson (Gartengestaltung: Anthony Noel)
Redaktion: Martina Weihe-Reckewitz
Lektorat: Marcus Reckewitz, Bonn
Umschlaggestaltung: Alexander Ziegler, Köln
Satz: ICS, Communikations-Service GmbH, Bergisch Gladbach
Printed by Toppan, China
ISBN 3-8025-1385-1

# Inhalt

# Danksagung

Den größten Dank schulde ich meiner Schwester, Selina Thistleton-Smith, ohne die es weder das Konzept des allergenreduzierten Gartens noch dieses Buch gegeben hätte. Nachdem wir beide zu der Überzeugung gelangt waren, daß es der Mühe wert war, den Gedanken eines allergenreduzierten Gartens weiter zu verfolgen, ist es vor allem ihrem entschlossenen und zielstrebigen Einsatz zu verdanken, daß das Projekt nicht nur erfolgreich beendet werden konnte, sondern auch von anderer Seite finanzielle und ideelle Unterstützung erhielt. Ihre Hilfe reichte von der Arbeit an drei Gärten für die Chelsea-Gartenschau über die Eröffnung des Capel-Manor-Gartens und setzt sich bis heute fort, indem sie bei der Einrichtung von allergenreduzierten Gärten auf der ganzen Welt mit ihren Ratschlägen hilft.

Zum zweiten danke ich John Donaldson, Kurator der englischen National Asthma Campaign (NAC, Nationale Asthma-Initiative), der unser Projekt von Anfang an gefördert und unterstützt hat, insbesondere durch das Sammeln aller verfügbaren Informationen über Pflanzen, die allergische Reaktionen hervorrufen können.

Mein Dank gilt auch den Medizinexperten, die mich berieten und unterstützten. Zu nennen ist Dr. Bill Frankland, der bei der Anlage der Gärten half, mir wertvolle Ratschläge erteilte und wichtige Informationen vermittelte. Auch fand er sich freundlicherweise bereit, den ersten Teil dieses Buches kritisch gegenzulesen und die Abbildungen auf ihre Richtigkeit hin zu überprüfen. Dr. Stephen Durham und Dr. Duncan Geddes vom Royal Brompton Hospital nahmen ebenso Einsicht in das Manuskript und steuerten wichtige medizinische Hinweise bei.

Seitens der NAC fand die Idee des allergenreduzierten Gartens ebenfalls breite Unterstützung. Den Mitarbeitern ist es zu verdanken, daß Medien und Presse in Großbritannien auf das Projekt aufmerksam wurden, was letztlich dazu führte, daß die Anfragen nach einem Buch zu diesem Thema immer zahlreicher wurden. Unter den vielen freiwilligen Mitarbeitern der NAC fanden sich viele bereit, Zeit und Kraft zu investieren, um bei der Anlage der Gärten zu helfen. Besonderer Dank gebührt hier Beryl und Brian Schirn, deren Ermutigungen uns stetiger Antrieb waren, sowie David Thistleton-Smith, der immer, wenn man ihn brauchte, tatkräftig zupackte.

Weiterhin habe ich den zahllosen unter Asthma, Heuschnupfen und Hautallergien leidenden Patienten zu danken, die Fragebögen ausfüllten und wertvolle Ideen beisteuerten – ohne sie wären weder die Gärten noch dieses Buch entstanden.

Die Arbeit an diesem Buch hat mich im Verlauf des vergangenen Jahres viel Zeit gekostet, und ohne die Hilfe unserer unschätzbaren „Bodencrew“ – Ian, Annette und Jenny –, die in dieser Zeit den Haushalt führten, wäre es nicht zustande gekommen.

Und schließlich danke ich meinem Ehemann Francis, der mit unendlicher Geduld mein Manuskript immer und immer wieder las und es nie an Ratschlägen und Ermutigungen fehlen ließ.

*Lucy Huntington*
Oktober 1998

# Vorwort

Ich werde häufig gefragt, welche einschneidenden Veränderungen meiner Ansicht nach im Verlauf der letzten zehn oder zwanzig Jahre im Bereich des Gartenbaus stattgefunden haben. Bisher lautete meine Antwort darauf, daß zweifelsohne eine wichtige Neuerung in der Art und Weise zu sehen ist, wie wir heute den Bedürfnissen von Gärtnern oder Gartenliebhabern begegnen, die unter Behinderungen leiden – wobei ich dabei allerdings vor allem Körperbehinderungen meinte.

Dabei leidet eine große Anzahl von Menschen unter einer zwar weniger augenfälligen, aber gleichwohl ihr Leben beeinträchtigenden Behinderung: allergischen Reaktionen. Dazu zählen die durch *Urtica dioica* (Brennesseln) hervorgerufenen Hautreizungen, die fast jeder kennt, die vielen verschiedenen Arten der Pollenallergie, die unzähligen Menschen im Sommer zu schaffen machen, aber auch die seltenen, dafür aber nicht weniger unangenehmen und schmerzhaften allergischen Reaktionen auf den Kontakt mit bestimmten Pflanzen.

Welche Bedeutung Allergien mittlerweile spielen, drückt sich auch in der Häufigkeit aus, mit der mir eine weitere Frage gestellt wird: „Können Sie mir Gartenpflanzen nennen, die auch für jemanden, der unter Heuschnupfen leidet, empfehlenswert sind?" Mein Ratschlag in dieser Frage war sicherlich hilfreich, wenn auch nicht besonders originell: Vermeiden Sie Gräser und kultivieren Sie Blumen, die keine Pollen produzieren. Weitaus aufschlußreicher dagegen waren die bemerkenswerten Studien, die Lucy Huntington auf diesem Gebiet unternommen hat. Ihrem Buch gebührt das seltene Lob, ein wahres Standardwerk zu sein. Mich hat die Gewissenhaftigkeit, mit der sie an diesem Buch gearbeitet hat, kaum überrascht, kenne ich Lucy doch bereits seit Jahren als Gartengestalterin und Lehrerin. Alle, die sich mit Gartenarbeit beschäftigen, werden viel Neues erfahren. Mit anderen Worten: Es gehört in die Hand eines jeden, der einen Garten anlegen und pflegen möchte.

*Professor Stefan Buczacki*
Oktober 1998

# Einführung

Mein ganzes Leben lang habe ich Gärten und die Arbeit in Gärten geliebt, und glücklicherweise plagen mich dabei nur hin und wieder Juckreiz, Niesen oder ein leichter Schnupfen. Millionen von Gärtnern haben es da weitaus schwerer. Sie können kaum ihren Garten betreten, ohne daß sie schniefen, keuchen und sich kratzen müssen oder mit tränenden Augen und laufender Nase reagieren. Für sie, ihre Familien und Freunde habe ich dieses Buch geschrieben.

Die Idee eines allergenreduzierten Gartens entstand 1992, als ich mit den Verantwortlichen der National Asthma Campaign (NAC) über die Möglichkeit sprach, einen Garten für die Chelsea Flower Show 1993 in London zu entwerfen. Meine Schwester, deren Tochter Marylou seit ihrer Geburt an Asthma leidet, war daran interessiert, einer breiteren Öffentlichkeit die Arbeit der NAC bekannt zu machen, und die angesehene Gartenschau in Chelsea, die bei den Medien große Beachtung findet, schien dafür ein idealer Ausgangspunkt zu sein.

Unseres Wissens hatte bis dahin noch niemand einen Garten entworfen, in dem gezielt die Risikofaktoren, die Asthma oder Heuschnupfen bedingen, ausgeschaltet oder doch zumindest weitestgehend vermieden wurden. Ein solches Vorhaben schien also eine lohnende Aufgabe. Von Anfang an versicherte ich mich der Unterstützung von Medizinern, um mich fachlich beraten zu lassen. Asthma ist eine schwere Krankheit, und es war damit zu rechnen, daß einige Ärzte die Idee eines allergenreduzierten Gartens als unrealistisch und wenig hilfreich beurteilen

**UNTEN:** *Das Gemüsebeet des allergenreduzierten Gartens der National Asthma Campaign auf der Gartenschau in Chelsea von 1994.*

würden. Es gab aber auch viele Mediziner, vor allem Spezialisten auf dem Gebiet der Behandlung von Asthma und verwandter Krankheiten, die das Projekt mit wertvollen Informationen, Hinweisen und Ratschlägen begleiteten.

Obwohl der Garten zunächst speziell für an Asthma und Heuschnupfen leidende Menschen geplant war, wurde mir schon bald klar, nachdem wir den Begriff „allergenreduzierter Garten" erfunden hatten, daß es darum gehen würde, möglichst alle Pflanzen zu vermeiden, die allergische Reaktionen auslösen können, und nicht nur solche, die die Atemwege reizen. Folglich studierte ich auch die Forschungsarbeiten zum Thema Hautallergien, um möglichst alle allergenverdächtigen Pflanzen aus dem Garten zu verbannen.

**OBEN:** *Funkien* (Hosta) *und* Rodgersia *sind ebenso unbedenkliche wie schöne Pflanzen für den allergenreduzierten Garten.*

## Auf das Problem der Allergien aufmerksam machen

Der Garten, den ich für die Chelsea Flower Show von 1993 entwarf, stieß auf enormes Interesse, und zwar nicht nur bei der Presse, sondern, was noch wichtiger war, bei den unter Asthma, Heuschnupfen und Hautallergien leidenden Menschen. Eltern asthmakranker Kinder zeigten sich besonders interessiert an den Möglichkeiten, ihre Kinder im Garten spielen zu lassen und dabei das Risiko von Asthmaanfällen dennoch gering zu halten.

Im darauffolgenden Jahr legten wir einen zweiten Garten für die Chelsea Flower Show an. Dieses Mal wurde auch eine Ecke für Nutzpflanzen sowie ein Spielplatz integriert. Wie der erste Garten stieß auch dieser auf große Resonanz beim Publikum. Ein positives Feedback erhielten wir unter anderem auch von Besuchern, die den ersten Garten gesehen und sich Anregungen für ihren eigenen Garten geholt hatten. Sie konnten nun ihrerseits Erfahrungen an uns weitergeben.

## Die Verbreitung des allergenreduzierten Gärtnerns

Zu diesem Zeitpunkt begann das Interesse am allergenreduzierten Gärtnern weltweit zuzunehmen. So entwarf nun auch die Asthma Foundation im australischen New South Wales öffentlich zugängliche Allergiker-Gärten und gab eine informative Broschüre heraus, in der die allergenen Eigenschaften sowohl einheimischer als auch allgemein gängiger Kultur- und Gartenpflanzen aufgeführt wurden. Die Folge war, daß in den Royal Botanic Gardens von Sydney ein Allergenlehrpfad angelegt wurde, und man plant, rund um das olympische Dorf für die Spiele im Jahr 2000 möglichst Pflanzen einzusetzen, die keine oder nur wenige Allergene aufweisen. Ein gewaltiger Fortschritt, da Sportler, die unter Asthma oder Heuschnupfen leiden, wegen der strengen Dopingregeln nur bedingt Medikamente einnehmen dürfen und die Spiele im ausgehenden Frühjahr, also mitten in der Pollensaison, stattfinden. Der Ausschluß von pollenhaltigen Pflanzen wie Gräsern und Bäumen wird es Sportlern, die unter einer Pollenallergie leiden, ermöglichen, an den Spielen unter gleichen Bedingungen wie ihre Kontrahenten teilzunehmen.

In Neuseeland hat die Auckland Asthma Society einen allergenreduzierten Garten entworfen und angelegt sowie eine Broschüre herausgegeben, in der heimische Pflanzen mit ihren allergenen Eigenschaften aufgeführt werden. Die Lung Foundation of North America hat bei diversen Gartenschauen allergenreduzierte Gärten vorgestellt und Informationsmaterial zum Thema publiziert.

1996 legten wir einen dritten Garten in Chelsea an, dieses Mal eine grüne „Oase" für einen umfriedeten Stadtgarten, und wieder stieß unsere Arbeit auf lebhaftes Interesse bei den Medien, bei Medizinern, bei den Besuchern der Gartenausstellung im allgemeinen und ganz besonders bei Allergikern und deren Fami-

**Verbreitung von Asthma, Heuschnupfen und Hautallergien**

- Schätzungen zufolge leidet fast jeder dritte Bundesbürger unter allergischen Beschwerden. Und die Zahl der Allergiker wächst jährlich an.
- So hat die Zahl der von einer Pollenallergie betroffenen Menschen in der Bundesrepublik im Verlauf der letzten Jahrzehnte dramatisch zugenommen. Während heute circa 16–20 Prozent der Bevölkerung von einer Pollenallergie betroffen sind, waren es in den sechziger Jahren nur zehn Prozent, in den fünfziger Jahren lediglich fünf bis sechs, in den zwanziger Jahren sogar unter einem Prozent. Auch die Zahl der Asthmatiker steigt jährlich. Und in anderen Ländern sieht es nicht besser aus: In Australien und Neuseeland sind sogar 20 Prozent der Kinder und 10 Prozent der Erwachsenen asthmakrank.
- Auch Hautallergien wie Neurodermitis, Kontaktekzeme und Nesselsucht (Urtikaria) sind weit verbreitet und treten immer häufiger auf. Fast jeder Mensch hat schon einmal unter einer allergischen Hautreaktion gelitten, die sich auch als leichte, rasch wieder abklingende Rötung zeigen kann.
- Kurz gesagt, beinahe jeder Mensch erlebt im Laufe seines Lebens irgendeine allergische Reaktion seines Körpers.

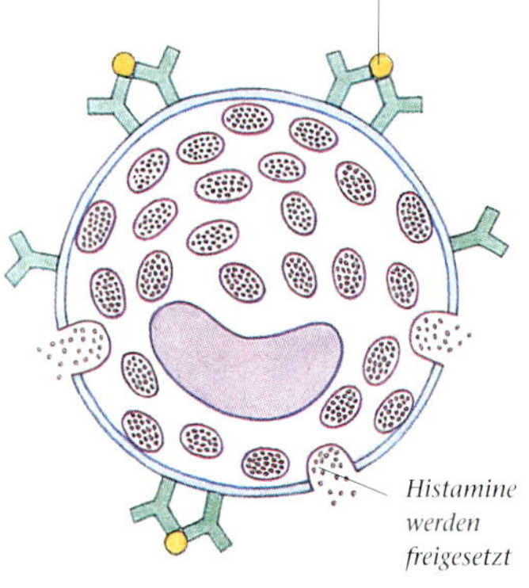


**OBEN:** *Die Antikörper verbinden sich mit einer Mastzelle und veranlassen sie, verschiedene Botenstoffe, darunter Histamin, auszuschütten.*

lien. Der Garten wurde im Anschluß an die Ausstellung nach Hertfordshire in Südengland verbracht und im National Garden Centre in Capel Manor wieder angelegt. Im gleichen Jahr bat man mich, eine ähnliche Anlage für die Schaugärten von Probus, Cornwall, in Südwestengland zu entwerfen.

Nach vier Jahren, in denen ich bei der Anlage von sechs Gärten ausgiebig Erfahrungen sammeln konnte, schien es geboten, all das angehäufte Wissen über allergenreduzierte Gärten in einem Buch zusammenzufassen.

## Was ist eine Allergie?

Das Wort „Allergie" kommt aus dem Griechischen, von „allos" (andere) und „ergon" (Arbeit) und beschreibt die von der Norm abweichende Reaktion des Körpers oder eines Körperteils auf Substanzen, die normalerweise als harmlos gelten. Als „Allergene" bezeichnet man diejenigen Substanzen, die eine allergische Reaktion hervorrufen können. Intensität und Ausmaß von allergischen Reaktionen sind individuell verschieden. Einige Menschen bekommen nach dem Stich einer Biene lediglich eine schmerzhafte Schwellung oder verspüren ein leichtes Kratzen, wenn sie Krabben, Muscheln oder andere Schalentiere essen. Bei jemandem, der empfindlich auf diese Allergene reagiert, können die Reaktionen wesentlich dramatischer ausfallen.

## Allergische Reaktionen

Die Disposition zu allergischen Reaktionen, die sogenannte Atopie, ist wahrscheinlich angeboren. Dennoch bedarf es des wiederholten Kontakts mit einem potentiellen Allergen, bevor ein Mensch eine Allergie entwickelt. Die betroffene Person entwickelt nach dem Kontakt mit einem Allergen einen bestimmten Typus von Antikörpern, das sogenannte IgE. Die Antikörper siedeln sich auf der Zelloberfläche vor allem der Mastzellen an, die vermehrt in der Nasenschleimhaut, den Bronchien, dem Magen-Darm-Trakt wie auch in der Haut angesiedelt sind, wo sie allergische Reaktionen hervorrufen.

Die Verbindung eines bestimmten Allergens mit den Antikörpern auf den Mastzellen verursacht die Ausschüttung von Botenstoffen wie z. B. Histamin, die die allergische Reaktion weitervermitteln. Erst dadurch kommt es zu den typischen Symptomen wie Husten, Niesen, Fließschnupfen, Brennen und Juckreiz der Augen sowie Hautausschlägen. Das Immunsystem des Körpers entwickelt für jedes Allergen einen eigenen Abwehrstoff. Beim ersten Kontakt mit einem Allergen hat der Körper also noch gar keine oder nur wenige Antikörper gebildet, so daß die allergische Reaktion ausbleibt. Mit jedem weiteren Kontakt aber werden mehr Antikörper gebildet, der Organismus ist sensibilisiert und reagiert schließlich allergisch. So erklärt sich, warum bei einigen Menschen Allergien im Laufe der Jahre, das heißt bei sich summierenden Kontakten mit einem Allergen, immer stärker werden können, während der Organismus anderer Menschen eine derart hohe immunologische Toleranz entwickelt, daß es zu keinen Symptomen kommt.

Allergene finden sich in den verschiedensten natürlich vorkommenden Substanzen, von bestimmten Lebensmitteln über Hausstaubmilben bis hin zu Tierhaaren. Im Garten werden allergische Reaktionen der Atemwege durch Pollen und Schimmelsporen hervorgerufen, während der Kontakt mit Pflanzentrieben und -haaren Hautallergien verursachen kann. Die Mehrzahl der auf Allergene im Garten zurückgehenden Allergien ist saisonal begrenzt, das heißt, die allergische Reaktion tritt nur zur Pollenzeit beziehungsweise zu der Jahreszeit auf, in der die entsprechenden Pflanzen Blätter tragen. Heuschnupfen (der Begriff ist insofern irreführend, als diese Form der Allergie weder durch Heu verursacht wird, noch wirklich ein Schnupfen ist) geht auf den Kontakt mit Pollen zurück. Die medizinisch korrekte Bezeichnung „saisonale allergische Rhinitis" macht deutlich, daß es sich hierbei um eine ausschließlich zu bestimmten Jahreszeiten auftretende Entzündung der Schleimhäute von Nase und Augen handelt.

## Das Anlegen eines allergenreduzierten Gartens

Dieses Buch wird Ihnen zeigen, wie man einen Garten so anlegt, daß der Kontakt mit Allergenen ausgeschlossen oder doch zumindest minimiert wird. Im ersten Kapitel erhalten Sie einen Überblick über die verschiedenen Arten von Allergien und deren Ursachen sowie Hinweise dazu, wie sich allergische Reaktionen im Garten und bei der Gartenarbeit vermeiden lassen. Im zweiten Kapitel wird gezeigt, wie man einen allergenreduzierten Garten plant und anlegt. Es wird erläutert, welche Pflanzen in einen solchen Garten gehören und welche man besser nicht verwenden sollte. Dabei werden ganz konkrete Anregungen für die verschiedensten Gartenanlagen gegeben.

In einem dritten Kapitel werden die entsprechenden Pflanzen und Pflanzpläne vorgestellt und Ratschläge hinsichtlich des Standorts gegeben. Für die verschiedenen Gartenformen werden ausschließlich Pflanzen berücksichtigt, die selbst bei äußerst sensiblen Menschen keine oder kaum eine allergische Reaktion hervorrufen.

Im Schlußkapitel finden sich ausführliche Beschreibungen beliebter und nützlicher Gartenpflanzen, die auch von Allergikern gut vertragen werden. Die Aufstellung folgt den aus Gartenbüchern oder -katalogen bekannten Unterteilungen in ein- und mehrjährige Pflanzen, Kräuter, Stauden etc. Am Ende eines jeden Abschnitts findet sich eine Liste mit den Namen weiterer, für Allergiker geeigneter Pflanzen. Im letzten Abschnitt schließlich werden Pflanzen, auf die man in einem allergenreduzierten Garten unbedingt verzichten sollte, aufgeführt und unbedenklichere Alternativen genannt.

## Hinweis

Es muß darauf hingewiesen werden, daß dieses Buch zwar eine Zusammenfassung der mir bis zum heutigen Tag bekannten Fakten und Erfahrungen darstellt. Es ist jedoch durchaus möglich, daß der eine oder andere Leser möglicherweise hier für unbedenklich erklärte Pflanzen als problematisch ansieht, mit anderen dagegen, die in der Kategorie „gefährlich" aufgeführt werden, keine Schwierigkeiten hat. Wie bereits gesagt, reagieren Menschen sehr individuell auf Allergene, und es ist sogar denkbar, daß es Menschen gibt, die auf jede Pflanze allergisch reagieren.

### Allergische Reaktionen

ANAPHYLAKTISCHER SCHOCK
*Kreislaufkollaps*

ASTHMA
*betrifft die Lunge*

BINDEHAUTENTZÜNDUNG
*betrifft die Augen*

EKZEM, URTIKARIA, KONTAKTEKZEM, SONNENALLERGIE UND PHOTODERMATITIS
*betreffen die Haut*

GASTRITIS
*betrifft Magen und Darm*

HEUSCHNUPFEN
*betrifft Augen und Nase*

OTITIS
*Entzündung der Ohren*

**UNTEN:** *Die runden, roten Blüten der Wiesenraute* (Thalictrum aquilegifolium) *und Zierlauch* (Allium hollandicum) *bilden einen hübschen Farbtupfer im allergenreduzierten Garten der Blumenschau in Chelsea 1994.*

# PFLANZEN-ALLERGIEN

# Allergien der Atemwege

## Asthma

Typische Merkmale von Asthma sind Hustenanfälle, Atemnot, Atembeklemmung und Pfeifgeräusche beim Ausatmen. Asthma kann erstmalig bereits in der Kindheit, aber auch noch im Erwachsenenalter auftreten. Während die Krankheit bei manchen Menschen mit zunehmenden Jahren abklingt, haben andere ihr ganzes Leben lang darunter zu leiden. Die Beschwerden können leicht oder gravierend sein, chronisch oder in unregelmäßigen Abständen auftreten, doch in jedem Falle sind sie nicht nur für den Kranken, sondern auch für dessen Familie außerordentlich belastend und beunruhigend.

### *Wie wir atmen*

Beim Atmen gelangt Luft zunächst durch die großen Atemwege, die sogenannten Bronchien, in die kleinen Atemwege, die Bronchiolen, und schließlich in die Alveolen (siehe Abbildung auf der gegenüberliegenden Seite). Alle Atemwege sind mit Schleimhaut, der sogenannten Mukosa, ausgekleidet und werden von Muskeln kontrolliert, die das Ein- und Ausatmen erst möglich machen. Anspannung und Entspannung der Muskulatur werden sozusagen „automatisch" vom Gehirn aus gesteuert, wir atmen „wie von selbst" und sind uns unserer Atemtätigkeit nur selten bewußt. Asthmatiker können spezielle Atemübungen erlernen, um mit Hilfe des Zwerchfells ihre Atmung zu kontrollieren.

Bei einem Asthmaanfall (siehe Abbildung links) führen die Verkrampfung der Muskulatur, das Anschwellen der Schleimhäute durch Flüssigkeitsstau sowie die vermehrte Schleimproduktion in den Bronchien zu einer Verengung der Atemwege und damit zu Atemnot. Die Folge sind Hustenreiz und Hustenanfälle, die durch das Anschwellen der Schleimhaut verursacht werden, keuchende beziehungsweise pfeifende Atemgeräusche, während die Lunge versucht, Luft durch die verengten Atemwege zu pressen, und eine durch die Verkrampfung der Muskulatur bedingte Atembeklemmung.

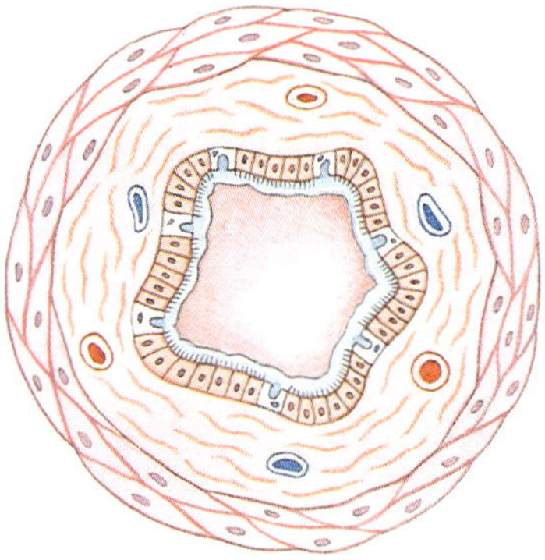

**OBEN:** *Querschnittzeichnung einer gesunden Bronchiole mit freiem Atemweg.*

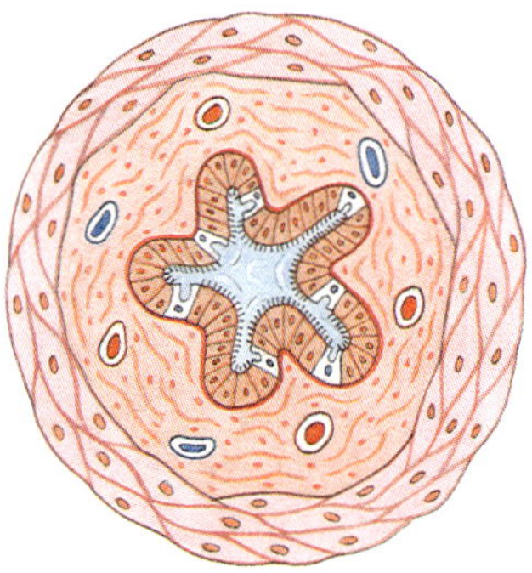

**OBEN:** *Querschnittzeichnung einer Bronchiole während eines Asthmaanfalls. Die Muskeln werden gereizt und verkrampfen sich. Zugleich entzündet sich die Schleimhaut, schwillt durch Flüssigkeitsstau an und produziert vermehrt Schleim.*

### *Ursachen für Asthma*

Es gibt verschiedene Gründe, warum ein Mensch zum Asthmatiker wird. Dazu zählen eine angeborene Anfälligkeit für Allergien ebenso wie die Belastung durch übermäßig viel Staub (auch Hausstaubmilben) in der frühen Kindheit. Asthma kann aber auch als Folge einer Infektion wie einer Erkältung oder Grippe auftreten. Ist ein Mensch anfällig für Asthma, werden die einzelnen Anfälle durch verschiedenste Faktoren ausgelöst: Dazu gehören Allergene, Luftverschmutzung, emotionale Verstimmung, Überlastung und Streß oder Infektionen.

Asthma ist nicht heilbar, läßt sich aber durch Medikamente in den Griff bekommen. Asthmatiker sollten sich an einen Arzt wenden, um sich Medikamente zur Vermeidung von Anfällen ebenso wie zur Behandlung der Symptome akuter Attacken verschreiben zu lassen. Vorbeugende Medikamente müssen regelmäßig eingenommen werden, um ihre optimale Wirkung zu erzielen. Medikamente zur symptomatischen Behandlung von Asthmaanfällen sind häufig Bronchodilatatoren, die nur bei Bedarf eingenommen werden müssen. Normalerweise werden „Blocker"-Sprays, in einigen Fällen auch Inhalatoren verschrieben; Asthmatiker sollten ihr „Blocker"-Spray immer bei sich führen. Eine sinnvolle Ergänzung zur medikamentösen Behandlung stellt die Vermeidung der Auslöser dar, die die Anfälle verursachen. Hier kann der allergenreduzierte Garten, bei dem auf Allergien fördernde Pflanzen verzichtet wird, hilfreich sein.

### *Allergene in der Luft*

Zu den wichtigsten im Freien anzutreffenden Allergenen, die allergisches Asthma verursachen können, zählen Pollen und Pilzsporen, beides winzige Bestandteile unserer Atemluft. Es gibt Pollen, die nicht größer als 20 Mikrometer sind (ein Mikrometer ist ein Tausendstel Millimeter), und Schimmelpilzsporen sind sogar noch kleiner: *Aspergillus* und *Penicillium* sind nur 2,4 Mikrometer groß. Beide nehmen wir unwillkürlich mit der Atemluft auf. Die kleinsten von ihnen dringen durch die Bronchien bis in die Bronchiolen vor und verursachen bei empfindlichen Personen eine allergische Reaktion, die zur Entzündung der Luftwege und schließlich zu einem Asthmaanfall führt.

## Heuschnupfen

Diese Form der Allergie, bei der vor allem Augen und Nase betroffen sind, tritt wesentlich häufiger auf als Asthma. Unter Heuschnupfen können zwar Menschen aller Altersgruppen leiden, am stärksten betroffen sind davon jedoch Kinder und junge Erwachsene. Wenngleich diese Allergie auch nicht lebensgefährlich ist, so fühlen sich die Betroffenen doch erheblich beeinträchtigt und sehen sich gezwungen, den Aufenthalt im Freien, das heißt also auch im Garten, während der schönsten Monate des Jahres stark einzuschränken.

**UNTEN:** *Schematische Darstellung der Atemwege. Durchschnittlich atmen wir sechzehnmal pro Minute ein und aus.*

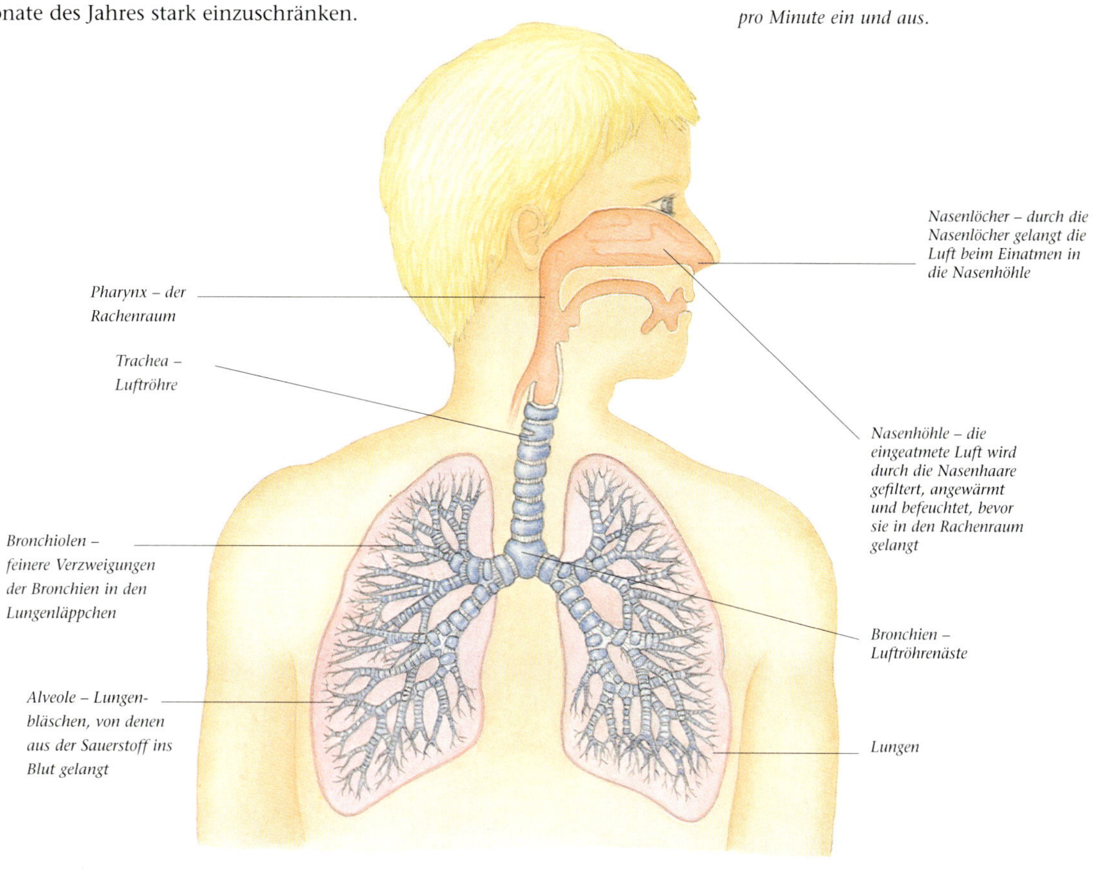

**RECHTS:** *Eine Honigbiene auf der Suche nach Nektar. Indem sie Blütenstaub, der sich auf ihrem Körper festsetzt, zur nächsten Blüte trägt und dort wieder verliert, kann es zur Befruchtung der Pflanze kommen.*

## *Symptome des Heuschnupfens*

Die allergische Reaktion auf Pollen beginnt mit dem Anschwellen der Nasenschleimhaut, die sich entzündet und vermehrt Schleim produziert. Dies führt zu den bekannten Symptomen: Nasenkribbeln, heftiges Niesen und Schnupfen. Auch die Augen schwellen an, werden rot und jucken. Weitere verbreitete Symptome für Heuschnupfen sind Husten, eine verstopfte Nase und Brennen oder Jucken im Mund und Rachenraum. Es kann auch zu Hals- und Kopfschmerzen sowie einem allgemeinen Gefühl der Abgespanntheit kommen. Bei einer Pollenallergie beginnen die Beschwerden für gewöhnlich im Frühjahr und dauern bis in den Spätsommer an. Handelt es sich bei dem Heuschnupfen auslösenden Allergen allerdings um Hausstaubmilben, die zum Beispiel im Bettzeug oder im Teppich sitzen, sind die Symptome dauerhaft.

**UNTEN:** *Querschnitt einer Blüte, bei der die Bestäubung durch Insekten erfolgt. Die großen, farbenprächtigen Blütenblätter ziehen Insekten an und locken sie bis zu den kurzen Staubfäden im Innern der Blüte.*

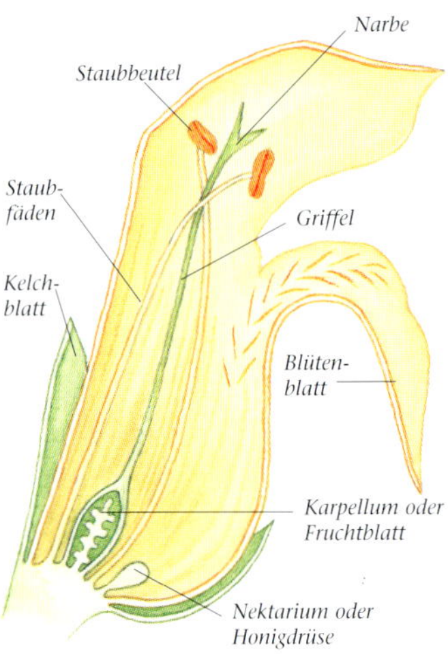


## *Durch Pollen verursachter Heuschnupfen*

Die am häufigsten im Garten vorkommenden Allergene sind Pollen, die während der Sommermonate von Gräsern produziert werden. Nahezu ebenso schlimm sind die Pollen einiger Baumarten, die sich im Frühjahr und in den ersten Sommermonaten bemerkbar machen. Für im Herbst auftretenden Heuschnupfen dagegen sind meistens Getreidepollen oder Schimmelpilzsporen verantwortlich.

Wenn Pollen die Ursache für Heuschnupfen sind, lassen sich leicht Vorkehrungen treffen, um den Kontakt mit den Allergenen zu vermeiden oder wenigstens so gering wie möglich zu halten. Dazu gehört zum einen die Beschränkung auf möglichst allergenfreie Pflanzen im eigenen Garten; zum anderen empfiehlt es sich, in den Monaten mit der größten Pollendichte entweder im Haus zu bleiben oder draußen eine Maske vor Mund und Nase zu tragen.

## Pollen und Pollination

Obwohl Pollen die Hauptursache für allergische Reaktionen sind, wissen viele Menschen nicht, wozu Pollen in der Natur dienen und wie sie entstehen. Der deutsche Begriff Blütenstaub läßt erkennen, worum es sich bei Pollen handelt: Die winzigen, von der Blüte abgesonderten Teilchen, dienen der Befruchtung. Indem der Staub einer Pflanze auf eine andere übertragen wird, gelangen männliche

Spermazellen, sogenannte Mikrogameten, zu den weiblichen Blütenteilen und befruchten sie.

Alle Pflanzen produzieren zu unterschiedlichen Zeitpunkten Pollen, um ihre Fortpflanzung zu sichern. Eine Pflanze besteht im wesentlichen aus Wurzel, Sproß, Blättern und Blüten. Die Blüte ist für die geschlechtliche Fortpflanzung verantwortlich und so angelegt, daß Bestäubung und Befruchtung sich möglichst erfolgreich vollziehen können. Nach der Befruchtung bildet der weibliche Teil der Blüte Samen aus. Eine normale Blüte setzt sich aus vier verschiedenen Blatt-Typen zusammen, die kreisförmig um den Stengel angeordnet sind. Den äußersten Ring bilden die zumeist grünen Kelchblätter, deren Aufgabe es ist, die Knospe zu schützen. Es folgt ein Ring aus Blütenblättern, die in der Regel auffallend gefärbt sind, um Insekten anzulocken, die für die Bestäubung sorgen. Im Innern der Blütenblätter befinden sich die kreisförmig angeordneten Staubblätter, der männliche Teil der Blüte, mit den Pollen produzierenden Staubbeuteln. Im Zentrum der Blüte schließlich befinden sich die Fruchtblätter, die weiblichen Blütenteile, die sich aus Narbe, Griffel und Fruchtknoten zusammensetzen. Bei der Bestäubung setzt sich der Pollen auf der Narbe fest, wandert durch den Griffel und dringt zur weiblichen Samenanlage vor, um sie zu befruchten. Allerdings kann eine Bestäubung nur dann erfolgen, wenn der Pollen von einer Pflanze zur anderen getragen wird. Dies geschieht entweder durch Wind oder durch Insekten.

**OBEN:** *Die Staubfäden windblütiger Pflanzen sind nicht nur größer und zahlreicher als die der durch Insekten bestäubten Pflanzen, sondern auch besonders lang, so daß die Pollen tragenden Staubbeutel weit aus der Blüte ragen und dem Wind ausgesetzt sind.*

## *Pollination durch Insekten – Tierblütigkeit*

Einige Pflanzen werden durch Insekten wie Bienen, Wespen, Schmetterlinge oder Motten bestäubt. Auf der Suche nach Nahrung – dem Nektar, einer süßen Flüssigkeit, die im Innern der Blüte produziert wird – fliegen die Insekten in die Blüte, wo sich die klebrigen Pollenkörner unweigerlich am Körper des Tieres festsetzen. Wenn das Insekt nun zur nächsten Blüte fliegt, überträgt es diese Pollenkörner auf deren Narbe. Wenn beide Blüten zu ein und derselben Pflanzengattung gehören und zur Bestäubung bereit sind, kommt es zur Befruchtung. Die meisten tierblütigen Pflanzen können nur von ganz bestimmten Insekten bestäubt werden, die sie durch Größe und Form ihrer Blüten sowie die Beschaffenheit des Nektars anziehen.

**UNTEN:** *Pollen aus dem Kätzchen einer wilden Haselnuß* (Corylus) *werden explosionsartig in die Luft freigesetzt.*

## *Pollination durch Wind – Windblütigkeit*

Die Bestäubung durch den Wind ist weitaus weniger effizient als die durch Insekten, denn bei dieser Methode ist keineswegs gewährleistet, daß der Pollen auf die Narbe einer Pflanze der gleichen Gattung gelangt. Andererseits aber sind windblütige Pflanzen so angelegt, daß sie den Wind als Überträger ihrer Pollen optimal nutzen.

Da windblütige Pflanzen, um sich fortzupflanzen, keine Insekten anziehen müssen, sind bei ihnen die Blütenblätter nur mehr unauffällige, farblose Deckblätter, deren Aufgabe es ist, die Staubfäden und das Fruchtblatt zu schützen. Griffel und Narbe liegen frei, um jedes Pollenkorn aufzufangen, das ihnen vom Wind zugetragen wird. Die Kätzchen, die man zu Beginn des Frühjahrs am Strauch der Haselnuß sieht, weisen

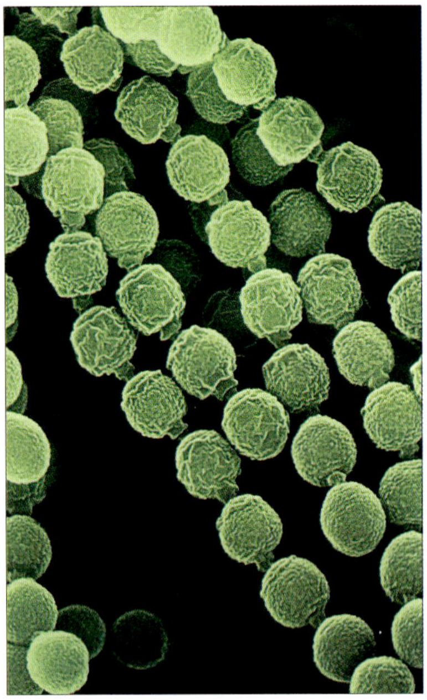

**OBEN:** *Die Sporenketten des Pilzes* Penicillium chrysogenum *in 850facher Vergrößerung.*

die typischen Merkmale der Blüte einer windblütigen Pflanze auf. Die wenig ausgebildeten Blüten- und Kelchblätter verschwinden fast unter Unmengen von Pollen, die die Pflanze bei jedem Windstoß in eine gelbe Wolke hüllen. Eine derart dem Zufall anheimgestellte Art der Bestäubung hat unweigerlich die Verschwendung eines Großteils von Pollen zur Folge, so daß die Pflanze besonders viele Pollenkörner produzieren muß. Dafür sind diese jedoch trocken, mehlig und wesentlich leichter als die Pollenkörner von tierblütigen Pflanzen, so daß sie über Hunderte von Kilometern durch die Luft getragen werden können, um die Chancen der erfolgreichen Bestäubung zu erhöhen. Windblütige Bäume und Sträucher der gemäßigten Klimazonen blühen früh im Jahr, bevor sie Blätter ausbilden. Der Wind kann so ungehindert die Blüten erreichen.

Eine weitere Pflanzengruppe, bei der die Pollination durch Wind erfolgt, sind die Gräser. Aus der Tatsache, daß die meisten Pollenallergiker gerade zu der Zeit, wenn die Bauern mit dem Mähen der Gräser und dem Heumachen beginnen, unter den Symptomen der allergischen Rhinitis leiden, leitet sich wohl der Begriff „Heuschnupfen" her, auch wenn das Heu an sich nicht ursächlich für die Unverträglichkeitsreaktion ist. Vielmehr sind es die Unmengen von Pollenkörnern, die sich in der Luft befinden und Asthmatikern und Heuschnupfenpatienten zu schaffen machen.

Nicht alle Pflanzenpollen verursachen automatisch Asthma und Heuschnupfen; zur Auslösung einer allergischen Reaktion muß eine bestimmte Pollendichte vorherrschen, außerdem müssen die Pollen leicht genug sein, um durch die Luft getragen zu werden, klein genug, um bis in die Bronchiolen zu gelangen, und so allergen, daß sie bei entsprechend disponierten Menschen die Produktion von IgE-Antikörpern anregen (s. S. 10–11).

## Pilzsporen

Eine weitere wichtige Gruppe von Heuschnupfen und Asthma verursachenden Allergenen stellen die Pilzsporen dar. Pilz- oder Schimmelsporen wachsen auf toten oder verrottenden Organismen wie kranken Pflanzen, Komposthaufen oder verfaulendem Holz. Aufgrund ihrer extremen Leichtigkeit schweben sie – für das bloße Auge unsichtbar – in der Luft, bevor sie sich auf Flächen wie Rasen und Blumenbeeten oder in Hecken niedersetzen.

### *Bildung von Pilzsporen*

Das Wurzelgeflecht der Pilze, das sogenannte Myzel, besteht aus – häufig weißen – Strängen einfacher Zellen. Hebt man die Rinde eines verfaulenden Baumstammes ab, kann man darunter leicht die weißen Spuren des Myzels erkennen. Wie Pflanzen durch Samen, so vermehren sich Pilze durch Sporen, die in großer Menge produziert und dann durch Wind, bei einigen wenigen Arten auch durch Wasser oder Insekten übertragen werden. Einige Pilze bilden Sporen durch Teilung von Myzelsträngen.

Bei den sogenannten höheren Pilzen – wie Champignons oder Giftpilzen – wächst das Myzel in der durch vegetative wie tierische Überreste gesättigten Erde, während die Fruchtkörper aus dem Boden herausragen. Der Champignon, den man im Herbst finden kann, ist der Fruchtkörper des Wiesenchampignons oder *Agaricus campestris*. Betrachtet man die Unterseite seiner Kappe eingehender, wird man die Sporen entdecken, die als brauner Puder an den Lamellen haften. Hauptverursacher von Allergien sind zwar die Sporen niederer Pilze, doch wer unter Asthma oder Heuschnupfen leidet, sollte besser keine Champignons züchten.

Viele Pilzarten setzen im Spätsommer und Herbst ihre Sporen frei, so daß Allergiker vor allem in dieser Zeit unter ihnen leiden werden. Drei der bekannten Arten sind *Cladosporium,* Verursacher der Blattfäule, *Alternaria* und *Aspergillus* (Gießkannenschimmel). Letzterer ist insofern besonders gefährlich, als er eine Form des allergischen Asthmas, die sogenannte Aspergillose, hervorruft, die zu einer chronischen Entzündung der Bronchien und Zerstörung der Atemwege sowie zu schwerem chronischem Asthma führen kann. Auch ein Pilz, der auf Heu wächst, das noch feucht in Ballen gepreßt wurde, kann zu allergischen Reaktionen der Atemwege führen. Asthmatiker können zwar testen lassen, ob sie auf diese speziellen Pilzsorten allergisch reagieren, doch es existieren noch Tausende von anderen Pilzarten, deren allergene Wirkung sich nicht in standardisierten Tests nachweisen läßt.

## *Reduzierung von Pilzsporen*

Um die Konzentration von Pilzsporen im eigenen Garten möglichst gering zu halten, sollte man nicht nur auf Ecken und Winkel verzichten, die das Pilzwachstum fördern, sondern auch für einen gesunden Pflanzenwuchs sorgen, damit es gar nicht erst zu Pilzbefall kommt. Eine weitere Maßnahme stellt die Beseitigung von Hecken und Rasenflächen dar, auf denen sich vom Wind herbeigetragene Pilzsporen bevorzugt niederlassen. Die Konzentration von Pilzsporen in der Luft ist besonders hoch im Spätsommer und Herbst, vor allem nach Gewittern und starken Regenfällen. Während dieser Zeiten sollten Sie, wenn Sie allergisch auf Pilzsporen reagieren, am besten im Haus bleiben und die Fenster geschlossen halten.

**LINKS:** *Die Unterseite eines Farnwedels von* Polypodium vulgare *zeigt die regelmäßige Anordnung der Sporangien, die die Sporen enthalten.*
**KLEINES BILD:** *Elektronenmikroskopische Aufnahme von Sporangien, in denen die Sporen heranreifen.*

**OBEN:** *Die stark duftenden Blüten des Geißblatts* Lonicera periclymenum *'Belgica' können Asthmaanfälle auslösen.*

## Farne

Wie die Pilze gehören auch die Farne zu den Pflanzen, die sich durch Sporen und nicht durch Samen vermehren. Die Sporen der Farne reifen in Fruchtkörpern heran, kleinen Knollen an der Unterseite der Wedel, die bei jeder Farnsorte anders aussehen.

Botanisch gesehen, unterscheiden sich die Sporen der Farne zwar grundlegend von denen der Pilze oder den Pollenkörnern samentragender Pflanzen, doch Allergien können allem Anschein nach auch sie hervorrufen. Der Zusammenhang zwischen Farnsporen und Asthma sowie Heuschnupfen wird derzeit in verschiedenen Teilen der Welt erforscht. Einige Allergologen raten Allergikern bereits jetzt, diesen Sporen aus dem Weg zu gehen.

## Duftende Pflanzen

Einer der Vorzüge, blühende Blumen im Garten anzupflanzen, liegt zweifellos in der wundervollen Vielfalt der Düfte, die sie verströmen: vom leichten Aroma der Nelken bis zu dem frischen, an den Geruch von Äpfeln erinnernden Duft der Kletterrose 'Albertine'. Unglücklicherweise sind manche Menschen allergisch gegen duftende Pflanzen und reagieren auf ihre Aromen mit Anfällen von Asthma oder Heuschnupfen. Eine wissenschaftliche Erklärung dafür gibt es noch nicht.

Zwei verschiedene Arten von Duft lassen sich bei Pflanzen unterscheiden: der Duft blühender Blumen und der Duft, den (fast) alle Teile einer aromatischen Pflanze ausströmen. Die Blumen geben ihren Duft über die Honigdrüsen der Blütenblätter ab, und zwar genau dann, wenn die Blume zur Bestäubung bereit ist und die Insekten, die angelockt werden, aktiv sind. So duften Blumen, die von Motten bestäubt werden, vor allem in den Abendstunden, während Pflanzen, die von Bienen bestäubt werden, ihren Duft vornehmlich mittags und bei Sonne abgeben.

Bei den aromatischen Pflanzen dagegen sind es die in den Zellen der Pflanze sitzenden essentiellen Öle, die für den Duft verantwortlich sind, der sich erst entfaltet, wenn die Zellwände durch Zerreiben, Zerstoßen oder Erhitzen einzelner Teile der Pflanze aufgebrochen werden. Eine große Gruppe der aromatischen Pflanzen sind die Kräuter, die wegen der heilenden oder aromatisierenden Wirkung ihrer essentiellen Öle geschätzt werden. Noch ist nicht geklärt, ob die aromatischen Pflanzen auf Allergiker die gleiche Wirkung haben wie duftende Blu-

**UNTEN:** *Querschnittzeichnung einer Blüte des Fingerhuts* (Digitalis). *Markierungen auf den Blütenblättern zeigen der Biene den Weg zum Nektar.*

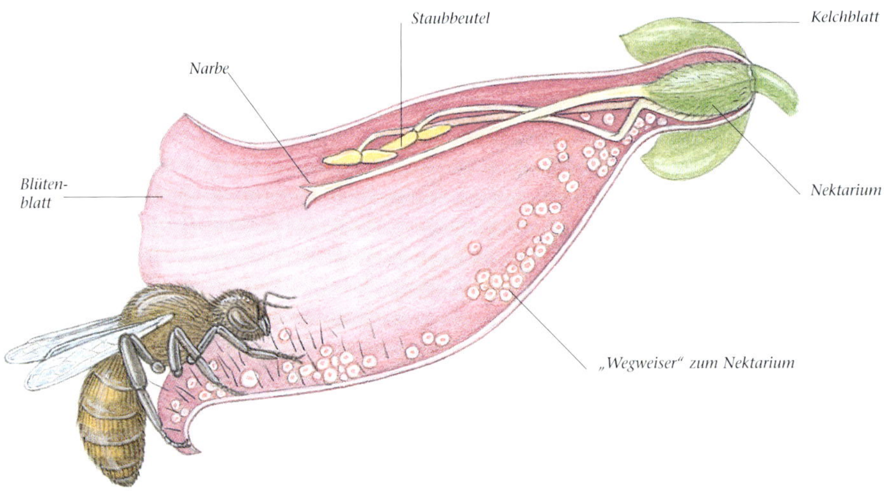

men. Der Lavendel beispielsweise zählt zu den aromatischen Pflanzen, die einen Asthmaanfall auslösen können, doch man weiß noch nicht, ob diese Reaktion durch die essentiellen Öle oder durch die feinen Härchen auf den Blättern der Pflanze hervorgerufen wird. Insgesamt gesehen sind Kräuter äußerst nützliche Pflanzen, und so lange Sie nicht sicher sind, ob Sie tatsächlich gerade auf sie allergisch reagieren, sollten Sie ihnen eine Chance geben.

Zu den stark duftenden Pflanzen zählen die verschiedensten Arten der Gattung *Dianthus*. Dazu zählt die Gartennelke ebenso wie die Bart- und die Sandnelke, die alle einen stark würzigen Duft verströmen, der erwiesenermaßen Anfälle von Asthma und Heuschnupfen verursachen kann. Weitere stark duftende Blumen sind die Lilien, vor allem *Lilium regale* (Königslilie), deren Duft an einem warmen Sommertag den ganzen Garten erfüllen kann. Stark duftende Blumen sind in einem allergenreduzierten Garten möglichst zu vermeiden. Blumen mit weniger schwerem Aroma dagegen wie Taglilien, die so zart duften, daß man sie nur riecht, wenn man sich zu ihnen hinunterbeugt, sollten kein Problem darstellen, sofern man sie nicht als Schnittblumen mit ins Haus nimmt.

**OBEN:** *Die an Gänseblümchen erinnernde Blütenform der* Leucanthemum *x* superbum *ist typisch für alle Blumen aus der Familie der Korbblütler.*

## Andere Problempflanzen

Es gibt noch eine weitere Pflanzenfamilie, die sich zwar weder durch Pollenflug vermehrt noch strikt zu den Duftpflanzen zu zählen ist, dennoch aber Allergien auslösen kann. Es sind dies verschiedene Gattungen der Familie der Korbblütler, die teilweise hoch allergene Pollen produzieren. Dazu zählen Astern, Chrysanthemen, Ringelblumen und Zinnien, deren Blüten ihrem Aufbau nach denen des Gänseblümchens gleichen. Sollten Sie auf eine der aufgeführten Pflanzen allergisch reagieren, ist es wahrscheinlich ratsam, alle Korbblütler aus Ihrem Garten zu verbannen, die große Mengen allergener Pollen produzieren.

Ratschläge zu allergenen Pflanzenpollen an Ihrem Wohnort können Allergologen, HNO-Ärzte und Dermatologen geben. Achten Sie auf die Pollenflughinweise im Radio und in der Zeitung, die Ihnen Informationen über Beginn und Ende der Pollenflugsaison verschiedener Gräser und Bäume geben.

# *Hautallergien*

**OBEN:** *Die Blüten des Efeus,* Hedera helix, *können Kontaktekzeme auslösen.*

Die Symptome von Hautallergien reichen von leichten Ausschlägen, die nur ein paar Stunden anhalten, bis zu Ekzemen, unter denen man unter Umständen ein ganzes Leben lang leidet. Obwohl sie weder die Gesundheit ernstlich gefährden noch ansteckend sind, beeinträchtigen sie das Wohlgefühl in hohem Maße. Die ersten drei der im folgenden aufgeführten Hauterkrankungen treten nur dann in Erscheinung, wenn eine Allergie gegen bestimmte Substanzen vorliegt. Es gibt aber auch unabhängig von einer allergischen Disposition Formen der Dermatitis, die auf den Kontakt mit giftigen Substanzen zurückzuführen sind. Einige Gartenpflanzen verursachen bei jedem Menschen, der mit ihnen in Berührung kommt, Hautirritationen, gleich ob er Allergiker ist oder nicht.

## Neurodermitis

Neurodermitis, auch atopisches Ekzem genannt, ist ein juckender Hautausschlag. Die Krankheit tritt bei den meisten betroffenen Menschen bereits im Säuglingsalter auf, klingt aber häufig noch während der Kindheit wieder ab. In etwa 25 Prozent der Fälle jedoch bleiben die Symptome bis ins Erwachsenenalter bestehen. Die genauen Ursachen für Neurodermitis sind nicht bekannt, doch man geht davon aus, daß die Erkrankungsbereitschaft mit der Disposition für allergisches Asthma und Heuschnupfen einhergeht. Kinder, die unter Neurodermitis leiden, sind in späteren Jahren häufig auch Opfer von Asthma- oder Heuschnupfenanfällen. Zudem scheint die Erkrankungsbereitschaft angeboren zu sein, da Neurodermitis auffällig oft in Familien vorkommt, in denen mehrere Mitglieder Allergiker sind.

## Urtikaria

Bei dieser auch Nesselsucht genannten Erkrankung kommt es zur Rötung der Haut mit runden Quaddeln, die mit ihrem weißen Zentrum an Insektenstiche erinnern. Der Ausschlag kann auf eine eingegrenzte Hautpartie beschränkt sein, aber auch am ganzen Körper auftreten. Obwohl sich der Ausschlag sehr schnell ausbreiten kann, treten manchmal erst Symptome auf, wenn der Körper dem Allergen über einen längeren Zeitraum hinweg ausgesetzt war. In seltenen Fällen schwellen das Gesicht oder andere Körperpartien stark an. Wenn nur wenige Quaddeln auftreten, sind sie leicht mit Insektenstichen zu verwechseln. Eindeutiges Kennzeichnen für Urtikaria ist das Fehlen von Einstichen im Zentrum der Schwellung.

Bei entsprechend disponierten Menschen wird Nesselsucht durch Pollen, Schimmelsporen, bestimmte Pflanzen oder auch nur den Hautkontakt mit Gras hervorgerufen. Ein Kind, das gegen Gräserpollen allergisch ist, bekommt unter Umständen bereits einen Ausschlag, wenn es mit bloßen Beinen auf dem Rasen spielt, da auf den Grashalmen sitzende Pollen selbst durch winzigste Hautabschürfungen in die Haut eindringen können.

**Hautallergien**

KONTAKTEKZEM
*juckender Hautausschlag, bei dem sich bei Kontakt mit einem Allergen kleine Bläschen bilden, betroffene Hautpartien sind häufig Finger, Hand und Gesicht*

NEURODERMITIS
*gerötete, trockene Haut; Hautausschlag,der vor allem in den Ellenbeugen und Kniekehlen, aber auch im Gesicht und am Hals auftritt*

LICHTDERMATITIS
*juckender Hautausschlag mit Bläschenbildung, der durch den Kontakt mit einem Allergen entsteht und bei Sonneneinstrahlung erneut auftritt; betroffen sind meist Arme und Hände*

URTIKARIA
*(auch bekannt als Nesselsucht) akute Rötung der Haut mit Quaddeln und starkem Juckreiz; kann überall am Körper auftreten*

## Kontaktekzem

Pflanzen können auf recht unterschiedliche Art Hautirritationen auslösen. Bei manchen Pflanzen ist es der Saft, der einen Ausschlag verursacht, bei anderen sind es die feinen Härchen auf Blättern oder Stengeln, bei wieder anderen die Blätter selbst, die eine allergische Reaktion der Haut hervorrufen. Bei Hyazinthen und Tulpen sind es die Zwiebeln, die Probleme bereiten können. Die Gefahr ist gebannt, sobald sie in die Erde gebracht worden sind.

**OBEN:** *Die feinen Härchen des ansprechend blühenden* Fremontodendron *'California Glory' können Hautirritationen auslösen.*

Beim Kontaktekzem reagiert die Haut allergisch auf einen Stoff, mit dem sie über längere Zeit in Berührung kommt. Typisch für diesen Ausschlag sind winzige Bläschen, die dort auftreten, wo die Haut Kontakt mit dem allergieauslösenden Stoff hatte oder hat. Bei Menschen mit empfindlicher Haut kann eine Reihe von Pflanzen diese allergische Reaktion hervorrufen. Man löst das Problem, indem man sie aus dem Garten entfernt oder sich bei der Gartenarbeit durch entsprechende Kleidung schützt. Zu möglichen Verursachern von Kontaktekzemen zählen Blätter und Saft der Gartenringelblume, *Calendula officinalis,* sowie Blätter und Stiel des Efeus, *Hedera helix*. Beide Pflanzen sind äußerst beliebte, häufig anzutreffende Gartengewächse und üben darüber hinaus eine gewisse Anziehungskraft auf Kinder aus. Hat man also ein Kind, das unter Kontaktekzemen leidet, sollte man sie entfernen. *Primula obconica* (Becherprimel), eine beliebte Zimmerpflanze, wirkt stark sensibilisierend, und wer einmal eine Allergie gegen diese Pflanzen entwickelt hat, läuft Gefahr, auch auf die anderen Mitglieder der Familie der Primelgewächse sensibel zu reagieren. Auch Chrysanthemen sowie verschiedene Blumenzwiebeln können bei empfindlichen Menschen ein Kontaktekzem auslösen. Tulpenzwiebeln können Verursacher eines Ausschlags sein, bei dem die Haut der Finger rissig wird und juckt.

## Entzündliches Kontaktekzem

Von Symptomen dieser Hautirritation kann jeder betroffen sein, der mit einem giftigen Stoff, der sie auslöst, in Berührung kommt. Die entsprechenden Hautpartien werden von einem juckenden, roten Ausschlag überzogen, in einigen Fällen fühlt sich die Haut auch einfach nur empfindlich und wund an. Normalerweise gehen die Symptome schon nach kurzer Zeit wieder zurück. Einer der Hauptverursacher ist der Blütenbusch *Fremontia californica,* eine hübsche, gelb blühende Kletterpflanze, deren winzige Härchen erhebliche Hautirritationen auslösen können.

## Lichtdermatose

Weitaus schwerwiegender sind Lichtdermatosen, bei der die Haut auf den Kontakt mit bestimmten Pflanzen unter gleichzeitiger Sonnenlichteinwirkung mit Rötung,

## Auszug aus den Richtlinien der Horticultural Trades Association

(des englischen Verbandes der Gärtnereien und Baumschulen)

Die englischen Richtlinien zum Einzelhandelsverkauf von Pflanzen regeln die Kennzeichnung potentiell gefährlicher Pflanzen (nicht aufgeführt sind wilde Pflanzen) und sollen Ihnen zur Orientierung dienen, da es vergleichbare Richtlinien in Deutschland nicht gibt. Die Pflanzen werden nach dem Grad ihrer Gefährlichkeit in die Kategorien A, B und C unterteilt, wobei von den unter die Kategorie A fallenden Pflanzen die größte, von den unter C genannten die geringste Gefährdung ausgeht.

**Kategorie A**

Diese Pflanzen sollten im Garten nicht angebaut werden.

| | |
|---|---|
| *Rhus radicans* | Giftsumach |
| *Rhus succedanea* | |
| *Rhus verniciflua* | Lacksumach |

Diese Pflanzen wirken bei Verzehr giftig und verursachen bei Hautkontakt gravierende Hautausschläge.

**Kategorie B**

Die Liste enthält eine Reihe giftiger und Hautausschläge verursachender Pflanzen. Alle Pflanzen dieser Kategorie gehören nicht in den allergenreduzierten Garten und sollten generell nicht angepflanzt werden, wenn Kinder Zutritt zum Garten haben.

| | |
|---|---|
| *Aconitum* | Eisenhut |
| *Atropa* | Tollkirsche |
| *Colchicum* | Zeitlose |
| *Convallaria majalis* | Maiglöckchen |
| *Daphne* | Seidelbast |
| *Datura stramonium* | Stechapfel |
| *Digitalis* | Fingerhut |
| *Gaultheria* | Scheinbeere |
| *Gloriosa superba* | |
| *Hyoscyamus niger* | Bilsenkraut |
| *Laburnum* | Goldregen |
| *Lantana camara* | Wandelröschen |
| *Nerium oleander* | Oleander |
| *Phytolacca americana* | Kermesbeere |
| *Ricinus communis* | Wunderbaum |
| *Solanum dulcamara* | Bittersüß |
| *Taxus baccata* | Eibe |
| *Veratrum* | Germer |

Folgende Pflanzen können überdies auch Hautirritationen auslösen:

| | |
|---|---|
| *Arum* | Bei Verzehr giftig/verursacht Reizungen der Haut und Augen |
| *Daphne laureola* | Bei Verzehr giftig/verursacht Reizungen der Haut |
| *Daphne mezereum* | Bei Verzehr giftig/verursacht Reizungen der Haut |
| *Dictamnus albus* | Verursacht Reizungen der Haut bei Sonneneinstrahlung |
| *Dieffenbachia* | Bei Verzehr giftig/verursacht Reizungen der Haut und Augen |
| *Primula obconica* | Verursacht Reizungen der Haut |
| *Ruta* | Verursacht starke Reizungen der Haut bei Sonneneinstrahlung |

**Kategorie C**

Es handelt sich im folgenden um Pflanzen, die leicht giftig sind oder Hautirritationen und Allergien hervorrufen können. Letztere gehören nicht in einen allergenreduzierten Garten, während dies für erstere nicht kategorisch gilt, da Vergiftungen durch diese Pflanzen nur sehr selten vorkommen.

| | |
|---|---|
| *Aesculus* | Roßkastanie |
| *Agrostemma githago* | Kornrade |
| *Aquilegia* | Akelei |
| *Brugmansia (Datura suaveolens)* | Engelstrompete |
| *Caltha* | Dotterblume |
| *Catharanthus roseus* | Immergrün |
| *Delphinium* | Rittersporn |
| *Euonymus* | Spindelstrauch |
| *Gaultheria* | Scheinbeere |
| *Helleborus* | Christrose |
| *Hypericum perforatum* | Johanniskraut |
| *Ipomoea* | Prunkwinde |
| *Iris* | Schwertlilie |
| *Juniperus sabina* | Sadebaum |
| *Kalmia* | Lorbeerrose |
| *Ligustrum* | Liguster |
| *Lupinus* | Lupine |
| *Ornithogalum* | Milchstern |
| *Polygonatum* | Salomonssiegel |
| *Prunus laurocerasus* | Lorbeerkirsche |
| *Rhamnus* | Kreuzdorn |
| *Scilla* | Blausternchen |
| *Thuja* | Lebensbaum |
| *Wisteria* | Wisterie |

Folgende Pflanzen können Hautallergien oder -irritationen hervorrufen:

| | |
|---|---|
| *Alstroemeria* | Kann Hautallergien verursachen |
| x *Cupressocyparis leylandii* | Kann Hautallergien verursachen |
| *Dendranthema* | Kann Hautallergien verursachen |
| *Echium* | Kann Hautreizungen verursachen |
| *Euphorbia* | Bei Verzehr gesundheitsschädlich/ kann Reizungen von Haut und Augen verursachen |
| *Ficus carica* | Verursacht Hautreizungen bei Sonneneinstrahlung |
| *Fremontodendron* | Verursacht Reizungen von Haut und Augen |
| *Hedera* | Bei Verzehr gesundheitsschädlich/kann Hautreizungen verursachen |
| *Hyacinthus* | Verursacht Hautreizungen |
| *Lobelia tupa* | Bei Verzehr gesundheitsschädlich/ verursacht Reizungen von Haut und Augen |
| *Narcissus* | Bei Verzehr gesundheitsschädlich/ verursacht Reizungen der Haut |
| *Schefflera* | Kann Hautallergien verursachen |
| *Tulipa* | Verursacht Hautreizungen |

Jucken und Blasenbildung reagiert. Die Symptome dauern nicht selten mehrere Wochen an. Nach Abklingen des Ausschlags können auf der Haut helle Flecken zurückbleiben. Jede weitere Sonneneinwirkung auf die entsprechenden Hautpartien kann den Ausschlag erneut ausbrechen lassen. Pflanzen, von denen bekannt ist, daß sie die Lichtdermatose verursachen, wie z. B. die Weinraute *(Ruta graveolens)*, sollte man nur mit Gartenhandschuhen anfassen bzw. gar nicht erst pflanzen, wenn Kinder im Haus sind.

## Über den Umgang mit Hautallergien

Hautallergien lassen sich bei der Gartenarbeit mit Sicherheit leichter vermeiden als Asthma oder Heuschnupfen, indem man den Kontakt mit allergenen oder Entzündungen verursachenden Pflanzen vermeidet. Völlig auszuschließen ist es jedoch nicht, daß wir diese Pflanzen beim Gießen und Beschneiden oder Unkraut jäten hin und wieder berühren. Daher ist es ratsam, alle Pflanzen, von denen Sie definitiv wissen, daß sie Ihnen oder einem Mitglied Ihrer Familie gefährlich werden könnten, aus dem Garten zu entfernen. Beim Umgang mit allen anderen auf der HTA-Liste aufgeführten Pflanzen (S. 24) sollten Sie eine gewisse Sorgfalt walten lassen. Eine vernünftige Vorsichtsmaßnahme bei der Gartenarbeit ist das Tragen von Handschuhen, die bis über das Handgelenk reichen. Wenn Sie besonders empfindliche Haut haben, sollten Sie Kleidungsstücke mit langen Ärmeln und Hosen tragen. Wenn Ihnen dies zu unbequem erscheint, sollten Sie auf Pflanzen, die Hautirritationen auslösen könnten, lieber verzichten. Sollte trotz aller Vorsichtsmaßnahmen Ihre Haut in Kontakt mit dem Saft einer Allergien oder Entzündungen auslösenden Pflanze kommen, waschen Sie die Stelle sofort mit Wasser und Seife.

Eine Pflanze, die Sie mit besonderer Vorsicht behandeln sollten, ist *Euphorbia* oder Wolfsmilch, deren milchiger Saft vor allem die Augen reizt; denken Sie also daran, sich nach dem Umgang mit dieser Pflanze unbedingt die Hände zu waschen, selbst wenn Sie Handschuhe getragen haben.

**Vorsichtsmaßnahmen zur Vermeidung von Hautallergien**
Entfernen Sie alle Pflanzen aus dem Garten, von denen Sie wissen, daß sie Hautallergien oder -reizungen verursachen. Wenn Sie sich zu einem derart radikalen Schritt nicht entschließen können, sollten Sie jedoch mindestens die folgenden Ratschläge beachten:

- Pflanzen Sie problematische Pflanzen in Rabatten möglichst weit nach hinten und in einiger Entfernung von Wegen, um eine unfreiwillige Berührung mit ihnen zu vermeiden.
- Vermeiden Sie jeden Kontakt mit Pflanzen, die Lichtdermatitis verursachen wie z. B. Raute; an heißen, sonnigen Tagen kann bereits eine kurze Berührung schmerzhafte Blasen hervorrufen.
- Tragen Sie im Garten bei der Arbeit mit Pflanzen und besonders beim Einsetzen von Blumenzwiebeln stets lange, feste Gartenhandschuhe.
- Tragen Sie auch im Sommer immer ein langärmeliges Hemd, um die Arme zu schützen.
- Tragen Sie anstatt eines Rocks oder Shorts lieber Hosen, um die Beine vor Spritzern von Pflanzensaft zu schützen.
- Tragen Sie eine Schutz- oder Sonnenbrille, um die Augen zu schützen und berühren Sie mit den Arbeitshandschuhen nicht die Augen.
- Setzen Sie einen Hut auf, um Ohren, Stirn und Kopfhaut zu schützen.
- Gärtnern Sie niemals barfuß, sondern tragen Sie festes Schuhwerk und Socken anstelle von Sandalen.
- Waschen Sie nach der Gartenarbeit immer die Hände und alle unbedeckten Hautpartien.

**Wenn eine Pflanze dennoch eine Hautreizung ausgelöst hat:**

- Waschen Sie die betreffende Hautpartie mit viel kaltem Wasser ab und vermeiden Sie es, sich der Sonne auszusetzen.
- Widerstehen Sie der Versuchung, sich zu kratzen.
- Wenn die Hautreizung andauert, sollten Sie einen Arzt aufsuchen.

**LINKS:** *Die dornigen Blätter der attraktiven Stechpalme,* Ilex aquifolium *'Handsworth New Silver', können ein Kontaktekzem auslösen.*

**RECHTS:** *Großaufnahme einer Honigbiene, die gerade in einen Finger gestochen hat; der Stachel steckt in der Haut.*

**Liste der Pflanzen, die von Bienen bevorzugt werden**

Bienen fliegen Pflanzen an, um Pollen und Nektar zu sammeln. Folgende niedrigallergene Gartenpflanzen werden häufig von Bienen aufgesucht.

*Alcea rosea*
*Armeria maritima*
*Astrantia major*
*Aubrieta deltoidea*
*Centranthus ruber*
*Cotoneaster horizontalis*
*Crataegus* ssp.
*Cytisus* ssp.
*Echinops ritro*
*Filipendula ulmaria*
*Foeniculum vulgare*
*Geranium* (fast alle Arten und Sorten)
*Hyssopus officinalis*
*Limnanthes douglasii*
*Linaria purpurea*
*Lythrum salicaria*
*Malus* ssp.
*Melissa officinalis*
*Myosotis* ssp.
*Nepeta* x *faassenii*
*Origanum vulgare*
*Papaver orientale*
*Perovskia atriplicifolia*
*Polemonium caeruleum*
*Prunus avium*
*Rosmarinus officinalis*
*Salvia officinalis*
*Satureja montana*
*Scrophularia auriculata*
*Thymus* ssp.
*Ulex europaeus*
*Veronica spicata*

## Stachel und Dornen

Die Stachel oder Dornen etlicher Pflanzen dienen dazu, grasende Tiere abzuwehren, um nicht gefressen zu werden. Manche dieser Dornen sondern eine Irritationen auslösende Flüssigkeit ab, sobald ihre Spitze abgebrochen wird. Wenn man sich zum Beispiel an einem Dorn die Haut aufreißt, kann es vorkommen, daß die Flüssigkeit in die Haut eindringt und eine Reaktion auslöst. Die Dornen der gemeinen Stechpalme können ein entzündliches Kontaktekzem auslösen. Großzügiges Auftragen von antiseptischer Salbe auf die betroffene Hautpartie bringt die Beschwerden in der Regel rasch zum Abklingen. Sollten Sie unter Neurodermitis oder einer anderen Hautallergie leiden, empfiehlt es sich, das Beschneiden dorniger Pflanzen anderen zu überlassen.

## Insektenstiche

Für manchen Gartenliebhaber stellen hauptsächlich Insekten ein Allergierisiko dar. Aus dem Haus lassen sich Insekten zwar durch das Anbringen von Fliegengittern aussperren, im Garten aber ist man ihnen unweigerlich ausgesetzt. Allergische Reaktionen auf Insektenstiche bestehen in Schmerzen oder starkem Juckreiz, für ganz besonders empfindliche Menschen aber können sie sogar lebensbedrohlich sein. Bienen, Wespen und Hornissen zählen zu den verbreitetsten stechenden

Insekten, und nicht wenige Menschen sind gegen ihre Stachel – vor allem gegen die der Biene – allergisch. Bei Menschen, die unter einer Insektenstich-Allergie leiden, steigert sich die allergische Reaktion mit jedem weiteren Stich. Während es beim ersten Mal zu Symptomen wie einer deutlichen Schwellung, Rötung und Juckreiz kommt, die zwei bis drei Tage anhalten können, führen weitere Stiche möglicherweise zu Nesselsucht, Schwellungen im Gesicht, Atemnot oder sogar einem anaphylaktischen Schock. Wenn man eine außergewöhnlich heftige Reaktion auf einen Insektenstich an sich bemerkt, sollte man unbedingt einen Arzt aufsuchen, der einem in der Regel Antihistaminika und Adrenalin verschreibt, Medikamente, die man für den Notfall immer bei sich tragen sollte. Außerdem sollte ärztlicher Rat darüber eingeholt werden, ob eine Desensibilisierung zu empfehlen ist.

Sollten Sie oder ein Mitglied Ihrer Familie unter einer Allergie gegen das Gift in den Stacheln von Bienen, Wespen oder Hornissen leiden, ist es ratsam, alle Pflanzen, die diese Insekten anlocken, entweder ganz aus dem Garten oder zumindest doch aus den Beeten und Rabatten in der Nähe des Hauses und der Terrasse zu verbannen. Desgleichen sollten Sie auf Obst in Ihrem Garten verzichten, da die reifen oder verfaulenden Früchte Wespen anlocken.

Doch auch Stechmücken können durch ihr Gift allergische Reaktionen auslösen. Bei dieser häufigen Form der Allergie kommt es zu Schwellungen im Bereich des Einstichs, unter Umständen auch zu Schwächegefühl, Kopfschmerzen, Durchfall und Erbrechen. Die Symptome lassen sich durch die Einnahme von Antihistaminika sowie durch das Auftragen einer entzündungshemmenden Salbe oder eines kühlenden Gels lindern. Mücken brüten vor allem in stehenden Gewässern wie Gartenteichen oder Wasserbecken und sind vorrangig abends aktiv. Wenn sich Ihr Gartenteich also in einem etwas entlegeneren Teil des Grundstücks befindet, reicht es vielleicht schon aus, wenn Sie diesen Teil am Abend einfach meiden.

**UNTEN:** *Ein Bogen aus Goldregen im Garten von Barnsley House im englischen Gloucestershire. Leider sind alle Teile der Pflanze giftig. Die Samen stellen eine besondere Gefahr dar, weil sie gerne von Kindern gegessen werden.*

## Giftpflanzen

Obwohl Giftpflanzen mit dem Thema des allergenreduzierten Gartens im engeren Sinne nichts zu tun haben, sollte man doch besonders giftige Pflanzen von lediglich schädlichen unterscheiden können. Hochgiftige Pflanzen sind all jene, deren Verzehr schwerwiegende gesundheitliche, zuweilen sogar tödliche Folgen hat. Schädliche Pflanzen hingegen verursachen zwar Erbrechen und Magen-Darm-Störungen, ziehen aber im Normalfall keine weiteren schweren gesundheitlichen Folgen nach sich. Die HTA-Liste auf Seite 24 folgt dieser Einteilung.

In den von mir angelegten allergenreduzierten Gärten habe ich auf hochgiftige Pflanzen gänzlich verzichtet. Einige der weniger giftigen Pflanzen sind andererseits derart nützlich und dekorativ, daß ich sie durchaus in Beeten und Rabatten anpflanze. Dazu gehören Akelei, Rittersporn und Iris.

# Als Allergiker gärtnern

## Allergische Reaktionen vermeiden

Um als Allergiker sein Verhalten entsprechend darauf einstellen zu können, sollte man versuchen, alles über die betreffende Allergie in Erfahrung zu bringen, das heißt, man sollte sich erkundigen, auf welche Stoffe man wann allergisch reagiert. Dazu nimmt man am besten die Hilfe eines Arztes in Anspruch, der einen unter Umständen an einen Allergologen überweist. Das Führen eines Tagebuchs, in dem man genau notiert, wann welche Symptome auftauchen, gibt dem Arzt oder Allergologen wichtige Hinweise, um helfen zu können. Wenn Sie zum Beispiel feststellen, daß die Symptome stärker werden, sobald es Sommer wird, und besonders schlimm, wenn Sie nach draußen gehen, ist die Wahrscheinlichkeit groß, daß Sie gegen Gräserpollen allergisch sind.

Sobald Sie wissen, auf welche Stoffe Sie allergisch reagieren, sollten Sie diese so weit als möglich meiden – denn vorbeugen ist besser als heilen. Wenn zum Beispiel feststeht, daß Sie auf Pilzsporen allergisch reagieren, überprüfen Sie, ob diese in Ihrem Garten gute Wachstumsbedingungen vorfinden (s. S. 18 u. 19). Durch das Roden von Hecken, Abdecken des Komposthaufens oder Beseitigen von totem Laub lassen sich Pilzpopulationen wirksam eindämmen. Während Sie versuchen, die Allergene aus ihrer unmittelbaren Umgebung zu beseitigen, müssen Sie jedoch die verschriebenen Medikamente weiterhin einnehmen. Setzen Sie diese nur nach Rücksprache mit dem Arzt ab.

### *Schützende Kleidung*

Es gibt noch eine Reihe weiterer Vorsichtsmaßnahmen, die Sie beherzigen sollten. Bedenken Sie zunächst, was Sie anziehen, wenn Sie im Garten arbeiten. Bei Menschen, die unter Hautallergien leiden, sollte die Kleidung den Körper so weit wie möglich bedecken. Wenn die Augen empfindlich reagieren, sollte man eine Sonnen- oder Schutzbrille tragen. Bei einer Allergie gegen Pollen oder Pilzsporen empfiehlt es sich, im Garten eine Kopfbedeckung zu tragen, die die in der Luft schwebenden Allergene „abfängt“. Und vergessen Sie nicht, die Kopfbedeckung abzunehmen, bevor Sie ins Haus zurückkehren. Um Pollen und Sporen nicht mit ins Haus zu tragen, können Sie auch ein paar alte Kleidungsstücke zu Ihrer speziellen Gartenbekleidung erklären, die Sie nur draußen anziehen und wie die Kopfbedeckung ablegen, sobald Sie wieder ins Haus gehen.

Bei besonders hoher Pollendichte sollten Sie sich nach der Gartenarbeit die Haare waschen, um die Pollen zu

**UNTEN:** *Verschiedene Pollenkörner unter dem Elektronenmikroskop. Größe, Form und Oberflächenbeschaffenheit der Pollen sind von Pflanze zu Pflanze unterschiedlich.*

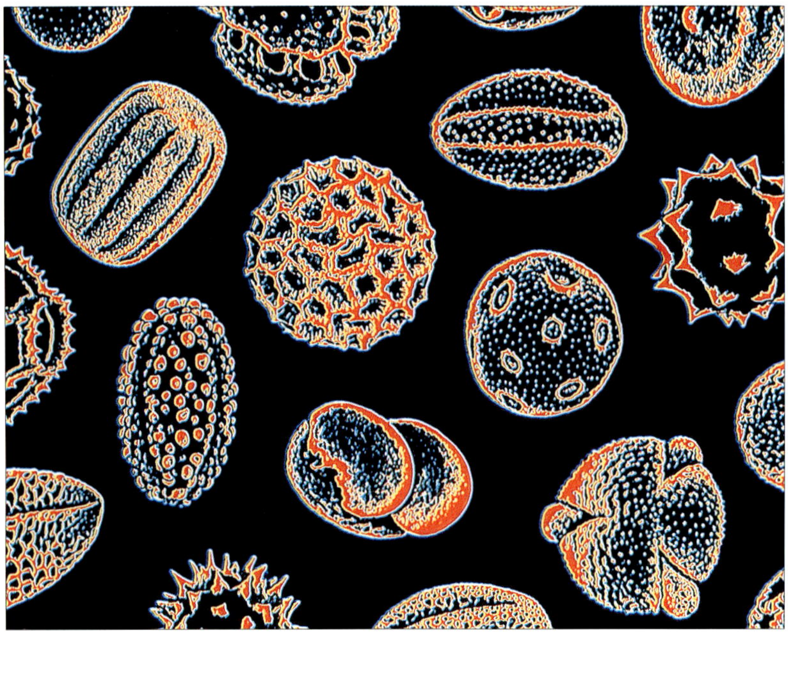

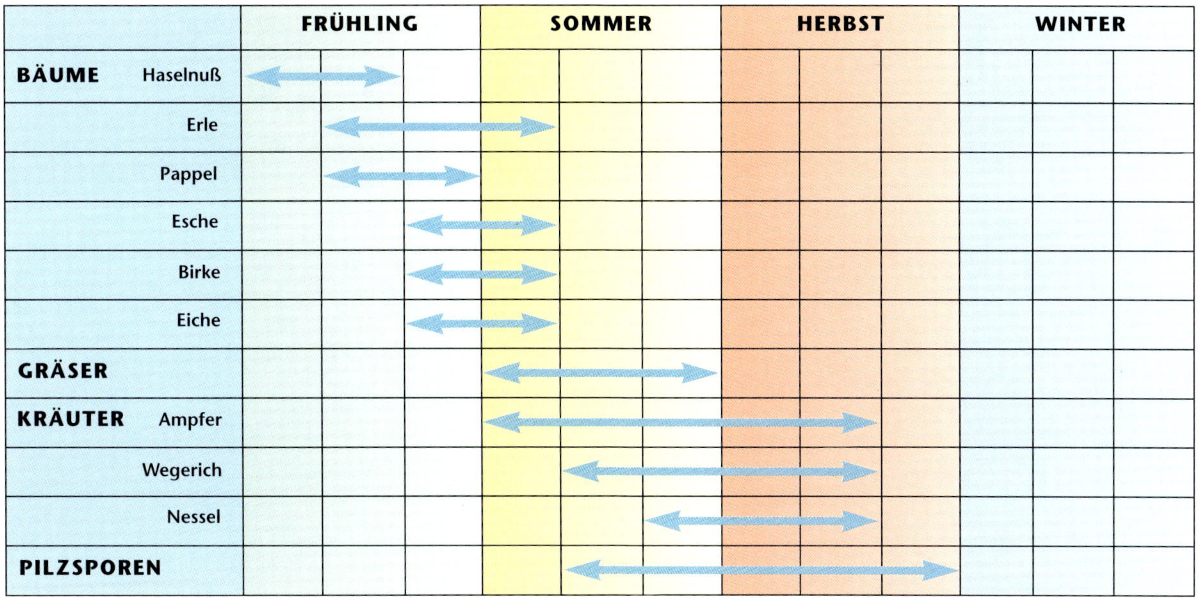


entfernen. Eine Nase und Mund bedeckende Maske zu tragen ist sinnvoll, um Pollen und Sporen daran zu hindern, in die Atemwege zu dringen. Dies mag zwar eine Einschränkung darstellen, doch wenn man mit einer Maske in der Lage ist, im Garten ohne Niesen und Keuchen zu arbeiten, ist diese Maßnahme schon eine Überlegung wert. Und denken Sie daran, Ihre Wäsche im Sommer nicht im Garten zum Trocknen aufzuhängen. An der frischen Luft getrocknet mag sie zwar wunderbar duften, doch zugleich ist sie auch ein idealer Pollen- und Sporenfänger.

**OBEN:** *Der Pollenflug-Kalender zeigt, in welchen Monaten die Asthma und Heuschnupfen auslösenden Pollen und Pilzsporen freigesetzt werden (einen ausführlicheren Pollenflugkalender finden Sie auf der Rückseite des Buches).*

## Geeignete Zeiten für die Gartenarbeit

Ich selbst arbeite das ganze Jahr über gern im Garten, vorausgesetzt, daß es nicht in Strömen regnet oder stürmt oder allzu extreme Temperaturen, brütende Hitze oder Frost, vorherrschen. Abgesehen von diesen Einschränkungen gärtnere ich praktisch bei jedem Wetter, und ich nehme an, daß es den meisten passionierten Hobbygärtnern, die in einer ähnlichen Klimazone leben wie ich, ähnlich geht. Für Allergiker jedoch können verschiedene Jahreszeiten, Wetterbedingungen und Tageszeiten entscheidend für einen Ausbruch der Allergie sowie die Stärke der Symptome sein. Daher empfiehlt es sich für den von Allergien geplagten Menschen, die Zeiten, in denen er im Garten arbeitet, kritisch unter die Lupe zu nehmen.

### *Die Jahreszeiten*

Ein sonniger, aber kalter Wintertag ist ideal, um Bäume und Sträucher zu beschneiden und den Garten aufzuräumen. Pollen- oder Sporenflug ist unter diesen Bedingungen nicht zu erwarten. Dennoch birgt auch der Winter Gefahren für Allergiker. So mancher Asthmatiker stellt nämlich fest, daß Kälte das Asthma verschlimmert und das Einatmen kalter Luft einen Anfall hervorrufen kann. Sollten auch Sie auf diese Verhältnisse derart reagieren, sorgen Sie dafür, warm angezogen zu sein, und sich so wenig wie möglich im Freien aufzuhalten, wenn es sehr kalt ist.

Im Frühling leiden Asthmatiker und Pollenallergiker besonders stark, da dies die Zeit ist, in der viele der windblütigen Bäume ihre Pollen freisetzen. Der erste

Pollenflug im Jahr wird von der Haselnuß verursacht, es folgen Erle, Pappel und Ahorn, im ausgehenden Frühjahr Esche, Platane, Birke und Eiche.

Im Sommer sind vor allem die Pollen von Gräsern, wilden und Gartenkräutern, darunter Knöterich, Nessel und Wegerich, zu beachten, die Heuschnupfen und Asthma verursachen können.

Zur Zeit der Getreideernte werden Millionen von Pilzsporen freigesetzt, die etliche Kilometer weit durch die Luft getragen werden. Glücklicherweise scheinen diese Sporen vor allem in der Nacht zu fliegen, zu einer Zeit also, in der man sich in der Regel nicht mehr im Garten aufhält. Asthmatiker und Heuschnupfenallergiker sollten sich auch von Feldern fernhalten.

Manche Menschen leiden derart unter ihrer Allergie, daß sie sich drei Viertel des Jahres kaum im Freien aufhalten können. Insbesondere für sie lohnt sich das Anlegen eines allergenreduzierten Gartens.

Bei durch Pflanzen oder Pflanzenteile verursachten Hautallergien spielen die Jahreszeiten eine weniger bedeutende Rolle, da es hier vor allem darum geht, den Kontakt mit der entsprechenden Pflanze zu meiden. Wer unter Lichtdermatitis leidet, sollte vor allem an heißen, sonnigen Tagen den Kontakt mit den entsprechenden Pflanzen verhindern. Bei Hitze trägt man nicht nur sommerliche Kleidung und erhöht somit die Kontaktgefahr mit problematischen Pflanzen, Hitze macht auch jeden Hautausschlag noch unangenehmer.

Bienen und andere Blütenstaub übertragende Insekten kommen nur in den Garten, wenn die Pflanzen, die sie bestäuben, blühen und es warm und zugleich windstill ist. Für Menschen mit einer Allergie gegen Insektenstiche stellen sie also nur in den Sommermonaten ein Problem dar. Dennoch sei darauf hingewiesen, daß Bienen zu Beginn und am Ende des Sommers zwar weniger aktiv sind, das Risiko, eine „schläfrige“ Biene zu übersehen aber ungleich größer ist.

**UNTEN:** *Kurz vor, während und unmittelbar nach einem Gewitter sollten Menschen, die unter Heuschnupfen oder Asthma leiden, sich nicht im Freien aufhalten.*

## *Das Wetter*

Auf die Frage, welches Wetter Allergikern die größten Probleme bereitet, kann man keine allgemeingültige Antwort geben. Ein warmes, feuchtes Klima begünstigt das Wachstum von Pilzen und damit das Freisetzen von Unmengen von Sporen, die bei entsprechend sensibilisierten Menschen allergische Reaktionen auslösen. Bei Wind werden Pollen und Pilzsporen aufgewirbelt und viel weiter getragen als an windstillen Tagen. Windstilles, warmes Wetter bietet andererseits Bienen und anderen Insekten ideale Bedingungen und veranlaßt zugleich Blüten, ihre Staubbeutel zu öffnen und Pollen freizusetzen. Sonnige, trockene und zugleich windige Sommertage bereiten Asthmatikern und Heuschnupfenpatienten, die gegen Gräserpollen allergisch sind, die größten Probleme. Beim Autofahren empfiehlt es sich an solchen Tagen, die Fenster geschlossen zu halten und statt dessen die Klimaanlage einzuschalten, vorausgesetzt allerdings, daß sie über einen Pollenfilter verfügt.

Bei anhaltend trockenem, warmem Wetter sinkt die Luftfeuchtigkeit, was zum Austrocknen der Schleimhäute von Nase und Lunge und damit zu Husten und Schnupfen führen kann. Ein weiteres Problem ergibt sich in Städten und Ballungsgebieten, in denen bei austauscharmer Wetterlage aufgrund der Emissionen von Industrie und Verkehr die Abgaskonzentration der Luft und damit auch das Risiko von Asthmaanfällen steigt. Informationen zu Luftqualität und Ozonwerten werden im Radio durchgegeben. Bleiben Sie bei entsprechend schlechten Werten lieber im Haus und halten Sie die Fenster geschlossen.

Doch selbst bei guter Luftqualität können sich bestimmte Wetterbedingungen vor allem auf Asthmatiker beeinträchtigend auswirken. Offenbar gibt es einen Zusammenhang zwischen der bei einem Gewitter vorherrschenden Wetterlage und dem Auftreten von Asthmaattacken; eine ungewöhnlich große Zahl von Menschen berichtet über das plötzliche Auftreten von Symptomen unmittelbar vor, während und kurz nach Gewittern. Forschungen zur Aufklärung der Hintergründe dieses Phänomens werden weltweit betrieben. So hat man zum Beispiel festgestellt, daß in einigen Fällen die Dichte der Pilzsporen in der Luft bei Gewittern signifikant anstiegen; in einem anderen Fall ließ sich nachweisen, daß Regen und die elektrisch aufgeladene Atmosphäre die Samenkörner des Englischen Raygrases *(Lolium perenne)* aufplatzen ließen, wodurch große Mengen allergener, stärkehaltiger Partikel in die Luft gewirbelt wurden und, über die Atmung aufgenommen, bei entsprechend disponierten Menschen allergisches Asthma auslösten. Die Ursachen für dieses Phänomen sind zwar noch nicht vollständig erforscht, doch bis zu einer endgültigen Klärung empfiehlt es sich für alle Asthmatiker, vom ersten fernen Donnern bis nach dem Gewitter bei geschlossenen Fenstern im Haus zu bleiben.

## *Tageszeiten*

Ein weiterer Faktor für ein beschwerdefreies Arbeiten im Garten ist die Tageszeit. Mit den im Tagesverlauf steigenden Temperaturen heizen sich auch die Oberflächen im Freien auf und geben ihre Wärme wiederum an die Luft ab. Die erwärmte Luft steigt durch Konvektion, d. h. vertikale Luftbewegung in die Atmosphäre auf, kühlt sich dort ab und sinkt wieder auf die Erde zurück, um erneut aufgewärmt zu werden. Bei warmem, ruhigem Wetter werden im Laufe des Tages freigesetzte Pollen und Pilzsporen durch die vertikale Luftbewegung so weit in die Höhe getragen, daß sie kaum Beschwerden verursachen. In den frühen Abendstunden jedoch fallen sie mit der sich abkühlenden Luft wieder auf die Erde zurück. Menschen, die gegen Pollen oder Pilzsporen allergisch sind, sollten also am besten in den Stunden zwischen dem späten Vormittag und dem frühen Abend im Garten arbeiten.

Um zu bestimmen, wann für Sie die beste Zeit ist, um sich im Garten aufzuhalten, sollten Sie zunächst herausfinden, worauf Sie allergisch reagieren, und dann ein Tagebuch führen, in dem Sie Ihre Symptome und deren Schwere notieren sowie die jeweils herrschenden Wetterbedingungen. Nach einiger Zeit der aufmerksamen Beobachtung werden Sie so wiederkehrende Muster und Regelmäßigkeiten erkennen, die Ihnen verraten, zu welcher Tageszeit und unter welchen klimatischen Bedingungen Sie ohne Beschwerden im Garten arbeiten können.

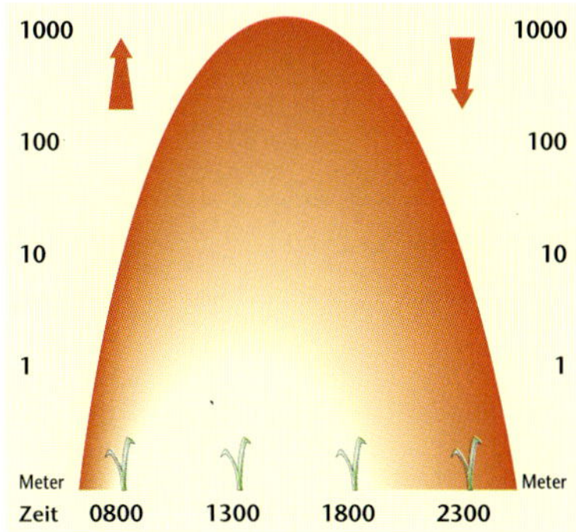


**OBEN:** *Die Grafik zeigt, daß Pollen an einem windstillen, warmen und trockenen Tag morgens in die Atmosphäre aufsteigen, um gegen Abend wieder auf die Erde zurückzufallen. Die beste Zeit für Gartenarbeit sind die Mittags- und Nachmittagsstunden, wenn die Pollenkonzentration unmittelbar über dem Erdboden relativ gering ist.*

**UNTEN:** *Anstelle von Rasenflächen wurden in diesem Garten Kiespfade und gepflasterte Bereiche angelegt, während in die Beete niedrigallergene Pflanzen gesetzt wurden wie* Alchemilla mollis, *Geranien und* Stachys byzantina.

## Die Gartenarbeit

Es gibt bestimmte Gartenelemente, die geradezu eine Brutstätte für Allergene darstellen, als auch bestimmte Arbeiten, die eine allergische Reaktion verstärken können. Stellen Sie fest, ob und welche Gartenelemente oder Tätigkeiten Ihnen Probleme bereiten. Suchen Sie dann nach praktikablen Lösungen: Wenn Ihnen zum Beispiel das Umgraben Schwierigkeiten bereitet, weil Sie unter Asthma leiden, wäre es ratsam, ein anderes Familienmitglied oder einen Freund um Hilfe zu bitten.

### *Rasen und Rasenmähen*

Rasenflächen stellen für viele Allergiker eine Hauptproblemquelle dar. Nicht nur, daß die Rasenpflanzen, wenn sie nicht mit größter Sorgfalt gepflegt werden, Pollen produzieren. Auch Pollen anderer Pflanzen, Pilzsporen und Staub sammeln sich zwischen den Grashalmen. Beim Mähen des Rasens werden sie aufgewirbelt, so daß die Wolke aus hochwirksamen Allergenen bei einem entsprechend disponierten Gärtner unweigerlich einen Asthma- oder Heuschnupfenanfall auslöst. Darüber hinaus wird beim Schneiden des Rasens der chemische Stoff Cumarin freigesetzt, der allergieauslösend wirken kann. Der Kontakt mit Rasenpflanzen kann zudem Neurodermitis auslösen, und viele der wilden Gräser, die sich in einem schlecht gepflegten Rasen befinden, können zu allergischen Reaktionen der Haut führen. Und schließlich ist Rasenmähen und mehr noch Vertikutieren für Menschen, die unter durch Rasen und Gräser verursachten Hautallergien leiden, problematisch, weil bei diesen Tätigkeiten ein feiner Nebel allergener Stoffe aufgewirbelt wird, der bei Kontakt mit der Haut zu entsprechenden Reaktionen führen kann.

Um alle hier geschilderten Probleme zu vermeiden, empfiehlt es sich also, in einem allergenreduzierten Garten auf Rasenflächen gänzlich zu verzichten. In Teilen des Gartens, die begehbar sein sollen, lassen sie sich durch gepflasterte Flächen oder Kiespfade ersetzen, und wo man eine begrünte Fläche wünscht, kann man auch Bodendecker einsetzen.

**UNTEN:** *Eine dichte, akkurat beschnittene Hecke ist nicht nur ein wahrer Pollen- und Sporenfänger, sondern erfordert auch viel Pflege. Die duftenden Blüten des Flieders,* Syringa vulgaris, *können Heuschnupfen oder Asthma auslösen.*

### *Graben und Jäten*

Graben und Jäten – Arbeiten, die in jedem Garten durchgeführt werden müssen. Sie sind anstrengend und begünstigen daher Asthmaanfälle, sollten mithin von Menschen, die unter allergischem Asthma leiden und sich nicht ganz fit fühlen, in jedem Fall vermieden werden. Beim Umgraben werden überdies Pilze und Pilzsporen im Boden aufgewühlt und an die Oberfläche befördert, von wo aus sie bereits durch einen leichten Windstoß in die Atemwege gelangen können. Tiefes Graben zerstört außerdem unter Umständen die Struktur eines sandigen Bodens. Eine Alternative stellt das Mulchen mit niedrigallergenen Substanzen (s. S. 34) oder das Pflanzen von Bodendeckern dar (s. S. 96–99). Oder bitten Sie einen freundlichen Menschen um Hilfe beim Graben und Jäten.

**OBEN:** *Ein aus Holz gefertigter Kompostbehälter mit Abdeckung ist ideal für den allergenreduzierten Garten, da Pilze und ihre Sporen nicht in die Luft entweichen können.*

### *Hecken*

Je nach Art der verwendeten Pflanzen und je nach Pflege können Hecken eine Reihe von Allergenen beherbergen. Einige beliebte Heckenpflanzen – wie zum Beispiel die Koniferenart *Cupressocyparus leylandii* – verursachen nachweislich Dermatitis, während andere – wie Liguster – Pollen produzieren, die Asthma und Heuschnupfen hervorrufen. Durch das regelmäßige Stutzen werden Hecken nicht nur dicht, sondern beim Schneiden auch zu regelrechten Pollen- und Sporenschleudern. Zusammenfassend läßt sich also sagen, daß auch Hecken für den allergenreduzierten Garten im allgemeinen nicht zu empfehlen sind. Alternativen sowie weniger Allergene beherbergende Hecken werden auf den Seiten 52 bis 55 vorgestellt.

### *Verbrennen von Gartenabfällen*

Das Verbrennen von Gartenabfällen ist im allergenreduzierten Garten keinesfalls zu empfehlen. Der dabei entstehende Rauch verursacht bei Asthmatikern erhebliche Beschwerden. Sollten Sie dennoch nicht darauf verzichten wollen, Ihre Abfälle im Garten zu verbrennen, ist es ratsam, damit ein Familienmitglied zu beauftragen, das nicht unter Allergien leidet. Verbrennen Sie nur bei Windstille oder wenn ein leichter Wind weht, der den Rauch vom Haus wegtreibt, und stellen Sie sicher, daß sich alle Familienmitglieder, die unter Asthma leiden, bei geschlossenen Fenstern im Haus aufhalten.

### *Kompostieren*

Das Anlegen eines Komposthaufens stellt den ambitionierten Hobbygärtner, der zugleich Allergiker ist, vor ein Dilemma. Ein Komposthaufen ist eine ausgezeichnete, kostenlose Quelle für organischen Dünger. Organische Stoffe, wie sie sich im Kompost finden, sind Voraussetzung für einen humusreichen Boden und Nährmittel für ein gesundes Pflanzenwachstum. Darüber hinaus lassen sich auf einem Komposthaufen Garten- und organische Küchenabfälle leicht und bequem entsorgen. Zugleich ist er aber auch der Nährboden für eine hohe Konzentration von Pilzen und Pilzsporen.

Entscheidend ist, wie Sie Ihren Komposthaufen anlegen: Verwenden Sie ein geschlossenes Kompostiersystem anstelle eines einfachen, offenen Komposthaufens oder decken Sie zumindest den Komposthaufen mit einer Plastikplane ab, die das Freisetzen der Schimmelsporen verhindert. Es gibt zwei verschiedene Arten von geschlossenen Systemen: Das eine ähnelt im Kompostierungsverfahren dem konventionellen offenen Komposthaufen, besteht aber aus einem Faß oder einer Kiste mit fest verschließbarem Deckel; bei dem anderen dagegen werden in einem geschlossenen Gefäß zur Kompostierung Würmer zugesetzt.

Wenn der Kompost fertig ist, sollten Sie ein nicht unter Allergien leidendes Familienmitglied oder einen Freund bitten, ihn im Garten zu verteilen. Der Kompost muß mit einer Harke in den Boden eingearbeitet werden, um noch weiter zu verrotten. Wer unter einer Allergie gegen Pilzsporen leidet, sollte für eine gewisse Zeit nicht in jenen Teilen des Gartens arbeiten, in denen frischer Kompost verteilt wurde.

## *Mulchen*

Der Einsatz von Mulch bietet sich aus zwei Gründen an: Zum einen unterbindet er das Wachstum von Unkraut, zum anderen fügt er dem Boden wichtige organische Stoffe zu. Je nachdem, welche dieser beiden Funktionen im Vordergrund steht, lassen sich verschiedenste Stoffe als Mulch verwenden. Eine Reihe von Mulchen ist für den Allergiker allerdings problematisch, vor allem Rinden- und Torfmulche. Die Rinde einiger Bäume, allen voran die der Koniferen, können Hautausschläge verursachen (s. S. 22–23), und alle Rindenmulche enthalten Pilze und Pilzsporen, wobei die Konzentration von Pilzen mit dem Verrottungsgrad der Rinde steigt. Alle organischen Mulche enthalten mehr oder weniger viele Pilze, mit Ausnahme von Nußschalen, die beinahe pilzfrei sind. Wenn Sie allerdings allergisch gegen Nüsse sind, ist auch diese Mulchsorte selbstverständlich nicht zu empfehlen. Kompost aus Champignonabfällen ist voller Pilze und Pilzsporen und hat in einem allergenreduzierten Garten folglich nichts zu suchen.

Schwarzer Folienmulch (Polyäthylen) eignet sich zwar hervorragend zur Unterdrückung von Unkraut, verbessert aber nicht die Bodenqualität und sieht obendrein noch recht häßlich aus. Kies ist zwar nicht ganz so effektiv beim Zurückdrängen des Unkrauts, sieht aber hübsch aus und beherbergt auch keine Schimmelsporen. Verwenden Sie groben Kies mit Kieseln von mindestens 10 mm Durchmesser (in Gartenfachgeschäften erhältlich) und vergewissern Sie sich, daß er keine kleineren Partikel enthält. Folienmulch, der mit einer Schicht Kies abgedeckt wird, ist ein hervorragender Unkrautvernichter, eignet sich aber nicht für alle Bereiche des Gartens, da diese Kombination auf Dauer den darunterliegenden Boden verdichtet.

**UNTEN:** *Hier wurden Kletterrosen und Lauch zusammengepflanzt. Das Anpflanzen des stark duftenden Lauchs ist ein wirksames Mittel zur Vorbeugung gegen Rosenkrankheiten und Pilzbefall.*

Wenn Sie einen ganzen Garten oder Beete und Rabatten völlig neu anlegen, lohnt es sich, eine Gründüngung in Erwägung zu ziehen. Beginnen Sie, indem Sie auf dem zu kultivierenden Stück Land im Spätsommer, also ein Jahr vor der Neubepflanzung, Klee, Wicken, Lupinen oder *Phacelia* aussäen. Im darauffolgenden Frühjahr graben Sie die Pflanzen unter, bevor Sie die Rabatten bepflanzen. Diese Pflanzen speichern Stickstoff, der beim Untergraben an den Boden weitergegeben wird und so als Düngung für die Neubepflanzung dient. Die Pflanzen verrotten im Boden, verwandeln sich in Kompost und schließlich in Humus.

## *Einsatz von Chemikalien*

Es wäre absurd, einen allergenreduzierten Garten zu planen und anzulegen, und dann alle Mühen zunichte zu machen, indem man einen Cocktail aus Pflanzengiften zur Bekämpfung von Unkraut und Krankheiten einsetzt. Viele der im Garten verwendeten Chemikalien sind giftig und damit gefährlich. Am besten sollte man also auf ihren Einsatz verzichten. Das Anpflanzen von Bodendeckern, der Einsatz ungefährlicher Mulchstoffe sowie gelegentliches

Unkrautjäten machen Unkrautvernichter überflüssig. Sorgfältige Pflege, wozu auch gehört, daß man nur Pflanzen auswählt, die im jeweiligen Boden gedeihen, daß man den richtigen Standort auswählt und für die entsprechende Menge an Feuchtigkeit sorgt, fördert in der Regel das gesunde Wachstum der Pflanzen und damit auch die Widerstandskraft gegen Krankheiten.

Eine weitere Möglichkeit, Chemikalien zu vermeiden, besteht in der Auswahl krankheitsresistenter Züchtungen bei besonders anfälligen Pflanzenarten. Wenn Sie zum Beispiel eine Rosenrabatte anlegen wollen, sollten Sie entweder auf Züchtungen zurückgreifen, die gegen Mehltau und Sternrußtau resistent sind, oder unempfindliche Strauchrosen pflanzen. Folgen Sie dem Beispiel des organischen Gartenbaus und vermeiden Sie Monokulturen: Mischen Sie Zierpflanzen in Rabatten und Einfassungen (ebenso wie in Gemüsebeeten), und setzen Sie Pflanzen nebeneinander, die sich gegenseitig im Wachstum fördern.

Im Fachhandel werden eine Reihe von organischen Pflanzenschutzmitteln – wie zum Beispiel das Insektizid Pyrethrum – angeboten, die für den Menschen kaum schädlich sind. Obstbäume leiden häufig unter Pilzkrankheiten oder der Apfelmotte – niemandem behagt der Gedanke, einen wurmstichigen Apfel zu essen –, doch durch die Wahl einer pilzresistenten Sorte und den Einsatz natürlicher Schädlingsbekämpfungsmittel wie um den Stamm gelegte Leim- oder Ölbänder kann man auch diesem Problem wirksam begegnen.

Funkien eignen sich hervorragend für einen allergenreduzierten Garten, werden aber häufig von Schnecken befallen, die nicht selten alle Blätter abfressen. Schneckenkorn ist ein wirksames Bekämpfungsmittel, doch reine Chemie und giftig. Eine sanftere Methode ist das Aufstellen von mit Bier gefüllten Gefäßen, die man neben der Pflanze eingräbt, um die Schnecken darin zu fangen. Man kann auch groben Kies um die Pflanzen streuen, den die Schnecken nur ungern überqueren. Manche Gärtner bestreuen Schnecken mit Salz, doch mir ist diese Methode zu grausam.

Eine weitere, häufig auftretende Plage stellen Blattläuse dar, die vor allem jungen Pflanzen großen Schaden zufügen. Das einfachste Mittel dagegen ist Seifenlauge, mit der man die Pflanzen besprüht, um sie anschließend mit den Händen wieder abzuwischen. Es können an dieser Stelle nicht alle ökologisch verträglichen Methoden der Schädlings- und Krankheitsbekämpfung aufgeführt werden. Informationen zu diesem Thema erhalten Sie im Fachhandel.

**OBEN:** *Topfpflanzen in einem Wintergarten, unter anderem Schönmalve und Schilf, das zwar wie eine Graspflanze aussieht, aber keine allergischen Pollen produziert.*

## Schnittblumen

Beim Schneiden von Blumen kommt man unweigerlich mit deren Saft in Berührung, der unter Umständen Hautallergien hervorrufen kann. Durch das Tragen von Handschuhen läßt sich dies vermeiden, doch bedenken Sie, daß die Blumen, wenn sie in der Vase stehen, auch von anderen Familienmitgliedern berührt werden könnten. Hautirritationen verursachende Pflanzen (vgl. „Zu vermeidende Pflanzen", S. 112–123) sollten also besser draußen bleiben. In Vasen aufgestellte Blumen befinden sich fast immer auf „Nasenhöhe", so daß Staub oder Pollen leicht eingeatmet werden. Auch die Pollen anderer Pflanzen, in deren Nähe sie gestanden haben, können sich auf den Blütenblättern abgelagert haben. Sollte also jemand in Ihrer Familie unter Asthma oder Heuschnupfen leiden, empfiehlt es sich, Schnittblumen nicht im Haus, sondern draußen zu Sträußen zu binden und in der Vase zu arrangieren. Schütteln Sie die Blumen oder spülen Sie sie mit Wasser gründlich ab, um Pollen und Staub zu entfernen.

# GESTALTUNG

## EINES ALLERGEN-REDUZIERTEN GARTENS

# Gartenplanung

**Für Allergiker bedenkliche Gartenbestandteile**

Die folgenden Gartenbestandteile können Allergikern Probleme bereiten:

*dichte, regelmäßig beschnittene Hecken*
*Komposthaufen*
*alle Blumen der Gattung* Bellis
*Rasen*
*Ziergräser*
*Rasenschnitt*
*duftende Pflanzen*
*Hautreizungen auslösende Pflanzen*
*Unkräuter – Nesseln und Wegerich*
*windblütige Bäume*

## Das Anlegen eines allergenreduzierten Gartens

Im ersten Teil wurde ausführlich auf die verschiedenen Allergene eingegangen, denen man bei der Arbeit im Garten ausgesetzt sein kann. Im nächsten Schritt soll nun erläutert werden, wie man einen Garten so anlegt oder umgestaltet, daß der Kontakt mit Allergenen und damit das Risiko allergischer Reaktionen möglichst gering zu halten ist. Auch beim Anlegen eines allergenreduzierten Gartens gilt es, einige grundlegende Fragen zu berücksichtigen, die sich bei jedem Gartenentwurf stellen.

## Grundlegende Entscheidungen

Zu Beginn sollten Sie überlegen, ob es tatsächlich notwendig ist, einen konsequent allergenreduzierten Garten anzulegen oder ob es nicht genügt, einige besonders allergene Pflanzen aus Ihrem bereits vorhandenen Garten zu entfernen. Die Antwort auf diese Frage ist abhängig von der Qualität der Symptome, unter denen Sie selbst oder Mitglieder Ihrer Familie leiden, genauer gesagt, in welchem Maße diese bereits jetzt den Aufenthalt im Garten einschränken. Versuchen Sie so genau wie möglich festzustellen, worauf Sie allergisch reagieren. Ebenso wichtig ist häufig die Suche nach Allergieauslösern in angrenzenden Gärten und damit die Notwendigkeit der Kooperation mit den Nachbarn.

Notieren Sie alle Pflanzen und Gartenelemente, die bei Ihnen Allergien verursachen – zum Beispiel der Rasen, die Buchsbaumhecke, der Komposthaufen, die duftenden Blumen am Haus, die Gruppe von Silberbirken in einem entlegenen Teil des Gartens. Dann müssen Sie entscheiden, ob die aufgeführten Allergenquellen entfernt werden sollen oder ob andere Maßnahmen getroffen werden können, um ihre allergene Wirkung zu senken – so läßt sich zum Beispiel ein Komposthaufen abdecken, um die Verbreitung von Pilzen und Pilzsporen zu vermindern. Die Entscheidung für die Beseitigung einer Problemquelle sollte dabei immer gegen die Schwere der von ihr verursachten Symptome und ihre Bedeutung für den ästhetischen Gesamteindruck des Gartens abgewogen werden.

**UNTEN:** *Eine solche hübsche Holzlaube macht sich in jedem Garten gut. Hier wurde sie neben einem großen Baum aufgestellt, der an sich schon ein Blickfang gewesen wäre. Gemeinsam mit der Laube entsteht ein perfektes Arrangement.*

## Begutachtung der Möglichkeiten und Probleme

Der nächste Schritt bei der Planung eines allergenreduzierten Gartens umfaßt die Besichtigung des Grundstücks. Dabei sollte eine genaue Untersuchung des Bodens durchgeführt werden, um festzustellen, wie wasserdurchlässig er ist. Darüber hinaus sollte man eine Übersicht anlegen, welche Bereiche im vollen Sonnenlicht, im

Halbschatten oder im Schatten liegen. Nur so läßt sich bestimmen, welche Pflanzen unter den gegebenen Bedingungen gut gedeihen werden. Zu berücksichtigen ist auch, aus welcher Richtung der Wind hauptsächlich weht und ob sich die Windrichtung im Verlauf der Jahreszeiten ändert. So ist es zum Beispiel denkbar, daß der Wind im Frühjahr und Sommer vor allem aus dem Westen kommt, im Winter dagegen aus dem Norden. Die Bestimmung der vorherrschenden Winde ist für die Planung eines allergenreduzierten Gartens von besonderer Bedeutung, da sie Pollen und Pilzsporen aus angrenzenden Gärten oder dem Umland in den Garten tragen können.

Stellen Sie nun fest, ob man von irgendeinem Punkt Ihres Gartens eine Aussicht hat, die so schön ist, daß man sie sich nicht durch Pflanzen „verbauen" sollte. Achten Sie zugleich auf häßliche Gegenstände außerhalb Ihres Gartens wie die Satellitenschüssel Ihres Nachbarn oder eine unansehnliche Hausfront, die Sie verdecken möchten.

## Funktionelle Planung

Überlegen Sie, welche Funktionen Ihr Garten erfüllen soll. Möchten Sie eine Terrasse haben, auf der man im Freien essen kann? Brauchen Sie Platz für Gäste? Soll ein Teil des Gartens in der Sonne liegen oder für die Kinder zum Spielen reserviert sein? Wollen Sie in einem Teil des Gartens Gemüse oder Obst anbauen, leisten Sie sich vielleicht sogar den Luxus eines Tennisplatzes, oder wollen Sie einfach nur Beete und Rabatte anlegen, um Ihre Lieblingsblumen zu ziehen? Viele der genannten Funktionen sind miteinander vereinbar. Nehmen Sie die oben abgedruckte Checkliste zur Orientierung, um zu entscheiden, welche Funktionen Ihr Garten erfüllen soll. Als hilfreich erweist sich dabei die Vergabe von Punkten, z. B. von fünf bis eins: Die höchste Punktzahl erhalten Grunderfordernisse. Was zwar nützlich, aber nicht unbedingt notwendig ist, erhält die niedrigste.

## Auswahl von Pflanzen und Gartenelementen

Die nächste Aufgabe besteht darin, eine Liste all der Pflanzen und Elemente aufzustellen, die Sie in Ihrem Garten haben wollen. Dazu könnten zum Beispiel ein Rosenbogen gehören, eine Pergola, ein Wasserbecken, ein Springbrunnen oder eine Laube sowie Pflanzkübel. Es empfiehlt sich, diese Liste gemeinsam mit den anderen Familienmitgliedern aufzustellen und darüber zu diskutieren, da schließlich die gesamte Familie den Garten nutzen will. Wenn alle ein Wasserbecken haben wollen, geben Sie diesem Element fünf Punkte; wenn dagegen nur einer dafür votiert, verteilen Sie nur einen Punkt.

Und schließlich: Markieren Sie alle Pflanzen und Gartenelemente auf Ihrer Liste, die bei Ihnen oder einem Familienmitglied Allergien auslösen könnten.

## Das Entwerfen eines allergenreduzierten Gartens

Für den nächsten Schritt brauchen Sie einen Zollstock oder besser noch ein Maßband, ein Lineal sowie einen großen Bogen Papier. Vermessen Sie Ihren Garten und fertigen Sie eine maßstabgerechte Skizze an. Benutzen Sie am besten Millimeter- oder kariertes Papier, um möglichst gerade Linien und rechte Winkel zeichnen zu können. Einen kleinen, rechteckigen Garten zu vermessen, ist nicht schwierig, bei einem größeren, verwinkelten Garten müssen Sie sich dagegen unter Umständen professionelle Hilfe holen. Der gängige Maßstab für eine solche Zeichnung ist 1 : 50. Sie können aber auch Ihren eigenen Maßstab festlegen, bei

**Checkliste für die Gartenplanung**

Die im folgenden aufgeführten Elemente lassen sich in einen Garten integrieren:

FUNKTIONELLE BEREICHE

*Parkplatz, Komposthaufen, Mülleimer, Gewächshaus, Schuppen, Lagerstelle für Holz oder Kohle*

FREIZEITBEREICHE

*Grill, Wintergarten, Sportplatz, Spielplatz, Terrasse, Sandkasten, Laube, Tennisplatz*

BEPFLANZTE BEREICHE

*Rabatten, Obst- und Kräutergarten, Pflanzkübel, Hochbeete, Rosengarten, Gemüsegarten, landschaftlich gestaltetes Areal*

GESTALTUNGSELEMENTE

*Bögen oder Pergolen, Felsen, Sitzgruppen und Bänke, Statuen, Rankgitter, Wasser*

dem zum Beispiel 1 cm auf dem Millimeterpapier einem Meter des Gartens entspricht.

Zeichnen Sie auf Ihrem Plan die Grundstücksgrenzen ein und skizzieren Sie eventuell Bäume oder andere Elemente, die sie erhalten wollen. Achten Sie darauf, vor allem Stamm und Krone der Bäume im richtigen Maßstab zu zeichnen. Markieren Sie auf Ihrem Plan, wo Norden ist; so läßt sich leichter bestimmen, welche Bereiche des Gartens volle Sonne bekommen und welche eher im Schatten liegen. Kennzeichnen Sie Elemente außerhalb des Gartens, auf die Sie die Aussicht erhalten wollen. In gleicher Weise verfahren Sie mit Gegenständen, die durch Pflanzen oder Gartenelemente verdeckt werden sollen. Und schließlich tragen Sie alle potentiellen Allergiequellen der angrenzenden Gärten ein.

## *Funktionelle Bereiche*

Betrachten Sie nun Ihren fertigen Plan im Hinblick darauf, wo Sie die auf Ihrer Liste der funktionellen Erfordernisse aufgeführten Bereiche anlegen wollen. Eine Sitzgruppe mit einem Tisch und ein paar Stühlen wird wohl in keinem Garten fehlen. Am günstigsten ist es, diese in der Nähe des Hauses, unweit einer in den Garten führenden Tür zu plazieren, unter Umständen ist es notwendig, den Weg zwischen Haus und Sitzgruppe zu pflastern, um ungehindert hin und her gehen zu können. Es versteht sich von selbst, daß der Sitzbereich weder in der Nähe Ihres eigenen Komposthaufens, noch in der Ihres Nachbarn plaziert sein sollte. Zeichnen Sie Tisch und Stühle schematisch, aber möglichst maßstabgerecht auf Ihrem Plan ein, um sicherzugehen, daß der Sitzbereich auch groß genug ist.

Ein weiterer Funktionsbereich in Ihrem Garten ist der Spielplatz für Ihre Kinder. Größe und Lage dieses Bereichs hängen von Alter und Interessen der Kinder ab. Kleinkinder brauchen einen relativ kleinen, aber sicheren, vom Haus aus einsehbaren Bereich, der unter Umständen auch gepflasterte Wege aufweisen sollte, auf denen mit Dreirädern gefahren werden kann. Älteren Kindern dagegen sollte man einen größeren Bereich einräumen, der etwas weiter vom Haus entfernt ist und auf dem es Bäume zum Klettern oder sogar die Möglichkeit zur Errichtung eines Baumhauses gibt.

Wenn Sie den Garten in seine funktionellen Bereiche eingeteilt haben, können Sie nun damit beginnen, die einzelnen Posten auf Ihrer Liste mit Gartenelementen und Pflanzen zu verteilen. Klar gegliederte, deutlich abgegrenzte Blumenbeete oder Rosenrabatten sehen besser aus, wenn man sie in der Nähe der rechtwinkligen Grundlinien des Hauses (oder der Terrasse oder eines eventuell vorhandenen Patios) anlegt, während natürliche, mit Bäumen bestandene Bereiche eher in den hinteren Teil des Gartens gehören. Ein künstlicher Teich wirkt am natürlichsten,

**UNTEN:** *Die Skizze zeigt den Plan eines Gartens mit Gestaltungselementen, die in einem allergenreduzierten Garten unter Umständen entfernt werden müßten.*

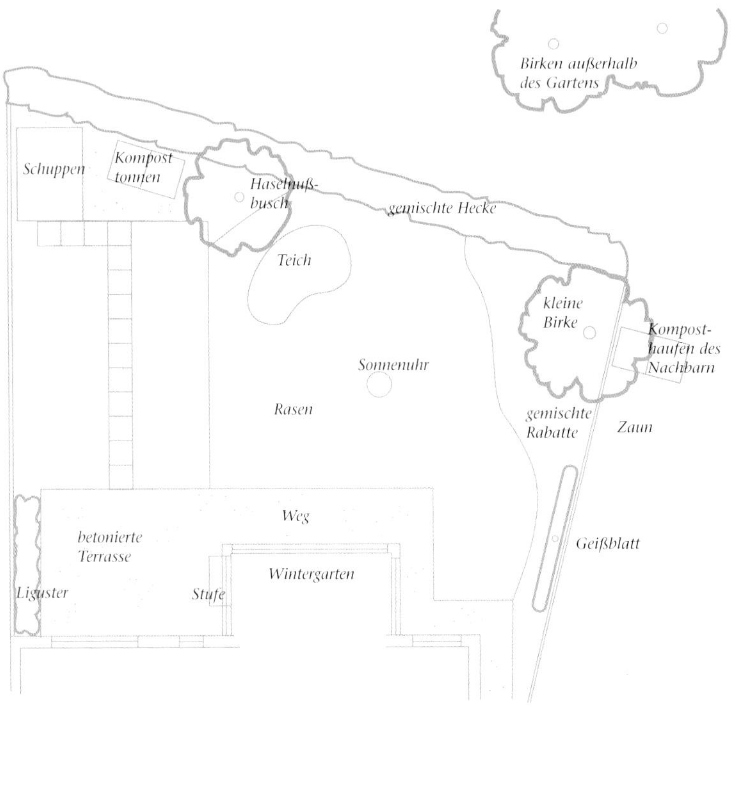

wenn er auf dem am tiefsten gelegenen Teil des Grundstücks angelegt wird. Und ein Kräutergarten sollte von der Küche aus gut zu erreichen sein. In einem letzten Schritt schließlich verbinden Sie die einzelnen Bereiche auf Ihrem Plan durch Pfade miteinander. Unter funktionellen Gesichtspunkten ist Ihr Plan nun fertig. Nun sollten Sie überlegen, wie die einzelnen Elemente jedes für sich und im Zusammenspiel miteinander optimal wirken.

## *Komposition und Harmonie*

Ein schöner, ausgewogener Garten besteht aus einer Reihe von miteinander verbundenen „Bildern", in deren Zentrum jeweils ein ausgewähltes Gartenelement steht. Ein solches Zentrum könnte eine Laube, eine Bank, eine Statue, ein Baum, aber auch eine schöne Aussicht bilden. Plazieren Sie jedes Element so, daß es gut zu sehen ist, beispielsweise am Ende einer Rasenfläche oder eines Weges.

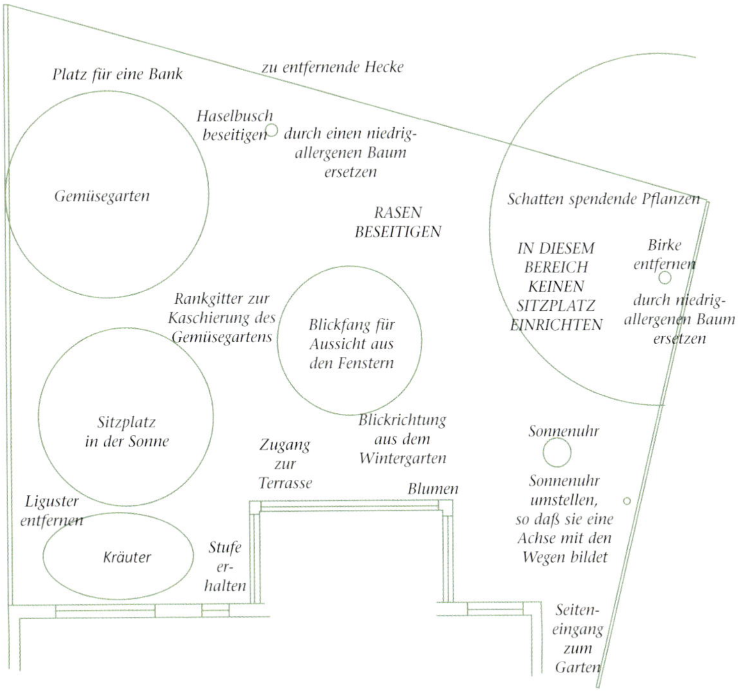


**OBEN:** *Der Entwurf für denselben Garten zeigt, wie die verschiedene Bereiche anders genutzt werden könnten.*

Das Geheimnis eines harmonischen Gartens liegt in einer Mischung aus Einheitlichkeit und Einfachheit. Einheitlichkeit ist erreicht, wenn die einzelnen Bereiche und Elemente des Gartens so wirken, als ob sie ganz natürlich zusammengehörten. Es geht also darum, Verbindungen zwischen ihnen herzustellen. Dies erreicht man zum Beispiel dadurch, daß sich bestimmte Formen in allen Gartenbereichen wiederholen – Kreise, Quadrate oder Rechtecke sind einfache optische Elemente, die man immer wieder aufgreifen kann. Wenn Sie es weniger streng mögen, sollten Sie mit geschwungenen Linien arbeiten, die sich durch den ganzen Garten ziehen. Auch eine einheitliche Pflasterung aller Wege und Terrassen sorgt für die optische Verbindung einzelner Bereiche. Der Eindruck der Einfachheit läßt sich durch eine klare Gliederung des Gartens erreichen. Ein Schlüssel dazu liegt in der Wiederholung von Pflanzen, Farben, Formen und Details.

**UNTEN:** *Der fertige Plan für den umgestalteten allergenreduzierten Garten.*

# Plan für einen Stadtgarten

Vorgestellt wird im folgenden der Entwurf für einen kleinen Stadtgarten einer Familie mit älteren Kindern. Dieser Garten – der erste allergenreduzierte Garten überhaupt – wurde für die National Asthma Campaign entworfen und auf der Chelsea Flower Show 1993 gezeigt. Die vorherrschenden Farben waren ein leuchtendes Gelb und ein dunkles Blau, die den Garten selbst an trüben Tagen warm und sonnendurchflutet erscheinen ließen.

## Ruhe

Der Entwurf reservierte einen relativ großen Bereich für ein Wasserbecken, in dem sich der Himmel und die darum gruppierten Elemente spiegeln sollten, um so eine Atmosphäre der Ruhe zu erzeugen. Das Wasser ersetzte die traditionelle Rasenfläche als ruhendes Zentrum des Gartens, während mit einem kleinen, unaufdringlich plätschernden Wasserfall ein belebender Akzent gesetzt wurde. Eine großzügige Pflasterung schuf Raum für den Empfang von Gästen und eine Sitzgelegenheit unter freiem Himmel. Die angrenzende Laube bot an heißen Tagen willkommenen Schatten. Anstelle einer Hecke umgab ein in den Grundfarben gelb und blau gestrichener Gitterzaun den Garten. Und einige zusätzlich im Garten aufgestellte Zaunelemente schufen kleine, stille Ecken und Winkel, die zur Erkundung einluden.

Kies wurde nicht nur als Mulch in den bepflanzten Bereichen eingesetzt, sondern auch als begehbarer Untergrund im hinteren Teil des Gartens, wo eine Pflasterung zu streng gewirkt hätte. Zusätzlichen Blickfang boten elegante, farbenprächtige Kübelpflanzen, die in den gepflasterten Bereichen aufgestellt wurden. Auch die Erde in den Kübeln wurde mit Kies abgedeckt, um die Pflanzen vor dem Austrocknen zu bewahren und gleichzeitig die Freigabe von Pilzsporen zu verhindern.

Alle Pflanzen wurden unter dem Gesichtspunkt ausgewählt, nicht allergieauslösend zu sein. Nachdem allerdings Besucher der Gartenschau darauf aufmerksam gemacht hatten, daß auch *Ceanothus,* Lupinen und *Wisteria* Probleme verursachen können, wurden auch diese Pflanzen für die folgenden allergiereduzierten Gärten nicht mehr verwendet. Um den Aufwand für die Pflege des Gartens möglichst gering zu halten, wurden weite Bereiche mit Bodendeckern bepflanzt.

UNTEN: *Der erste für die National Asthma Campaign entworfene und auf der Chelsea Flower Show 1993 gezeigte Garten. Die Farben Gelb und Blau waren sowohl für die Bepflanzung als auch für den Anstrich der Gartenelemente bestimmend.*

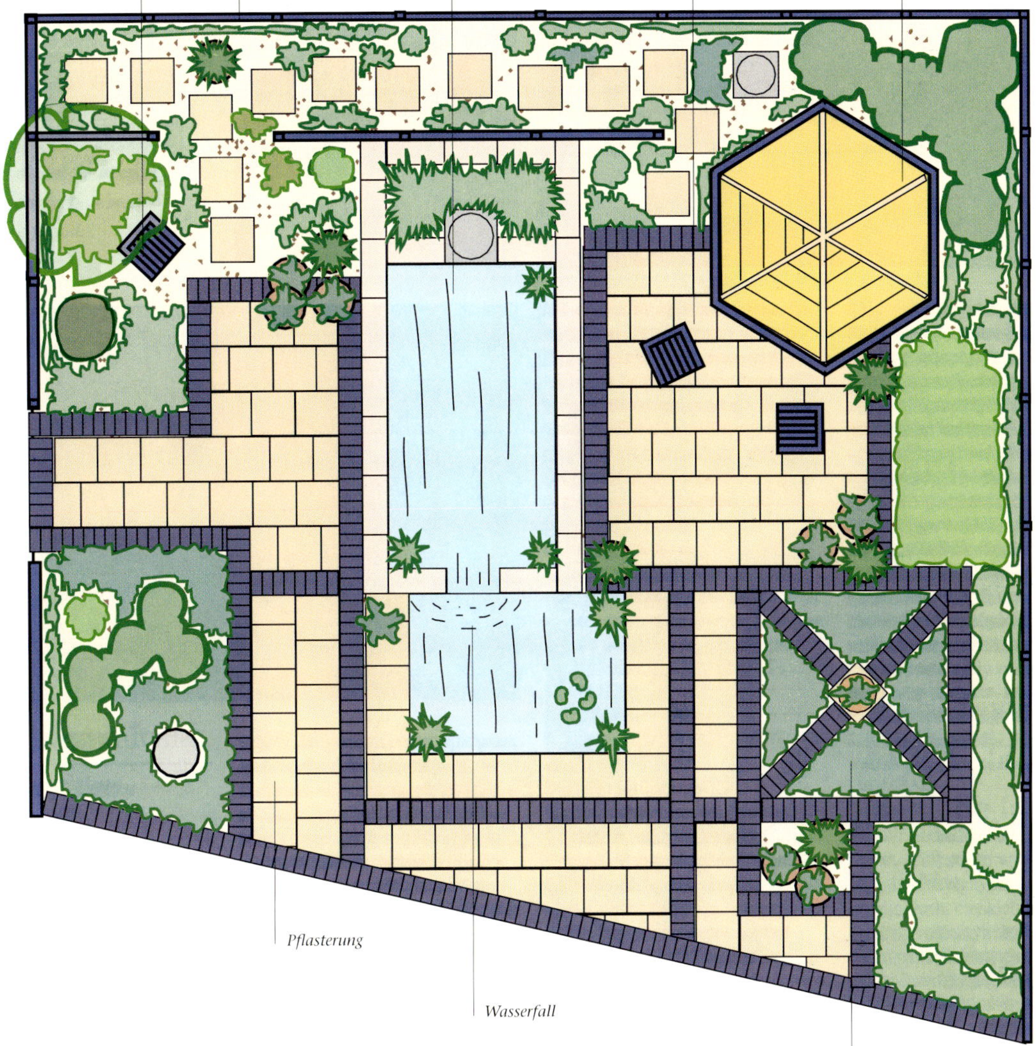


**So passen Sie den Entwurf Ihrem eigenen Garten an**

**1** Der Entwurf wurde für einen Garten von 9 $m^2$ erstellt, läßt sich aber leicht auch auf ein größeres Grundstück übertragen, indem man einzelne Bereiche erweitert. Wenn Ihr Garten kleiner ist als 9 $m^2$, können Sie die gepflasterten Bereiche und die Wasserbecken verkleinern.

**2** Das lebhafte Farbschema gefällt nicht jedem und wird vor bestimmten Hintergründen – wie einem roten Backsteinhaus – zu unruhig wirken. Ein blasseres Blau und Rosa anstelle von Gelb mildern die starken Kontraste.

**3** Die niedrigen Rankgitter kamen den Gegebenheiten des Grundstücks in Chelsea entgegen. Man kann sie aber auch durch einen höheren, geschlossenen Zaun ersetzen. Der gepflasterte Bereich links des Wasserbeckens kann genauso gut bepflanzt werden oder als weiterer Sitzplatz dienen.

**4** Die sechseckige offene Laube kann durch eine geschlossene Laube oder einen Schuppen ersetzt werden, wenn man einen Raum braucht, in dem Dinge verschlossen aufbewahrt werden sollen.

**5** Sollte es sich als schwierig erweisen, Strom für die Wasserpumpe in den Garten zu legen, oder wenn Ihnen die Anlage eines Wasserfalls zu kompliziert erscheint, können Sie auch anstelle des unteren Beckens ein Blumenbeet anlegen.

**6** Für eine individuelle Bepflanzung nach Ihrem eigenen Geschmack wählen Sie Pflanzen aus der Liste der niedrigallergenen Pflanzen auf den Seiten 90–111 aus.

# Plan für einen Familiengarten

Dieser Entwurf zeigt einen funktionellen Garten für eine Familie mit kleinen Kindern. Er wurde für die National Asthma Campaign geplant und auf der Chelsea Flower Show von 1994 realisiert. Er greift Ideen und Anregungen auf, die ich im Anschluß an die Präsentation des ersten allergenreduzierten Gartens erhielt. Den Erfordernissen einer Familie mit Kleinkindern entsprechend, enthält er auch einen Obst- und Gemüsegarten sowie einen Bereich, in dem gespielt werden kann.

**UNTEN:** *Teilansicht des 1994 für die Chelsea Flower Show angelegten allergenreduzierten Gartens. Schuppen und Zaun wurden in blassem Violett angestrichen, um mit den vorherrschenden Farben Lila, Rosa und Blau zu harmonieren.*

Das Grundmuster für den Entwurf besteht aus durch gerade Linien miteinander verbundenen Kreisen: drei runde Wasserbecken und ein kreisförmiger Spielplatz. Da es sich bei dem Garten um ein Hanggrundstück handelte, wurden durch Mauern abgegrenzte Terrassen angelegt, so daß drei Ebenen entstanden, die funktionell durch Stufen und visuell durch Wasserfälle miteinander verbunden wurden. Die Tritthöhe der Stufen wurde mit 15 cm möglichst gering gehalten. Das Farbschema basierte auf einer Mischung blasser Rottöne mit Rosa, Violett und Grau, wodurch eine friedliche und entspannende Atmosphäre erzeugt wurde. Manchem Gärtner wird diese Farbkombination vielleicht ein wenig zu langweilig und trist erscheinen. Die Farben der Pflanzen wurden im Anstrich von Zaun, Schuppen, Wänden und Sitzgelegenheiten sowie in der Pflasterung mit grauem Schiefer und violetten Pflastersteinen wieder aufgegriffen.

Der Spielbereich wurde mit grünen, gummibeschichteten Fliesen ausgelegt, wie man sie auch auf öffentlichen Spielplätzen findet. Sie stellen zwar einen bequemen, sicheren Untergrund dar, sollten aber nicht eingesetzt werden, wenn jemand in der Familie unter einer Allergie gegen Latex beziehungsweise Kautschuk leidet.

Ein Holzzaun verhinderte den für die Allergiker der Familie ungern gesehenen Besuch von Hunden und Katzen. Als Sichtschutz wurden hinter dem Zaun immergrüne Büsche und Obstbäume angepflanzt. Eine Pforte am Ende des Gartens lud zu einem Spaziergang in die dahinterliegende Landschaft ein.

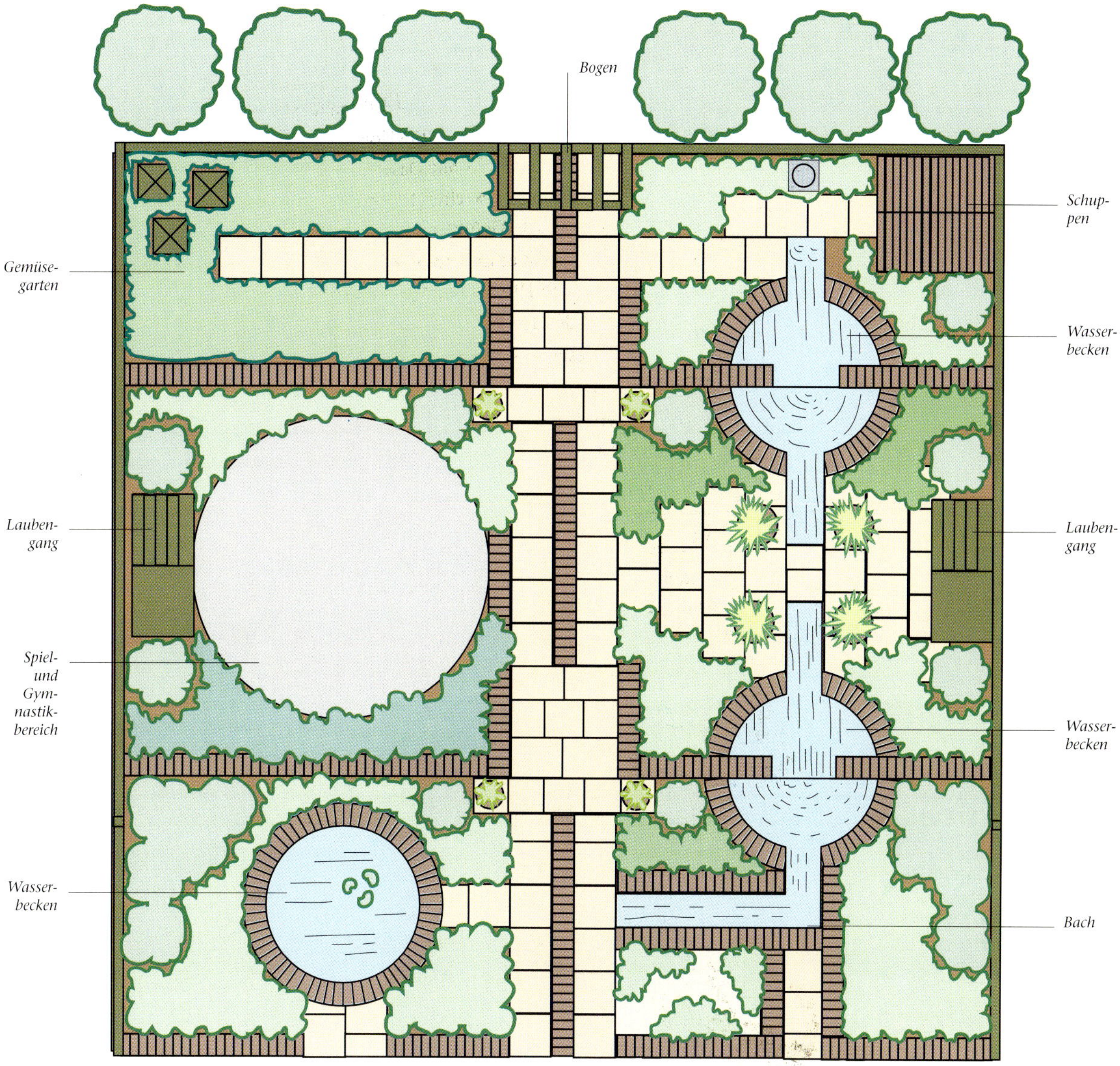


**So passen Sie den Entwurf Ihrem eigenen Garten an**

**1** Der Entwurf für diesen 10 $m^2$ großen Garten kann leicht für ein größeres Grundstück abgewandelt werden, indem man die einzelnen Ebenen breiter anlegt und die Beete vergrößert. Wenn Sie in Ihrem Garten weniger Platz zur Verfügung haben, lassen Sie einfach eine Ebene weg: Sind Sie ein begeisterter Gärtner, verzichten Sie auf die mittlere Ebene; haben Sie kleine Kinder, lassen Sie die unterste Ebene weg.

**2** Wenn Ihre Kinder noch sehr klein sind, sollten Sie auf die Wasserbecken ganz verzichten. Ersetzen Sie sie auf den beiden unteren Ebenen durch gepflasterte Bereiche und auf der obersten durch ein Blumenbeet.

**3** Der Entwurf ist für ein leicht abfallendes Gelände gedacht, läßt sich aber ebenso gut auf ein ebenes Grundstück übertragen, indem man die Stufen, Mäuerchen und Wasserfälle wegläßt.

**4** Anstelle der gedämpften Violett-, Rosa- und Rottöne kann man auch andere Farben wählen. Das gewählte Farbschema muß nicht für den gesamten Garten eingehalten werden, sondern kann auf jeder Ebene variieren.

**5** Wenn das Tor am Ende des Gartens nicht in Ihre Planung paßt, können Sie unter dem Bogen auch eine Bank oder eine Statue aufstellen.

**6** Die Pflanzen können durch andere aus der Liste auf den Seiten 90–111 ersetzt werden.

# Eine Stadtoase

Dieser letzte der drei für die National Asthma Campaign entworfenen allergenreduzierten Gärten wurde auf der Chelsea Flower Show von 1996 gezeigt. Grundidee war es, inmitten einer Großstadt eine Oase für ein junges, kinderloses Paar zu schaffen.

Den Garten umschloß eine Mauer, um eine Atmosphäre absoluter Abgeschiedenheit und das Gefühl von Schutz vor der Außenwelt zu erzeugen. Die Mauer wurde verkleidet und so bemalt, daß sie einer Eibenhecke glich und einen hübschen, dunklen Hintergrund für die Bepflanzung lieferte.

Entscheidende Gestaltungselemente waren geschwungene Linien und Kreise, die sich im Design der Gartentore, Stühle und Wasserbecken wiederholten. Ein einfaches Mosaik und ein kleines Wasserspiel in entgegengesetzten Ecken lenkten den Blick entlang der einzigen geraden Linie diagonal durch den Garten. Das Wasserspiel bestand aus vierzehn unterschiedlich hohen, senkrecht nebeneinanderstehenden Edelstahlrohren, die zusammengeschweißt worden waren. Das Wasser wurde durch die beiden längsten Rohre nach oben gepumpt, ergoß sich über deren Rand und floß in die nächst kürzeren, bis diese gefüllt waren und überlaufend das Wasser an die kleinsten Rohre weitergaben. Das kaum wahrnehmbare Geräusch und die sanfte Bewegung des Wassers vermittelten einen Atmosphäre größter Ruhe. Die Pflasterung um den Springbrunnen bestand aus cremefarbenen Betonsteinen, die von Ziegelstreifen unterbrochen wurden, und spiegelte damit die bei den Blumen vorherrschenden Farben Orange und Creme wider.

**UNTEN:** *Der allergenreduzierte Garten auf der Chelsea Flower Show 1996.*

Um zu zeigen, welche anderen Farben mit Orange kombiniert werden können, wurden in einigen Beeten auch andersfarbige Blumen eingesetzt. Blau als Komplementärfarbe von Orange wurde in einigen Rabatten entlang der Mauer in Form von blauen Blumen eingesetzt. In einer anderen Rabatte wurden violette und rote Blüten mit dunkelgrünem Blattwerk kombiniert.

Die dominierende Blume jedoch war die Rose 'Free As Air'. In muschelförmigen Kübeln säumten diese Rosen den geraden Hauptweg durch den Garten. Diese Sorte fällt vor allem durch die Farben ihrer Blüte auf: Während die Knospen orangefarben sind, haben die Blüten eine braune Farbe und verblassen zu einem matten Rosa, wenn sie verblühen.

**So passen Sie den Entwurf Ihrem eigenen Garten an**

**1** Der Entwurf ist für einen 7,5 m x 9 m großen Garten gedacht, kann aber durch Ausweitung der Beete und Rabatten problemlos Gärten mit großzügigeren Abmessungen angepaßt werden. Die Rabatten vor den Mauern und rings um das Mosaik mußten sehr schmal gehalten werden und sähen besser aus, wenn man ihnen mehr Platz einräumte.

**2** Eines der beiden Gartentore könnte man auch weglassen und statt dessen an das Ende des darauf zuführenden Pfades einen Pflanzkübel oder eine Bank stellen. Abhängig davon, wie das Wohnhaus zum Garten steht, könnte man in der Nähe des Mosaiks einen Zugang zum Garten schaffen. Wenn Ihnen das Anlegen eines Mosaiks zu aufwendig erscheint, kann der Bereich auch einheitlich gepflastert werden.

**3** Das Wasserspiel stellt zwar ein wichtiges Element der Gartenanlage dar, ließe sich aber auch durch eine Statue ersetzen. Alternativ dazu kann man an dieser Stelle auch einen Sitzbereich einrichten.

**4** Die Pflasterung in diesem Entwurf ist recht kompliziert. Einfacher ist es, den Sitzbereich mit sandfarbenen Platten und die Wege mit Kies auszulegen.

# Horizontale Flächen

## Gestaltung freier Flächen

Eine der Entscheidungen, die Sie bei der Planung Ihres allergenreduzierten Gartens fällen müssen, betrifft die Gestaltung der freien Flächen. Denn wenn Sie sie nicht bepflanzen oder anderweitig „bedecken", wird die Natur es tun – mit Unkraut. Freie Flächen sind jene Bereiche im Garten, die man zum Sitzen, zum Spielen und Entspannen nutzt, sowie die Wege. In den meisten Gärten sind die Sitzbereiche und Wege in der Nähe des Hauses gepflastert oder mit Kies bedeckt, während freie Flächen in den hinteren Teilen des Gartens für gewöhnlich Rasenflächen sind. In einem allergenreduzierten Garten sollten Rasenflächen allerdings möglichst vermieden werden. Statt dessen sollten Flächen, die man nicht unbedingt begehen muß, mit Bodendeckern bepflanzt oder in Wasserflächen verwandelt werden.

### *Strenge Geometrie oder natürliche Formen?*

Nachdem Sie festgelegt haben, welche Funktionen Ihr Garten erfüllen muß, haben Sie in Ihrem Entwurf bestimmte dafür vorgesehene Bereiche von jeweils angemessener Größe eingezeichnet. Nun müssen Sie entscheiden, ob diese Bereiche einem streng formalen Gestaltungsplan folgen oder eher einen natürlichen, „wilden" Eindruck erwecken sollen. Streng formal gestaltete Flächen bestehen aus regelmäßigen geometrischen Mustern – Rechtecke, Quadrate oder Kreise –, während natürliche oder „wilde" Gärten für gewöhnlich fließende, geschwungene Linien aufweisen. Darüber hinaus können geometrische Flächen entweder symmetrisch angelegt werden, indem man sie zu beiden Seiten einer Mittellinie, zum Beispiel eines Weges, nach dem gleichen Muster anordnet, oder asymmetrisch, das heißt ohne Mittellinie und wie zufällig verteilt. Ob Sie sich für einen formal gestalteten oder natürlichen Gartenentwurf, für Symmetrie oder Asymmetrie entscheiden, ist in erster Linie eine Geschmacksfrage. Doch berücksichtigen Sie bei Ihrer Entscheidung auch die Umrisse des Grundstücks und eventuelle durch die Fassade des Wohnhauses vorgegebene Symmetrien. Bei einem rechteckigen Vorgarten vor einem Haus mit symmetrischer Fassade – Haustür in der Mitte, links und rechts davon in identischem Abstand die Fenster – bietet sich ein formaler Entwurf geradezu an. Andererseits wird ein Garten, der einen alten Schuppen oder Stall und einen kleinen Bachlauf aufweist, wesentlich natürlicher wirken, wenn er von unregelmäßig geschwungenen Linien bestimmt wird.

**UNTEN:** *Ein schmaler Hof mit einer streng geometrischen Pflasterung aus Platten und Ziegelsteinen, die den Blick auf das Rankgitter am Ende des Hofs lenkt.*

In der Regel wirken kleine Gärten besser, wenn man sich auf symmetrisch oder asymmetrisch angeordnete geometrische Formen beschränkt, während sich in größeren Gärten auch geschwungene, natürliche Formen anbieten. Zu beachten ist in jedem Fall, daß zunächst die Form der freien Flächen des Gartens bestimmt werden muß, bevor man sich der Gestalt der Beete und Rabatten widmet.

## Pflastermaterialien

Das verwendete Material für die Pflasterung freier Flächen sollte Frost vertragen und haltbar sein. Die Haltbarkeit hängt natürlich wesentlich auch von der vorgesehenen Nutzung ab. So werden Wege um das Haus mit Sicherheit häufiger begangen als zum Beispiel ein Pfad in einem entlegeneren Teil des Gartens. Ein gepflasterter Vorgarten, der auch als Parkplatz dient, sollte aus schweren Pflastersteinen oder Platten bestehen, die in ein Betonbett gelegt werden. Während die gängigen Platten frostfest sind, gilt dies nicht immer für Ziegel und Klinker: Einige Sorten werden bei strengem Frost brüchig.

Ein zweiter Gesichtspunkt, der bei der Auswahl der Pflasterung nicht außer acht gelassen werden darf, betrifft die Sicherheit. Einige Materialien – wie zum Beispiel Natursteine – werden bei Nässe gefährlich glatt. Dies mag zwar in einem entlegenen Teil des Gartens keine große Rolle spielen, ist aber auf einem häufig benutzten Weg in der Nähe des Hauses oder auf der Terrasse ein unnötiges Risiko. Die Verlegung des Pflasters sollte von einem Handwerker oder erfahrenen Heimwerker unter Berücksichtigung der Hinweise des Herstellers vorgenommen werden. Wichtig ist vor allem ein geeigneter, sorgfältig vorbereiteter Untergrund, auf dem die Pflastersteine fest und eben aufliegen. Wackelige oder unebene Platten und Steine können Ursache für Unfälle sein.

Auch die Kosten spielen bei der Auswahl des Pflastermaterials eine wichtige Rolle. Doch selbst preisgünstige Betonplatten können hübsch aussehen, wenn man sie in einem interessanten Muster verlegt. Die Kataloge der Hersteller bieten zahlreiche Anregungen für die Umsetzung kreativer Ideen.

**OBEN:** *Ein ehemaliger Hof, im Hintergrund der alte Stall, wurde in einen attraktiven, nach allen Seiten geschlossenen Garten verwandelt, in dem die Kombination verschiedener alter Pflastersteine mit den Gebäuden ringsum harmoniert.*

**UNTEN:** *Der Pflanzkübel ziert eine einfache Pflasterung aus Kies und Ziegeln. Die Ziegel wurden einzeln zurechtgeschnitten, um die Kreisform zu bilden.*

## Material-Kombinationen

In allen für die Chelsea Flower Show angelegten allergenreduzierten Gärten habe ich verschiedene Materialien zur Gestaltung abwechslungsreicher Muster kombiniert. Grundsätzlich verwende ich immer mindestens zwei verschiedene Pflastervarianten: größere Platten für Terrassen und Wege und kleinere Steine, zum Beispiel Ziegel oder Klinker, mit denen die mit Platten gepflasterten Bereiche abgegrenzt oder Mosaiken hergestellt werden können. Weniger häufig begangene Wege und kleinere Ecken fülle ich mit Kies oder ähnlichen Materialien auf.

Bevor Sie sich für eine bestimmte Pflasterung entscheiden, sollten Sie zunächst feststellen, welche Steine oder Platten sich bereits in Ihrem Garten befinden. Denn sofern Sie diese nicht ausgesprochen häßlich finden, empfiehlt es sich, in neu zu pflasternden Bereichen die bereits vorhandene Art der Pflasterung fortzusetzen. Wenn Sie sich für eine neue Pflasterung entscheiden, wählen Sie einen Stein aus, der zum Stil des Wohnhauses und den Materialien seiner Fassade paßt.

## Rasenflächen

In fast jedem Garten findet sich eine Rasenfläche. Dies liegt sicherlich auch daran, daß Bodenqualität und klimatische Bedingungen in unseren Breiten das Wachstum des Rasens begünstigen. Zudem ist eine Rasenfläche in vieler Hinsicht nutzbar: sie ist ein idealer Untergrund für Pflanzkübel und Gartenmöbel, man kann auf ihr gehen, sitzen oder spielen, und es kostet nicht viel, sie anzulegen. Zugleich aber sind beinahe alle Rasensorten hochallergen und mithin ungeeignet für Menschen, die unter Asthma oder Heuschnupfen leiden.

Aus einem kleinen Garten sollte man also bei einer Gräserallergie alle Rasenflächen entfernen. Viele in dicht besiedelten Wohngebieten gelegene Gärten sind von hohen Mauern und/oder großen Bäumen umgeben, in deren Schatten der Rasen ohnehin keine günstigen Wachstumsbedingungen hat, so daß der Verlust einer solchen Rasenfläche nicht allzu schmerzlich sein dürfte. Das Grün des Rasens können niedrige Bodendecker wie *Vinca minor* ersetzen, und die von einer Rasenfläche ausgehende Atmosphäre der Ruhe läßt sich auch durch eine Wasserfläche herstellen. Wo der Rasen hauptsächlich als Standort für eine Sitzgruppe dient, läßt sich die entsprechende Fläche pflastern.

**UNTEN:** *Die kleine, sorgfältig gemähte Rasenfläche bildet das ruhige, grüne Zentrum des Gartens. In einem allergenreduzierten Garten allerdings sollten Rasenflächen durch Pflaster oder Bodendecker ersetzt werden.*

Das Entfernen von Rasenflächen in kleinen Gärten stellt im allgemeinen kein großes Problem dar, in einem weitläufigen, ländlichen Garten jedoch ist es nicht nur mit viel Arbeit, sondern auch erheblichen Kosten verbunden. Zudem hat eine Rasenfläche in einem ländlichen Garten eine nicht zu unterschätzende ästhetische Bedeutung.

### *Allergenreduzierte Rasenflächen*

Wie also ist mit Rasenflächen im allergenreduzierten Garten zu verfahren? Rasenpflanzen produzieren zwar eine große Menge allergener Pollen, doch nur dann, wenn sie bis zur Blüte heranreifen. Wird also der Rasen regelmäßig gemäht, so daß sich erst gar keine Blüten heranbilden, ist die Ursache für eine Rasenpollenallergie beseitigt. Auf einer Rasenfläche lagern sich aber auch Pilzsporen und die Pollen anderer Pflanzen ab, die beim Mähen aufgewirbelt werden. Die einzige Lösung für dieses Problem besteht darin, daß jemand ses Problem besteht darin, daß jemand den Rasen mäht, der nicht unter Allergien leidet und alle Allergiker der Familie währenddessen im Haus bleiben. Reagieren alle Mitglieder Ihres Haushalts allergisch auf Pollen und Sporen, sollten Sie das Mähen von einem hilfsbereiten Nachbarn oder einer bezahlten Hilfskraft erledigen lassen.

Ein weitere Schwierigkeit besteht darin, daß sich in einem dichten Rasen auch organische Abfälle, darunter auch und vor allem Rasenschnitt, ablagern, die einen Nährboden für Pilze bieten. Das Risiko einer durch diese Pilze ausgelösten Allergie läßt sich vermindern, indem man nach dem Mähen den Rasen sorgfältig durchharkt, um Rasenschnitt und andere organische Abfälle zu beseitigen. Wenn der Kontakt mit den Grashalmen zu allergischen Hautreaktionen führt, sollte man es selbstverständlich vermeiden, sich auf den Rasen zu setzen oder barfuß durchs Gras zu gehen.

**OBEN:** *Mit den Gummifliesen, die wir für den auf der Chelsea Flower Show von 1994 gezeigten Garten verwendeten, läßt sich ein strapazierfähiger, sicherer Spielbereich schaffen.*

## Bereiche zum Spielen

Spielbereiche können mit Gummifliesen ausgelegt werden, wie man sie auch auf öffentlichen Spielplätzen findet. Dieses Material ist für einen normalen Garten zwar ungewöhnlich, doch es gibt keinen Grund, warum man es nicht verwenden sollte. Allerdings erfordert seine Verlegung einige Sorgfalt.

Dieses Material hat den Vorteil, nicht nur sehr strapazierfähig, sondern auch weich und trittsicher zu sein. Zudem läßt es sich abwaschen, so daß Schmutz, Pollen, Pilzsporen und Tierkot leicht zu entfernen sind. Doch zwei negative Aspekte sind anzumerken: Zum einen ist ein solcher Gummibelag sehr teuer; und zum anderen besteht die Möglichkeit, daß ein ohnehin unter Allergien leidendes Kind unter Umständen auch gegen Gummi bzw. Latex allergisch ist. Daher sollte dieser Belag nicht verlegt werden, bevor man nicht durch einen Arzt hat abklären lassen, ob die betreffenden Kinder unter einer Latexallergie leiden.

Eine weitere Alternative im Spielbereich ist künstlicher Rasen, wie er zum Beispiel auf Tennisplätzen verwendet wird. Er eignet sich besonders für Bereiche, in denen herumgelaufen wird. Will man dagegen ein Klettergerüst oder eine Rutsche aufstellen, sollte man zu dem ebenso preiswerten wie im Hinblick auf Allergien unbedenklichen Sand als Untergrund greifen. Kaufen Sie hellen, möglichst rundkörnigen Sand, der bei Nässe nicht verklumpt, und verteilen Sie eine etwa 30 cm hohe Schicht auf einem Kiesbett, das durch Regen entstehende Feuchtigkeit in den Boden weiterleitet. Einziger Nachteil von Sand als Bodenbelag ist die Tatsache, daß er gerne als „Katzenklo" benutzt wird. In diesem Fall müssen Sie den Spielbereich unter Umständen mit einem katzensicheren Zaun umgeben.

# Vertikale Flächen

## Begrenzungen und Einfriedungen

Jeder Garten braucht vertikale Elemente, die ihm nicht nur Höhe verleihen, sondern auch den Blick auf sich ziehen, Grenzen definieren und damit den Garten in verschiedene Bereiche aufteilen. Solche Elemente sind Bögen, Zäune, Hecken, Pergolen, Säulen, Sichtblenden, Spaliere und Wände. Zwar schaffen auch Bäume ein Gefühl von räumlicher Höhe, doch für gewöhnlich nicht so klar gegliedert wie die genannten Schmuck- oder Nutzelemente. In dem Plan Ihres Gartens (s. S. 41) sollten also auch die vorhandenen vertikalen Elemente eingezeichnet sein, ergänzt durch Angaben über Höhe und Zustand. In der Planungsphase haben Sie Gelegenheit, sich zu überlegen, welche weiteren vertikalen Elemente Sie hinzufügen wollen.

### *Begrenzungen*

Zunächst einmal sollten Sie sich versichern, ob die Elemente, die Ihren Garten begrenzen – wie Zäune, Mauern etc. – tatsächlich auf Ihrem Grund und Boden stehen und damit Ihnen gehören und nicht Ihrem Nachbarn. Denn nicht immer herrscht Klarheit in diesem Punkt, und Sie ersparen sich manchen Ärger, wenn Sie nicht voreilig Veränderungen vornehmen. Sind die Begrenzungselemente Ihr Eigentum, sollten Sie feststellen, ob sie intakt sind oder repariert beziehungsweise ersetzt werden müssen. Überprüfen Sie auch, ob es Schlupflöcher für Tiere, vor allem für Hunde und Katzen, gibt. Die Haustiere Ihrer Nachbarn könnten nicht nur Ihren Garten verschmutzen, sondern bei entsprechend disponierten Menschen auch Allergien hervorrufen. Hunde und Katzen hinterlassen auf Ihren Gartenmöbeln oder im Spielbereich Ihrer Kinder Haare. Überprüfen Sie auch die Höhe der Gartenbegrenzung. Unter Umständen ist sie zu niedrig, um Sie vor neugierigen Blicken abzuschirmen oder eine häßliche Aussicht zu verdecken.

UNTEN: *Ein solcher Lattenzaun eignet sich hervorragend als Begrenzung eines Gartens, bietet aber keinen Sichtschutz.*

Ländliche oder Bauerngärten werden häufig durch Hecken begrenzt, die ein Allergierisiko darstellen können (s. S. 54–55) und daher unter Umständen durch einen Zaun ersetzt werden sollten. Ideale Begrenzungselemente des allergenreduzierten Gartens sind Zäune und Mauern. Sie verhindern nicht nur das Eindringen fremder Hunde und Katzen, sondern stellen auch sicher, daß Ihre Kinder nicht ausreißen können. In ländlichen Gegenden halten sie überdies auch Kaninchen, Füchse und andere Wildtiere ab.

### *Die Gartenaufteilung*

Vertikale Elemente können aber nicht nur an den Grundstücksgrenzen, sondern auch im Garten selbst eingesetzt werden, um bestimmte Bereiche abzutrennen oder optisch hervorzuheben. Naturstein- oder Ziegelmauern sind besonders haltbar und aus manchem alten Garten gar nicht mehr wegzudenken. Eine neue Mauer setzen zu lassen, ist allerdings ausgesprochen teuer, so daß man bei der Errichtung neuer Begrenzungen zumeist auf Zäune, Gitter oder Spaliere zurückgreift.

Im Fachhandel werden die verschiedensten Zäune und Zaunelemente angeboten, von 1,80 m hohen geschlossenen Bretterzäunen, die sich vor allem für eine Begrenzung des Gartens nach außen eignen, bis hin zu einfachen Latten- oder Staketenzäunen, mit denen sich ein Rasenstück oder der Kräutergarten einzäunen lassen. Unbehandeltes Holz sollte man mit einem ökologisch verträglichen Schutzanstrich versehen, behandelte Zäune lassen sich in den verschiedensten Farben lackieren.

Ein Spalier oder Rankgitter wirkt zweifellos dekorativer als ein Zaun, ist aber aufgrund der verwendeten Materialien und seiner Bauweise normalerweise weniger haltbar. Rankgitter eignen sich hervorragend, um formal gegliederte Bereiche des Gartens wie eine Terrasse oder einen Rosengarten abzugrenzen. Das Angebot fertiger Rankgitter reicht von einfachen und preiswerten bis zu ebenso eleganten wie teuren Versionen. Ein Rankgitter der einfachen Art läßt sich aber auch ohne großen zeitlichen und finanziellen Aufwand selbst bauen. Für welches Design auch immer Sie sich entscheiden, die Gitter müssen in jedem Falle an starken Pfosten befestigt werden, die der Konstruktion Stabilität verleihen.

**OBEN:** *Ein Flechtzaun sieht rustikal aus und schützt vor neugierigen Blicken.*

## Kletterpflanzen

Mit Kletterpflanzen lassen sich Mauern, Zäune, Rankgitter, Bögen und Pergolen verkleiden, Elemente also, die in einem Garten, aus dem alle Hecken entfernt wurden, eine wichtige optische Rolle spielen können. Kletterpflanzen verleihen sowohl frei stehenden Rankgerüsten als auch Mauern Farbe und davor stehenden anderen Pflanzen Kontrast. Doch sie sollten sorgfältig ausgewählt werden, da viele dieser Pflanzen entweder giftig sind oder Allergien hervorrufen können. Eine der nützlichsten Kletterpflanzen, die in unseren Breiten hervorragend gedeiht, der Efeu, verursacht bei vielen Menschen leider Hautausschläge (s. S. 116), so daß man in einem allergenreduzierten Garten unter Umständen auf ihn verzichten muß. Viele andere schöne Kletterpflanzen wie Blauregen, Geißblatt und Jasmin sind so stark duftend, daß sie bei empfindlichen Menschen Asthmaanfälle auslösen können. Kletterrosen dagegen sind relativ unproblematisch, so lange sie nicht duften oder man gegen ihre Stacheln allergisch ist. Wieder andere Kletterpflanzen bilden giftige Beeren aus, die vor allem Kindern gefährlich werden können.

Es gibt jedoch auch einige attraktive Kletterpflanzen, die für Allergiker unproblematisch sind, darunter die Kletterhortensie *Hydrangea anomala* und die Jungfernrebe *Parthenocissus quinquefolia*, vor allem die Sorte 'Virginia Creeper'.

**UNTEN:** *Die überdachte Bank wird von Rosen der Sorte 'Handel' und 'Climbing Iceberg' berankt. Beide Rosensorten duften nur schwach und eignen sich daher für einen allergenreduzierten Garten.*

**OBEN:** *Eine* Clematis montana *macht das Rankgitter zum Blickfang.*

Beide Pflanzen wachsen auch ohne Rankhilfen an Mauern hoch, sind aber nicht immergrün, obwohl die Blätter der *Hydrangea* bereits sehr früh im Jahr austreiben. Eine immergrüne Kletterpflanze ist *Pileostegia viburnoides,* die allerdings den Nachteil hat, nur sehr langsam zu wachsen. Auch zu empfehlen ist die im Winter blühende, immergrüne *Clematis cirrhosa,* die allerdings geleitet werden muß und einen warmen, sonnigen Standort braucht. Außerdem gibt es einige attraktive nicht-duftende Geißblattsorten wie *Lonicera sempervirens,* die im Sommer leuchtend rot blüht. Eine Aufstellung der Kletterpflanzen, die für einen allergenreduzierten Garten zu empfehlen sind, finden Sie auf den Seiten 100 bis 101.

## Hecken

Hecken sollten in einem allergenreduzierten Garten möglichst nicht verwendet werden. Ihre dichten Zweige liefern zwar einen guten Sichtschutz, sind zugleich aber ein idealer Sammelplatz für Pilzsporen und Pollen, die sich dort fangen und freigesetzt werden, wenn die Hecke geschnitten wird. Auch durch starken Wind können die Zweige einer Hecke so in Bewegung gesetzt werden, daß sie die angesammelten Sporen und Pollen freigeben. Je dichter eine Hecke ist, desto größer ist das Risiko, das sie für unter Asthma und Heuschnupfen leidende Menschen darstellt.

Viele Heckenpflanzen beherbergen jedoch nicht nur Sporen und die Pollen anderer Pflanzen, sondern sind auch an sich allergieauslösend. Die Pollen des Liguster sind beispielsweise hochallergen, und der Duft der Blüten kann zur Ursache für einen Asthmaanfall sein. Stechpalmen und die Koniferenart *Cupressocyparys leylandii* können Hautallergien auslösen.

## *Umgang mit Hecken*

Wenn in Ihrem Garten bereits Hecken stehen, sollten Sie sorgfältig prüfen, ob sie bei Ihnen oder einem Mitglied Ihrer Familie allergische Reaktionen auslösen. Sollte dies der Fall sein, müssen Sie sich unter Umständen von ihnen trennen. Beachten Sie aber, daß Hecken ab einer bestimmten Größe unter die in Ihrer Stadt oder Gemeinde geltende Baumschutzsatzung fallen können, Sie also für ihre Beseitigung eine Genehmigung einholen müssen.

Befindet sich in Ihrem Garten keine Hecke, sollten Sie von einer Anpflanzung absehen, vor allem wenn Kinder im Haushalt leben, die unter schwerem Asthma, Heuschnupfen oder Neurodermitis leiden. Statt dessen lassen sich Zäune oder Rankgitter aufstellen, an denen Kletterpflanzen hochgezogen werden. Sie können auch Sträucher anpflanzen, die nicht beschnitten werden. Eine Reihe von nebeneinander gepflanzten Sträuchern kommt in ihrer Wirkung einer „echten“ Hecke am nächsten.

### Niedrigallergene Hecken

Die folgenden Sträucher lassen sich in Reihen als Hecken pflanzen, die nicht regelmäßig geschnitten werden müssen.

NIEDRIGE HECKEN

*Höhe unter 45 cm*

*Hebe rakaiensis*
*Hyssopus officinalis*
*Teucrium chamaedrys*
*Thymus vulgaris*

HÖHERE HECKEN

Höhe zwischen 90 cm und 1,5 m

*Cotoneaster simonsii*
*Potentilla fruticosa*
*Prunus* x *cistena*
*Pyracantha rogersiana*
*Rosa glauca*
*Rosmarinus officinalis* 'Miss Jessop's Upright'
*Symphoricarpos* x *doorenbosii* 'White Hedge'

**LINKS:** *Statt Lavendel oder Buchsbaum – beide sind für den allergenreduzierten Garten nicht geeignet – wurde* Alchemilla mollis *in die erste Reihe der Rabatte gepflanzt.*

# Wasser im Garten

## Wasserelemente

Gleich ob natürlich oder künstlich angelegt: Ein Wasserelement verschönert jeden Garten. Ein flaches Becken mit stehendem Wasser verbreitet Ruhe und sorgt für hübsche Spiegeleffekte; bewegtes Wasser dagegen, ein Springbrunnen oder Wasserfall, vermittelt Lebendigkeit, leuchtende Lichtreflexe und angenehme Geräusche. An heißen Tagen wirkt Wasser angenehm kühlend, und im tiefsten Winter verwandelt es sich in eine bezaubernde Eisfläche oder märchenhaft anmutende Eiszapfen. Zudem bietet Wasser einer ganzen Reihe von Pflanzen Lebensraum, die an keiner anderen Stelle im Garten wachsen.

Während viele Menschen Wasser in einem Garten für unverzichtbar halten, sehen andere nur die Probleme, die damit verbunden sind, und verzichten deshalb auf Wasserelemente. Vor allem in einem allergenreduzierten Garten aber ist Wasser – in welcher Form auch immer – aus verschiedenen Gründen außerordentlich sinnvoll. So kann ein Wasserbecken als Ruhe verbreitendes optisches Zentrum eines Gartens die Rasenfläche ersetzen. Fließendes Wasser in Form eines Springbrunnens, eines Wasserspiels oder eines kleinen Wasserfalls kann zum Blickfang eines Gartens werden und, was noch wichtiger ist, einen Akzent in einer leblos wirkenden gepflasterten Fläche setzen. In einem Teich lassen sich darüber hinaus Zierfische oder andere Wassertiere halten, was besonders interessant sein dürfte, wenn man aufgrund einer Tierhaarallergie keine anderen Haustiere halten kann. Mit einem Goldfisch kann ein Kind zwar nicht schmusen, aber es lernt, Verantwortung für ein Tier zu übernehmen und dafür zu sorgen.

**UNTEN:** *Das einfache, kreisrunde Wasserbecken mit einem kleinen Bachlauf ist durch eine gepflasterte Fläche mit Pflanzkübeln eingefaßt.*

Sollten Sie das Glück haben, daß sich in Ihrem Garten ein natürliches Wasserelement, ein kleiner Bachlauf oder ein Teich, befindet, reicht es unter Umständen schon, den Blick darauf freizumachen, einen Weg zum Wasser hin anzulegen und die Ufer zu bepflanzen. Wenn Sie dagegen ein Wasserelement künstlich anlegen wollen, sollten Sie zunächst entscheiden, was am ehesten zu Ihnen und zu Ihrem Garten paßt. Beginnen Sie, indem Sie aufschreiben, welche Funktion ein Wasserelement haben soll. Soll sich das Wasser bewegen? Geht es Ihnen um Spiegeleffekte oder eher darum, daß Ihre

Kinder kleine Boote im Wasser schwimmen lassen können? Wollen Sie Wasserpflanzen züchten? Oder Goldfische und Karpfen? Wenn Sie diese Fragen geklärt haben, sind Sie in der Lage zu entscheiden, ob ein Teich, ein Springbrunnen oder ein Wasserfall Ihren Bedürfnissen am ehesten entspricht. Und noch zwei weitere Entscheidungen sollten möglichst früh getroffen werden: Wo soll das Wasserelement Platz finden und wieviel wollen Sie dafür ausgeben?

**OBEN:** *In den Gärten der Royal Horticultural Society in Wisley befindet sich dieses von Julie Toll entworfene Wasserbecken mit einer in die Mitte gesetzten Skulptur.*

## Wasserbecken und Teiche

Unter Wasserbecken verstehe ich ein künstlich angelegtes Wasserelement. Wasserbecken können entweder in den Boden eingelassen oder aufgesetzt sein und einen erhöhten Rand haben; sie können Fische und/oder Pflanzen beherbergen, wirken aber auch ohne diese „Zutaten" genauso ansprechend. Die Installation einer oder mehrerer Fontänen ist ebenso möglich wie die Verbindung von zwei auf verschiedenen Ebenen angesiedelten Wasserbecken durch einen Wasserfall.

Ein Teich dagegen ist ein natürliches oder natürlich wirkendes Wasserelement. Anders als ein Wasserbecken hat ein Teich einen unregelmäßigen, landschaftlichen Umriß und keinen erhöhten Rand, sondern befindet sich in einem niedriger gelegenen Abschnitt des Gartens, vorzugsweise in einer Mulde, in der sich sowieso Wasser sammelt. In Teichen finden sich für gewöhnlich die verschiedensten horizontal und vertikal wachsenden Wasserpflanzen, darunter auch unter Wasser wachsende Pflanzen, die dem Teich Sauerstoff liefern und so das Wachstum von Algen verhindern, die das Wasser trübe machen. Bei ordentlicher Pflege kann ein Teich auch Fischen und anderen Wassertieren Lebensraum bieten.

## Springbrunnen, Fontänen und Wasserfälle

Diese Elemente bringen auf sehr effektvolle Weise Bewegung in den Garten. Ein Springbrunnen kann aus einem einzigen ruhig plätschernden Wasserstrahl bestehen oder aus mehreren meterhohen Fontänen, die aus der Wasserfläche hervorschießen. Ein Wasserfall kann eine einfache Verbindung zwischen zwei Wasserbecken darstellen oder eine Kaskade aus einer ganzen Reihe von Schwellen und Becken. Voraussetzung ist in jedem Falle, gleich ob Sie sich für einen Springbrunnen und/oder einen Wasserfall entscheiden, daß Sie nicht nur eine

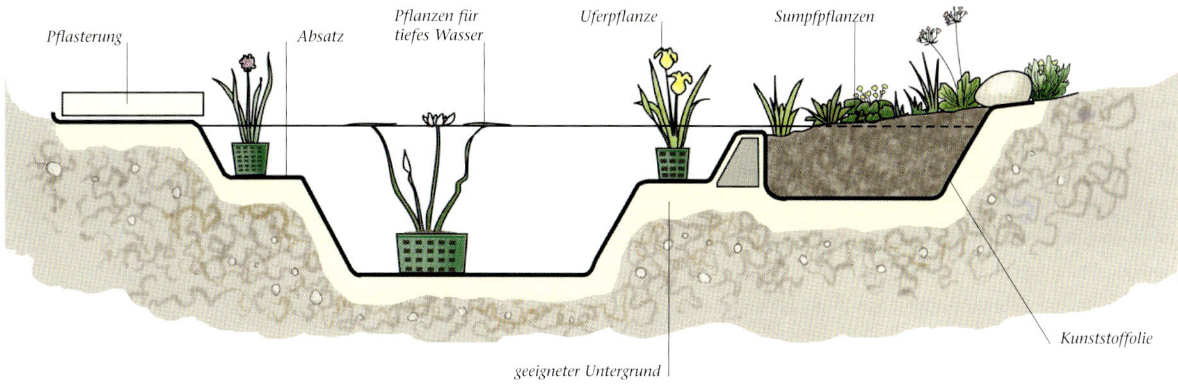


**OBEN:** *Die Querschnittzeichnung eines mit Folie ausgelegten Teiches zeigt die verschiedenen Standorte für die einzelnen Wasserpflanzen: in der Mitte Seerosen, auf einem Absatz Uferpflanzen und im feuchten Randbereich Sumpfpflanzen.*

Wasser-, sondern auch eine Stromleitung in den Garten legen, um ein Pumpensystem zu installieren.

## Maßnahmen gegen trübes Wasser

Wasser ist ein wunderbares Medium für den Garten, bringt aber auch einige Probleme mit sich. Eines liegt in der Trübung des Wassers durch Algen, deren Sporen über die Luft in das Wasserbecken gelangen, wo sie sich – vorausgesetzt, das Wasser ist warm genug und sie finden Nahrung – rasch vermehren. Bevor Sie sich für die Installation eines Wasserelements entscheiden, sollten Sie sich also darüber informieren, wie man Algen unter Kontrolle halten kann. Die Methoden reichen von der chemischen Bekämpfung über Filtersysteme, von der mechanischen Beseitigung bis hin zur Anpflanzung von den Algenwuchs hemmenden Pflanzen. Holen Sie den Rat eines Fachmanns ein, welche dieser Methoden für Ihr Wasserelement die angemessene ist.

## Bepflanzen eines Wassergartens

Für viele Gartenbesitzer besteht die Hauptmotivation für das Anlegen eines Teiches in der Freude an Wasserpflanzen. Mancher beschränkt sich auf ein oder zwei Pflanzenarten wie Seerosen oder Wasseriris, andere schöpfen die ganze Bandbreite von Tief- und Flachwasserpflanzen, Schwimmpflanzen und sogar Sumpfpflanzen aus. Wenn Sie Seerosen anpflanzen wollen, sollten Sie sich zunächst über deren Größe informieren: Während die kleine *Nymphaea odorata* var. *minor* nur eine Wassertiefe von 30 cm braucht und daher auch in kleineren Becken oder Kübeln gedeiht, benötigt die große *Nymphaea* 'Gladstonia' eine Wassertiefe von 2 bis 2,5 m und ist daher nur für große Becken geeignet. Wollen Sie möglichst viele verschiedene Pflanzen anpflanzen, müssen Sie die Anlage des Wasserbeckens besonders sorgfältig planen. Zumindest ein Teil des Beckens sollte einen etwa 25 cm unter Wasser liegenden Absatz aufweisen, auf dem Flachwasserpflanzen angesiedelt werden können, während in der Mitte eine Fläche von mindestens 45 cm Breite und 60 cm Tiefe für die Anpflanzung von Seerosen vorhanden sein sollte.

Eine gut durchdachte Auswahl von Pflanzen verhindert auch das Überhandnehmen von Algen, die schließlich nur gedeihen, wenn sie genügend Nährstoffe und Licht bekommen. Um ein biologisches Gleichgewicht im Wasserbecken herzustellen, müssen auch einige Sauerstoff spendende Pflanzen eingesetzt werden.

Die meisten Wasserpflanzen werden von Insekten bestäubt und können daher

im allergenreduzierten Garten uneingeschränkt verwendet werden. Es gibt jedoch einige wenige problematische Pflanzen, die unter Umständen Allergien hervorrufen können. Dazu gehört der Froschlöffel *Alisma plantago-aquatica*, dessen Knollen Hautirritationen hervorrufen können, weiter die Schwertlilie *Iris pseudacorus*, deren leicht giftiger Saft die Haut reizt, sowie die elegante Zimmerkalla *Zantedeschia aethiopica* und die Sumpfkalla *Calla palustris*, die beide leicht giftig sind, aber nur kleinen Kindern gefährlich werden können. Die Blüten einiger Seerosenarten sowie der Wasserähre *Aponogeton distachios* sind duftend, was aber kein Problem darstellen sollte, so lange sie in der Mitte des Teiches, weit entfernt also von empfindlichen Nasen, gepflanzt werden.

## Sicherheit für Kinder

Jedes Jahr ertrinken Kinder in Gartenteichen, ein Kleinkind kann sogar in einem Wasserbecken ertrinken, das nur wenige Zentimeter tief ist. Haben Sie kleine Kinder, sollten Sie also existierende Wasserelemente vernünftigerweise aus dem Garten entfernen bzw. die Verwirklichung Ihrer Pläne für ein Wasserbecken auf einen späteren Zeitpunkt verschieben, bis die Kinder alt genug sind, um selbst auf sich aufzupassen. Es gibt jedoch auch Wasserelemente, die selbst für Kleinkinder und Babys keine Gefahr darstellen. Dazu gehören zum Beispiel Fontänen oder Wasserspiele, deren Wasser in einem Kiesbett versickert, um in einem darunter verborgenen Wasserbecken aufgefangen und wieder sprudelnd nach oben gepumpt zu werden. Vorausgesetzt, Sie verwenden Kieselsteine, die zu groß sind, um von einem Kind verschluckt zu werden, können Sie auch als Eltern kleiner Kinder ein solches Wasserelement ohne Bedenken in Ihrem Garten installieren.

In Gärten, in denen ein bereits existierendes Wasserelement – wie ein natürlicher Bach oder Teich – weder entfernt noch vorübergehend abgedeckt werden kann, muß unter Umständen ein Zaun gezogen werden, um kleine Kinder vom Wasser fernzuhalten.

**Niedrigallergene Wasserpflanzen**

PFLANZEN FÜR TIEFES WASSER
Pflanzen, die im tiefen Wasser in der Mitte des Teichs wachsen:

- *Hottonia palustris*
- *Nymphaea* ssp. (alle außer den duftenden Arten)
- *Nymphoides peltata*

SCHWIMMPFLANZEN
Pflanzen, die frei auf dem Wasser schwimmen:

- *Azolla filiculoides*
- *Hydrocharis morsus-ranae*
- *Stratiotes aloides*
- *Trapa natans*

UFERPFLANZEN
Pflanzen, die am Rand eines Teiches wachsen und deren Wurzeln im Wasser stehen:

- *Butomus umbellatus*
- *Houttuynia cordata*
- *Mimulus luteus*
- *Myosotis scorpioides*
- *Pontederia cordata*
- *Sagittaria sagittifolia*
- *Veronica beccabunga*

**LINKS:** *Der Springbrunnen, bei dem sich das Wasser in ein mit großen Kieselsteinen gefülltes Becken ergießt, stellt selbst für Kleinkinder und Babys keine Gefahr dar.*

# BEPFLANZEN

## EINES ALLERGEN-REDUZIERTEN GARTENS

# Planung und Bepflanzung

## Auswahl der Pflanzen

Wenn Ihr Gartenentwurf fertig ist, können Sie sich der Aufgabe widmen, Pflanzen für die verschiedenen Bereiche des Gartens, die Beete und Rabatten auszusuchen. Unter Beeten versteht man freistehende Bereiche, die von allen Seiten eingesehen werden können. Rabatten dagegen werden vorzugsweise vor einem Hintergrund wie einer Mauer oder einem Zaun angelegt und sind nur von vorne oder den Seiten zu betrachten.

Wie alle anderen Flächen des Gartens können auch Beete und Rabatten so angelegt werden, daß sie entweder streng gestaltet oder eher natürlich wirken. In jedem Falle sollte ihre Form in einem optischen Bezug zu ihrer Umgebung stehen. Streng gestaltet sind Beete und Rabatten, wenn sie geometrischen Mustern wie Quadraten, Kreisen, Rechtecken oder L-Formen folgen. Landschaftliche Beete und Rabatten dagegen folgen geschwungenen Linien und haben einen unregelmäßigen Umriß. Die Entscheidung für eine formale oder natürliche Anlage sollte auch vom architektonischen Stil des Hauses und der Gesamtgestaltung des Gartens abhängig gemacht werden. Und auch die verwendeten Pflanzen spielen eine Rolle bei der Formgebung für die Beete und Rabatten. Rosen, Kräuter und Beetpflanzen zum Beispiel sehen in geometrisch gestalteten Bereichen meistens besser aus, während Stauden oder eine gemischte Bepflanzung in natürlichen Rabatten hübscher wirken. Doch seien Sie unbesorgt: Es gibt in dieser Hinsicht keine strengen Regeln, wenn Sie also Rosen und Stauden in natürlich wirkenden kleinen Inseln anpflanzen wollen, spricht aus praktischen Erwägungen nichts dagegen.

**GEOMETRISCH ANGELEGTE BEETE**

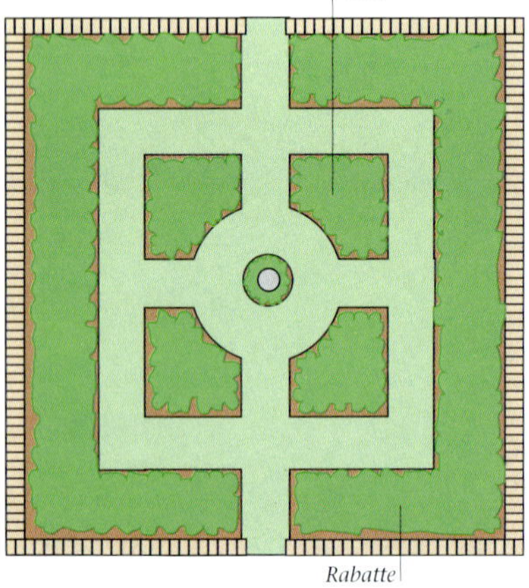


**NATÜRLICH ANGELEGTE RABATTE**

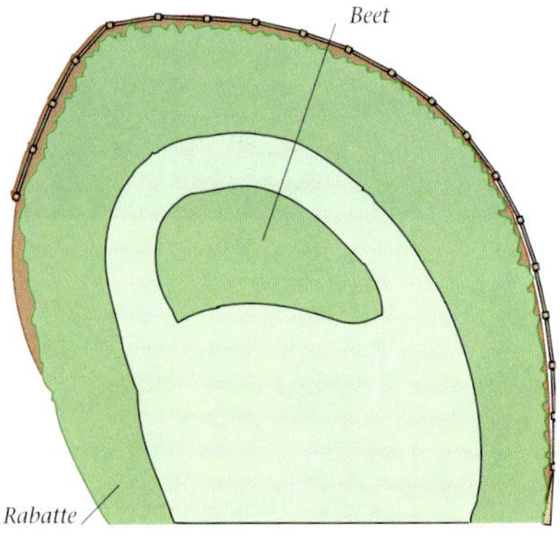


**GANZ OBEN:** *Streng geometrisch angelegte Beete.* **OBEN:** *Die unregelmäßigen Umrisse des Gartens legen eine natürlichere Gestaltung der Beete und Rabatten nahe.*

Wenn Sie sich für die Form der Beete und Rabatten entschieden haben, sollten Sie sich in einem nächsten Schritt davon überzeugen, daß Bodenqualität und Lichtverhältnisse in Ihrem Garten den Ansprüchen der von Ihnen ausgewählten Pflanzen genügen. Die Auswahl der Pflanzen ist jedoch vor allem eine Geschmacksfrage. Denn selbst wenn Ihr Garten keine optimalen Bedingungen für die von Ihnen bevorzugten Pflanzen bietet, gibt es verschiedene Methoden, dieses Problem zu lösen. Geben Sie zum Beispiel Pflanzen wie Rhododendren oder Azaleen, die einen sauren Boden lieben, den Vorzug, der Boden in Ihrem Garten ist aber neutral oder kalkhaltig, dann setzen Sie die Pflanzen eben in Kübel mit kalkfreier Erde. Wählen Sie also der Reihe nach für jedes Beet und jede Rabatte die passenden Pflanzen aus und überlegen Sie dabei zugleich, welches Farbschema Sie jeweils verwirklichen wollen und zu welcher Jahreszeit die Pflanzen am prächtigsten aussehen werden.

Bei den von mir für öffentliche Gartenschauen angelegten allergenreduzierten Gärten habe ich *alle* Pflanzen ausgeschlossen, die bei entsprechend disponierten Menschen eine Allergie auslösen könnten. Die Auswahl der Pflanzen war also relativ begrenzt. In Ihrem eigenen Garten müssen Sie jedoch nur auf solche Pflanzen verzichten, gegen die Sie selbst allergisch sind bzw. ein Mitglied Ihrer Familie. Natürlich sollten Sie auch Pflanzen meiden, die generell Probleme verursachen können. Zu diesen gehört zum Beispiel die Raute, die ich nie in einen Garten pflanzen würde, da der Kontakt mit dem Saft dieser Pflanze bei Sonnenlicht in der Regel zu einer Lichtdermatitis führt – auch bei nicht unter Allergien leidenden Menschen. Sollte ein Mitglied Ihrer Familie besonders empfindlich reagieren, und dies gilt vor allem für Kleinkinder, wäre es vernünftig, auf alle Pflanzen zu verzichten, die auf den Seiten 112–123 aufgeführt sind.

**OBEN:** Penstemon *'Garnet' ist eine attraktive Pflanze für den allergenreduzierten Garten.*

## Pflege

Bevor Sie sich endgültig entscheiden, welche Pflanzen Sie in Ihrem Garten kultivieren wollen, sollten Sie sich überlegen, wieviel Zeit Sie für die Arbeit im Garten erübrigen können. Denn je nach Bepflanzung brauchen Beete und Rabatten mehr oder weniger Pflege. Während man zwischen Bodendeckern, wenn Sie einmal gut angewachsen sind, nur einmal im Jahr Unkraut jäten muß, wollen Rabatten mit perennierenden Stauden wöchentlich gehackt und, sollen sie wirklich gut aussehen, beschnitten werden.

Bereits im Planungsstadium sollte man festhalten, wann und wie oft die einzelnen Bereiche des Gartens gepflegt werden müssen, um zu vermeiden, daß man zu einer Zeit Gartenarbeit verrichten muß, in der die Konzentration von Pollen und Pilzsporen in der Luft besonders hoch ist. Wenn Sie Pflanzen verwenden, die vor allem zu Beginn des Frühjahrs gepflegt werden wollen, also vor dem ersten Einsetzen des Pollenflugs der Bäume und nach der Zeit strenger Fröste, dürfte Ihnen die Gartenarbeit keine größeren Probleme bereiten. Obstbäume und Rosen müssen in den Wintermonaten beschnitten werden, sind unter diesem Gesichtspunkt also für Allergiker genauso geeignet wie Bodendecker, die nur einmal im Jahr sorgfältiger Pflege bedürfen. Berücksichtigen Sie aber auch, daß Rosen im Frühjahr gedüngt und im Sommer unter Umständen gespritzt werden müssen – Aufgaben, die besser ein Nicht-Allergiker übernehmen sollte.

## Pläne für die Bepflanzung

Um ein Pflanzschema für jeden einzelnen Bereich auszuarbeiten, wählt man möglichst verschiedene Pflanzen mit den gleichen Standortvorlieben aus und pflanzt sie dann in Gruppen zusammen, die groß genug sein müssen, um optisch zu wirken. Beginnen Sie, indem Sie eine Liste mit den in Frage kommenden Pflanzen aufstellen. Überprüfen Sie anhand der Liste auf den Seiten 112–123, ob die von Ihnen ausgewählten Pflanzen „sicher" im Hinblick auf die in Ihrer Familie auftretenden Allergien sind. Bedenken Sie auch, daß die Pflanzen zu dem vorgesehenen

Farbschema passen und zu einer bestimmten Jahreszeit blühen sollen. Darüber hinaus empfiehlt es sich, die Höhe der Pflanzen zu notieren.

## *Maßstabgerechte Entwürfe*

Ich zeichne meine Entwürfe für Beete und Rabatten grundsätzlich im Maßstab 1 : 50. Sie können aber auch einen anderen Maßstab wählen, Ihr Plan muß nur groß genug sein, um darauf alle Pflanzen deutlich einzeichnen zu können. Benutzen Sie einen Bleistift, um Fehler ausradieren zu können. Kennzeichnen Sie jede Pflanze mit einem Kreis. Füllen Sie auf diese Weise das ganze Beet mit Kreisen, ohne Zwischenräume zu lassen. Die Größe eines jeden Kreises bezeichnet den Raum, den die jeweilige Pflanze im Beet einnimmt. Dabei gehe ich für die meisten Bodendecker und mittelgroßen Stauden von einem Durchmesser von 45 cm aus, für größere Stauden, besonders wuchsfreudige Bodendecker, Beetrosen und kleinere Sträucher berechne ich einen Durchmesser von 60 cm, für mittelgroße Büsche und Buschrosen 1 m. Große Büsche pflanze ich 1,5 m weit auseinander. Markieren Sie das Zentrum eines jeden Kreises durch ein Kreuz oder einen Punkt, um die Stelle zu kennzeichnen, an der gepflanzt werden soll.

Berücksichtigen Sie bei der Planung, wie groß die einzelnen Pflanzengruppen werden sollen. Ich setze immer mindestens fünf Pflanzen mit einem Durchmesser von 45 cm zusammen, drei mit 60 cm, nur die Pflanzen mit 1 m Durchmesser lasse ich einzeln stehen. Diese Faustregel – 5 : 3 : 1 –, mit der sichergestellt wird, daß die einzelnen Pflanzengruppen innerhalb des Beets gleichgewichtig wirken, gilt vor allem für eine ornamentale Bepflanzung. Wollen Sie dagegen ein Beet oder eine Rabatte mit Bodendeckern anfüllen, sollten Sie Gruppen von mindestens zehn Pflanzen einer Sorte zusammenpflanzen. Noch einfacher können Sie es sich freilich machen, indem Sie noch weitaus größere Gruppen anpflanzen. Wenn Sie entschieden haben, wie viele Pflanzen in den einzelnen Gruppen stehen sollen, fassen Sie, wie auf Seite 67 gezeigt, die Kreise auf Ihrem Plan zu Gruppen zusammen, indem Sie sie farbig umranden. Es bleibt Ihrem Geschmack überlassen, ob Sie die Kreise in länglichen oder runden Gruppen anordnen, entscheidend ist einzig, daß Sie die ganze Fläche in Gruppen aufgeteilt haben, bevor Sie bestimmen, wo die einzelnen Pflanzen stehen sollen.

Achten Sie darauf, in welchem Verhältnis die Höhe der Pflanzen zur Breite des Beets oder der Rabatte steht. Denn eine weitere Faustregel besagt, daß die Höhe der in Blüte stehenden Pflanzen nicht mehr als die Breite von

**UNTEN:** *Die großen Abstände zwischen den Heidekrautgewächsen in diesem frisch angelegten Steingarten lassen genug Raum für das Wachstum der Pflanzen.*

Rabatten und maximal die halbe Breite von Beeten betragen soll. Wenn Ihre Rabatte also zum Beispiel 1,5 m breit werden soll, sollten die höchsten Pflanzen, wenn sie in voller Blüte stehen, auch nur eine Höhe von 1,5 m erreichen. Einzige Ausnahme von dieser Regel bilden Kletterpflanzen, die Sie so hoch wachsen lassen können, wie Sie mögen.

**Checkliste für die Bepflanzung**

Entscheiden Sie vorher, welche Pflanzen Sie verwenden, welche jahreszeitlich abhängige Wirkung und welches Farbschema sie erzielen wollen.

PFLANZENARTEN

| | |
|---|---|
| alpine Pflanzen | Mischrabatte |
| Sumpfpflanzen | Rosen |
| Bodendecker | Schattenpflanzen |
| Staudenrabatte | Strauchrabatte |

JAHRESZEITLICH ABHÄNGIGE WIRKUNG

Frühjahr – Zwiebeln, Blumenbeet
Sommer – Blumenbeet, Mischrabatte
Blattverfärbung im Herbst
im Winter blühende Pflanzen
Immergrüne

FARBSCHEMA

| | |
|---|---|
| rosa und blau | gelb und violett |
| rosa und violett | gelb und grün |
| blau und creme | leuchtendrot |
| grün und weiß | |
| gelb und orange | |

## *Füllen von Beeten und Rabatten*

Nehmen Sie nun Ihre Liste mit den ausgewählten Pflanzen zur Hand und ordnen Sie die Pflanzen den Gruppen auf Ihrem Plan für eine Rabatte zu. Tragen Sie die Namen der Pflanzen mit Bleistift in die Kreise ein. Ich beginne immer mit der ersten Pflanzenreihe, für die ich die niedrigsten Pflanzen auf meiner Liste auswähle. Dies sind unter optischen Gesichtspunkten die wichtigsten Pflanzen, da man sie das ganze Jahr über sehen wird. In der Mitte oder hinten stehende Pflanzen werden dagegen teilweise durch die vor ihnen stehenden verdeckt. Wählen Sie für die erste Reihe also Pflanzen mit dichtem Blattwerk aus, damit die Rabatte auch hübsch aussieht, wenn die Pflanzen nicht in Blüte stehen. Außerdem wird durch ein dichtes Blattwerk Unkraut unterdrückt, was den Pflegeaufwand gering hält. Wenn Sie in einer Rabatte in die letzte Reihe Kletterpflanzen setzen wollen, um eine Wand oder einen Zaun zu begrünen, sollten Sie diese Pflanzen jetzt auf Ihrem Plan einzeichnen. Eher zierliche Kletterpflanzen sollten in einem Abstand von 2 m, besonders kräftige, wuchsfreudige dagegen in einem Abstand von 3 m gepflanzt werden.

Ordnen Sie nun die Pflanzen der mittleren und hinteren Reihen zu. Die Pflanzen, die in die Mitte einer Rabatte kommen, sollten größer als die in der ersten Reihe sein und eine besondere optische Wirkung erzielen. Das heißt, sie sollten besonders farbenprächtige Blüten haben, in einer mit Sträuchern oder Bodendeckern bepflanzten Rabatte sollte das Blattwerk auffällig sein. Ich persönlich verwende am liebsten Pflanzen mit großen Blüten wie Pfingstrosen, Rosen oder Phlox und Pflanzen mit einer besonders kräftigen Blattfarbe wie zum Beispiel goldblättrigen Hartriegel. Die mittleren Reihen einer gemischten Rabatte sind ein idealer Standplatz für Rosen. In die hinteren Reihen schließlich setzt man die größten Pflanzen. Hier sollte man vor allem Pflanzen mit besonders schön und auffällig geformten Blüten wie zum Beispiel den blau blühenden Rittersporn wählen, da diese gut sichtbar sein werden. Man kann die hintersten Reihen aber auch so bepflanzen, daß sie einen zurückhaltenden Hintergrund bilden, vor dem sich die anderen Pflanzen der Rabatte abheben. Einen besonders hübschen Effekt erzielt man beispielsweise mit Schleierkraut und Federmohn.

Bei einem Beet verfährt man im wesentlichen so wie bei einer Rabatte. Die niedrigsten Pflanzen werden am äußeren Rand gesetzt. Es folgen die mittelgroßen Pflanzen, und im Zentrum schließlich stehen die höchsten Pflanzen.

Nachdem Sie die Pflanzennamen auf Ihrem Plan eingetragen haben, kennzeichnen Sie die einzelnen Gruppen mit Buntstiften in der Farbe, die die Blumen in der Blütezeit haben werden. So läßt sich erkennen, ob das angestrebte Farbschema ausgeglichen ist oder unter Umständen noch verändert werden sollte.

Wenn Sie ein Beet mit Bodendeckern bepflanzen wollen, wählen Sie die Pflanzen nach der Form beziehungsweise Farbigkeit der Blätter aus. Pflanzen Sie große Gruppen, wobei sich grüne und bunte Blätter abwechseln sollten. Den schönsten Effekt erzielt man, wenn man nur Pflanzen von etwa der gleichen Höhe verwendet oder die Pflanzen so auswählt, daß die in der Mitte etwas höher aufragen.

# Rabatte für einen sonnigen Standort

**OBEN:** *Ein sonniger Standort und nährstoffreicher, nicht zu feuchter Boden bieten der goldgelben* Kerria japonica *ideale Bedingungen. Der elegante Strauch sollte in die letzte Reihe einer Rabatte gepflanzt werden.*

**UNTEN:** *Die harmonische Zusammenstellung von Violett, Rosa und Weiß schafft in dieser Rabatte für einen sonnigen Standort eine ruhige Atmosphäre.*

In fast allen Gärten findet sich mindestens eine Stelle, die den ganzen Tag über Sonne hat, und wenn diese Stelle nach hinten auch noch von einer Mauer oder einem Zaun begrenzt wird, eignet sie sich ideal für das Anlegen einer Rabatte mit Pflanzen für einen sonnigen Standort. Der prallen Sonne ausgesetzter Boden heizt sich sehr schnell auf, und die Oberfläche trocknet aus. Glücklicherweise gibt es viele außerordentlich schöne Pflanzen, die an einem trockenen, sonnigen Standort gedeihen, so daß es nicht schwer ist, hier eine Rabatte anzulegen. In windgeschützten Gärten lassen sich in einer Rabatte, die vor einer durch die Sonne aufgeheizten Mauer liegt, sogar Pflanzen ziehen, die unter den gegebenen klimatischen Bedingungen normalerweise nicht gedeihen würden.

## Farbschema

Entscheiden Sie sich zunächst für ein Farbschema – die Auswahl bei Blumen für einen sonnigen Standort ist außerordentlich groß. Eine meiner Lieblingskompositionen ist die Kombination von Gelb mit Violett und Blau. Man kann mit dieser Farbkombination durchaus unterschiedliche Wirkungen erzielen. Für weiche Kontraste empfiehlt es sich, Pflanzen mit graugrünen Blättern und blaßgelben, blauen und violetten Blüten zu verwenden. Wenn die Farbkontraste auch kräftiger sein dürfen, sollten Sie hellgelbe mit dunkelblauen und tiefvioletten Blüten mischen und einige Pflanzen mit gelbem Blattwerk dazwischensetzen. Mit violetten Blumen erhalten Sie eine Rabatte, die der rechts ähnelt.

Eine besonders farbenprächtige Rabatte entsteht durch eine Mischung aus Pflanzen mit gelbem oder bronzefarbenem Blattwerk und hellgelben, orangefarbenen und roten Blüten, die an einem heißen Sommertag aussehen, als ob sie glühen würden. Eine traditionellere Farbkombination erreicht man mit rosafarbenen und blaßblauen Blüten und reichlich grauem Blattwerk. Pflanzen mit grauen Blättern bevorzugen einen trockenen, sonnigen Standort. Das Grau ihrer Blätter rührt meistens von kleinen weißen Härchen her, mit denen die Blattoberfläche vor allzu großem Feuchtigkeitsverlust geschützt wird. Diese Härchen können allerdings auch Hautirritationen auslösen. Überprüfen Sie also, ob Sie allergisch dagegen sind, bevor Sie sich für diese Pflanzen entscheiden. Die meisten Pflanzen mit großen, glänzenden Blättern dagegen vertragen keinen trockenen, sonnigen Standort, sondern lieben einen feuchten Boden und Halbschatten.

## RABATTE FÜR EINEN SONNIGEN STANDORT IN GELB UND BLAU

*Der Entwurf für diese Rabatte basiert auf der Kombination von blauen und gelben Blüten. Die ausgewählten Pflanzen gedeihen am besten auf einem mäßig feuchten, neutralen bis alkalischen Boden, sind im großen und ganzen aber recht anspruchslos. Sie blühen vom ausgehenden Frühjahr bis in den späten Sommer, die Rose sogar bis in den Herbst.*

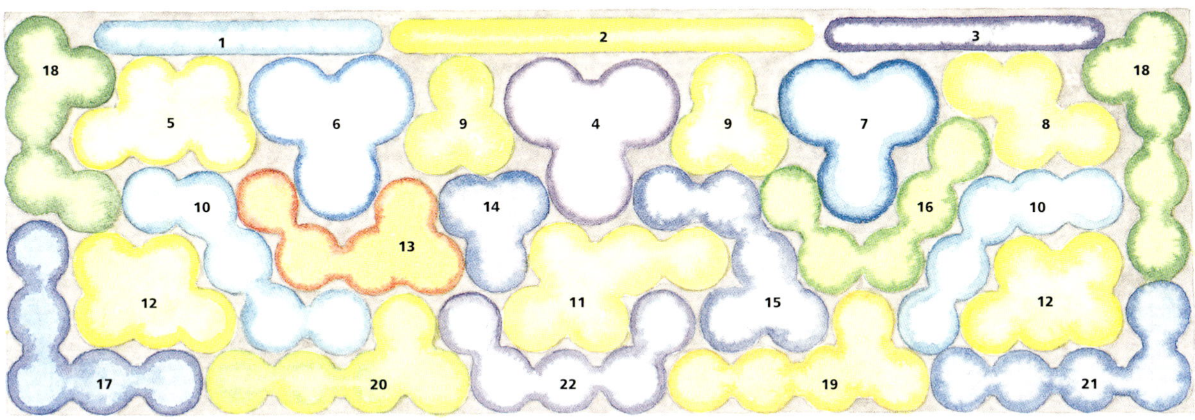


**1** *Clematis* 'Perle d'Azur' x 1
**2** *Rosa* 'Golden Showers' x 1
**3** *Clematis* 'William Kennett' x 1
**4** *Campanula lactiflora* x 3
**5** *Crocosmia* 'Jenny Bloom' x 5
**6** *Delphinium* 'Blue Bird' x 3
**7** *Delphinium* 'Blue Jay' x 3
**8** *Hemerocallis* 'Hyperion' x 4
**9** *Verbascum chaixii* 'Gainsborough' x 3
**10** *Agapanthus* 'Headbourne Hybride' x 5
**11** *Geum* 'Lady Stratheden' x 5
**12** *Kniphofia* 'Candlelight' x 5
**13** *Oenothera* 'Fireworks' x 5
**14** *Platycodon grandiflorus mariesii* x 3
**15** *Polemonium foliosissimum* x 5
**16** *Potentilla recta* x 5
**17** *Geranium wallichianum* 'Buxton's Variety' x 5
**18** *Alchemilla mollis* x 5
**19** *Hemerocallis* 'Stella de Oro' x 5
**20** *Origanum vulgare* 'Aureum' x 5
21 *Scabiosa* 'Butterfly Blue' x 5
22 *Veronica gentianoides* x 5

# Beete und Rabatten für einen schattigen Standort

**OBEN:** Epimedium perralderianum *eignet sich als niedrigallergene Pflanze hervorragend für einen schattigen Standort.*

Schattige Standorte stellen den Gärtner hinsichtlich der Auswahl von Pflanzen vor eine Reihe von Problemen. Entscheidend für die richtige Bepflanzung ist die Frage, wieviel Schatten respektive Licht tatsächlich auf die entsprechende Stelle fällt. Doch nicht immer ist die Intensität des Schattens so einfach zu bestimmen. Ob der zu bepflanzende Bereich im Schatten oder im Halbschatten liegt, hängt wesentlich auch davon ab, wodurch die Sonneneinstrahlung verhindert wird: eine Mauer, einen Zaun, einen großen Busch oder einen Baum beziehungsweise eine Gruppe von Bäumen? Abhängig von der Höhe und der Ausrichtung beispielsweise einer Mauer kann es sein, daß auf eine Seite der Mauer weder im Winter noch im Sommer Sonne fällt, während auf der anderen Seite die Sonne den ganzen Tag ungehindert einstrahlen kann. Pflanzen für die nicht von der Sonne beschienene Seite der Mauer müssen also für einen schattigen Standort geeignet sein. Je nach Ausrichtung kann der betreffende Standort aber auch wenigstens für kurze Zeit von der Sonne bestrahlt werden. Pflanzen, die man hier setzt, sollten also für einen halbschattigen Standort geeignet sein.

## Zäune

Geschlossene Zaunelemente werfen einen genauso dichten Schatten wie Mauern, sind aber normalerweise nicht höher als 1,8 m, so daß nur ein begrenzter Bereich im Vollschatten liegt. Lattenzäune lassen einiges Sonnenlicht durch und schaffen damit Halbschatten. Sowohl Mauern als auch Zäune werfen im Winter, wenn die Sonne tief steht, längere Schatten als im Sommer, wenn die Sonne fast senkrecht am Himmel steht. Dies sollte man bedenken, wenn immergrüne Pflanzen im Schatten einer Mauer oder eines Zaunes angepflanzt werden sollen.

## Bäume und Sträucher

Bäume und Sträucher werfen einen wesentlich weniger dichten Schatten als Mauern oder Zäune. Dies liegt vor allem daran, daß ihr Blattwerk selten so dicht ist, daß nicht wenigstens ein Minimum an Sonnenlicht hindurchschiene. Die Folge ist, daß die meisten Bäume im Sommer Halbschatten produzieren, und – sofern sie ihr Laub abwerfen – im Winter so gut wie gar keinen Schatten werfen. Immergrüne Bäume werfen naturgemäß das ganze Jahr über mehr Schatten. Ein größeres Problem als der schattige Standort stellt bei der Bepflanzung von Standorten in der Nähe von Bäumen die Tatsache dar, daß deren Wurzeln dem Boden Nährstoffe und Feuchtigkeit entziehen und damit anderen Pflanzen keine idealen Wachstumsbedingungen bieten.

Auch Hecken produzieren auf ihrer sonnenabgewandten Seite schattige Bereiche und entziehen überdies im Wurzelbereich dem Boden Feuchtigkeit und Nährstoffe. Es empfiehlt sich daher, einen 60 cm breiten Pfad zu beiden Seiten einer Hecke unbepflanzt zu lassen. Dies hat auch den Vorteil, daß man besser an die Hecke herankommt.

**UNTEN:** *Blätter und Blüten von* Geranium macrorrhizum *gewährleisten im Schatten eines Baumes eine dichte Bodendeckung.*

## ENTWURF FÜR EIN BEET IM HALBSCHATTEN

*Die Pflanzen für dieses Beet zwischen zwei Bäumen sind schattenverträglich, so daß sie auch noch gedeihen, wenn die Bäume größer sind und nur noch wenig Sonnenlicht durchlassen.*

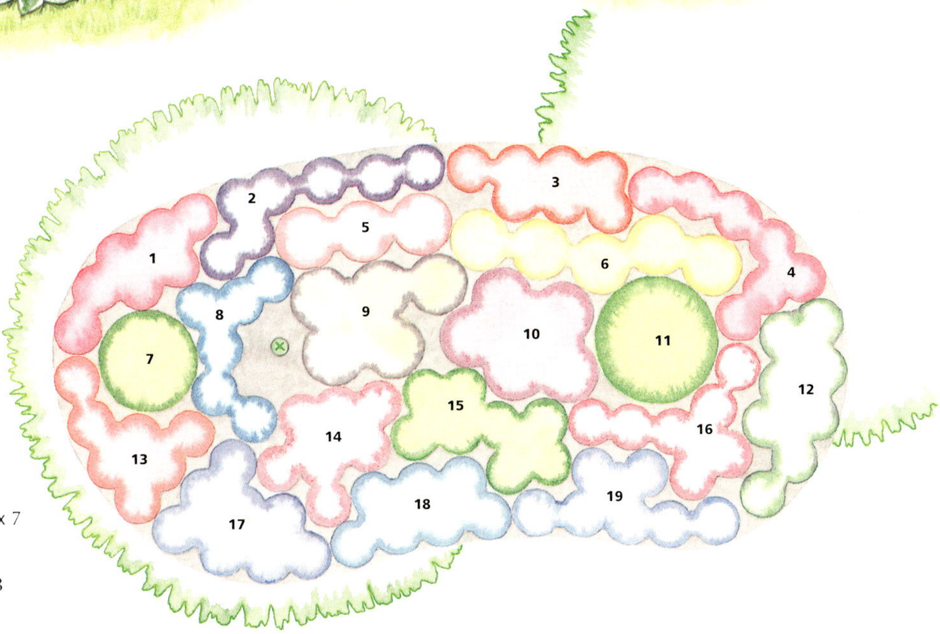


**1** *Pulmonaria saccharata* x 7
**2** *Geranium himalayense* x 7
**3** *Heucherella* 'Bridget Bloom' x 7
**4** *Geranium nodosum* x 7
**5** *Dicentra spectabilis* 'Alba' x 3
**6** *Aruncus aethusifolius* x 5
**7** *Viburnum davidii* x 1
**8** *Omphalodes verna* x 6
**9** *Tellima grandiflora* 'Purpurea' x 5
**10** *Symphytum uplandicum* x 5
**11** *Viburnum sargentii* 'Onondaga' x 1
**12** *Tiarella cordifolia* x 8
**13** *Epimedium rubrum* x 7
**14** *Geranium macrorrhizum* x 7
**15** *Heuchera cylindrica* 'Greenfinch' x 8
**16** *Geranium phaeum* x 7
**17** *Brunnera macrophylla* 'Hadspen Cream' x 8
**18** *Pulmonaria angustifolia* x 7
**19** *Symphytum* 'Goldsmith' x 7

# Pflegeleichte Rabatte

**OBEN:** Alchemilla mollis *ist eine ebenso anspruchslose wie attraktive Pflanze, die sowohl in der Sonne wie im Schatten stehen kann.*

Viele Gartenbesitzer empfinden Aufgaben wie Unkraut jäten, Graben und Harken als anstrengend. Asthmatiker machen überdies häufig die Erfahrung, daß Gartenarbeit, selbst wenn sie sie gerne verrichten, leicht zu Überanstrengung und damit zu einem Asthmaanfall führen kann. In all diesen Fällen empfiehlt es sich, möglichst große Bereiche des Gartens mit Pflanzen zu versehen, die keiner oder nur sehr wenig Pflege bedürfen. Es gibt eine ganze Reihe von Büschen und Stauden, die so rasch und dicht wachsen, daß ihre Zweige und Blätter den Boden schon bald ganz verdecken. Diese sogenannten Bodendecker hemmen das Wachstum von Unkraut und machen damit Hacken und Jäten überflüssig. Dies ist um so nützlicher, als einige der in unseren Breiten am häufigsten auftretenden Unkräuter Allergien auslösende Pollen ausbilden und daher aus jedem allergenreduzierten Garten entfernt werden müssen. Bei der Anpflanzung von Bodendeckern im allergenreduzierten Garten ist es besonders wichtig, daß die ausgewählten Pflanzen, was Bodenqualität, Schattenverträglichkeit und Feuchtigkeit angeht, optimale Wachstumsbedingungen, vorfinden.

## Bodendecker

**UNTEN:** *Die gestreiften Blätter und rosafarbenen Blüten von* Lamium maculatum *bilden einen dichten, bodendeckenden Teppich. Diese schattenverträgliche Pflanze wächst auch auf einem mageren, trockenen Boden.*

Bodendecker lassen sich sehr vielfältig einsetzen, die Möglichkeiten reichen von der Anpflanzung von *Vinca* anstelle eines Rasens bis zur Bepflanzung eines Zierbeetes mit Geranien und Katzenminze. Allerdings sollte man beachten, daß das Wachstum von Unkraut nur dann von Bodendeckern effektiv unterdrückt werden kann, wenn eine größere Anzahl ein und derselben Pflanzenart nebeneinander steht und einen relativ dichten Bewuchs bildet. Lücken, die durch das Setzen verschiedener Arten entstehen, geben dem Unkraut die Möglichkeit, sich durchzusetzen.

Ich selbst verwende Bodendecker ausgesprochen gerne, nicht nur, weil sie äußerst nützlich sind, sondern auch, weil sich mit ihnen sehr hübsche Zierbeete anlegen lassen. Nach dem auf der gegenüberliegenden Seite gezeigten Entwurf läßt sich ein Staudenbeet anlegen, das nicht nur das ganze Jahr über hübsch aussieht, sondern auch extrem pflegeleicht ist. Einige der Pflanzen wurden vor allem wegen ihrer attraktiven Blätter ausgewählt, die insgesamt interessanter wirken als eine große Anzahl von Blüten einer Farbe.

## ENTWURF FÜR EINE PFLEGELEICHTE RABATTE

*Die hier ausgewählten Pflanzen bevorzugen einen sonnigen Standort, benötigen aber ansonsten kaum Pflege. Der gepflasterte Weg erleichtert nicht nur den Zugang zur Rabatte, sondern ermöglicht zugleich auch das Schneiden der Rasenkanten mit dem Mäher, so daß die Arbeit mit der Rasenschere entfällt.*

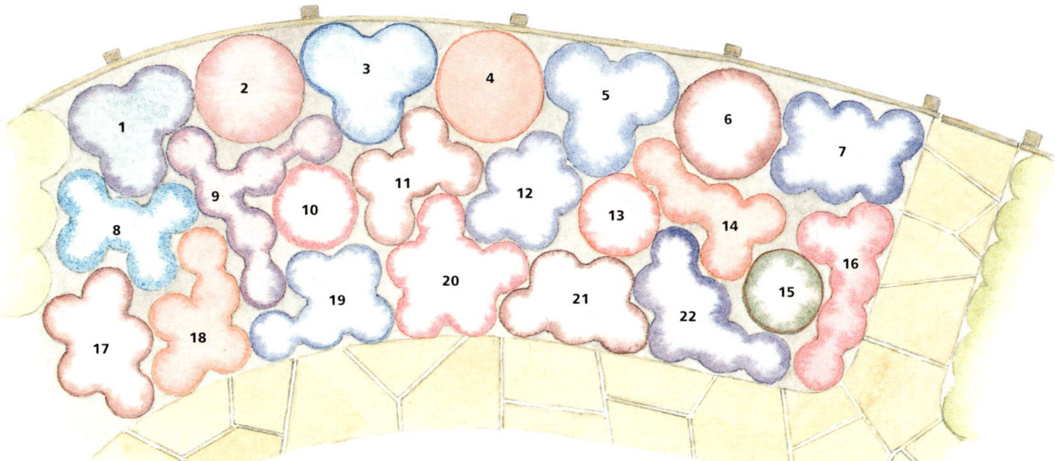


**1** *Eryngium tripartitum* x 3
**2** *Prunus cistena* x 1
**3** *Perovskia atriplicifolia* 'Blue Spire' x 3
**4** *Fuchsia magellanica* 'Versicolor' x 3
**5** *Salvia sylvestris* 'Indigo' x 3
**6** *Weigela florida* 'Foliis Purpureis' x 1
**7** *Nepeta faassenii* x 6
**8** *Geranium pratense* 'Blues Skies' x 5
**9** *Origanum laevigatum* 'Herrenhausen' x 6
**10** *Cistus* x *pulverulentus* 'Sunset' x 1
**11** *Heuchera micrantha* 'Palace Purple' x 5
**12** *Scabiosa caucasica* 'Clive Greaves' x 5
**13** *Cistus* 'Silver Pink' x 1
**14** *Astrantia major* x 5
**15** *Hebe* 'Red Edge' x 1
**16** *Armeria maritima* 'Splendens' x 5
**17** *Heuchera micrantha* 'Palace Purple' x 5
**18** *Helianthemum* 'Annabel' x 5
**19** *Veronica spicata incana* x 5
**20** *Helianthemum* 'Wisley Park' x 6
**21** *Geranium traversii* 'Crug Strain' x 5
**22** *Veronica peduncularis* 'Georgia Blue' x 6

# Ein Sumpfgarten

**OBEN:** Astilbe chinensis *var.* taquetii, *eine Prachtspiere, die wie fast alle Arten dieser Gattung einen feuchten Boden liebt.*

**UNTEN:** *Auch* Iris sibirica *gedeiht in feuchtem Boden am besten.*

Nicht selten gibt es extrem feuchte Bereiche im Garten, vor allem bei stark lehmigem Boden oder einem relativ hohen Grundwasserspiegel. In manchen Fällen entstehen feuchte Areale auch in Mulden, in denen sich nach jedem Regen Wasser sammelt, das nur langsam wieder abfließt. An Stellen, an denen dicht unter der Oberfläche eine Lehmschicht den Boden durchzieht, versickert das Wasser schließlich gar nicht mehr, sondern bildet einen Teich oder Tümpel. Und auch die Ufer eines Baches sind selbstverständlich sumpfiges Gelände.

Die Feuchtigkeit eines natürlichen Sumpfgeländes variiert über das Jahr, meistens ist es nur im Winter richtig naß, während im Sommer der Boden wesentlich trockener ist. Entsprechend sollte man Pflanzen – wie beispielsweise Funkien und Astilben – auswählen, die diese wechselhaften Bedingungen vertragen.

## Feuchtigkeitsgehalt des Bodens

Bevor Sie sumpfigen Boden bepflanzen, empfiehlt es sich, das Gelände ein Jahr lang zu beobachten, um dessen genauen Feuchtigkeitsgehalt zu bestimmen. Viele Pflanzen vertragen nur einen ganz bestimmten Feuchtigkeitsgrad und reagieren empfindlich auf vorübergehende Trockenheit. Am einen Ende der Feuchtigkeitsskala stehen Pflanzen, die einen feuchten Boden lieben wie Sumpf- und Uferpflanzen, die an den Rändern von Teichen und Seen wachsen und mit den Wurzeln im Wasser stehen müssen. Am anderen Ende stehen die graublättrigen Pflanzen, die einen fast trockenen Boden lieben. Zwischen diesen beiden Extremen sind all jene Pflanzen anzusiedeln, deren Wurzeln zwar immer feucht sein müssen, aber nicht im Wasser stehen dürfen, sowie solche, die feuchten Boden lieben, es aber auch vertragen, wenn sie über einen begrenzten Zeitraum hinweg in trockener Erde stehen.

Einige wenige Pflanzen sind unterschiedlichen Feuchtigkeitsgraden gegenüber beinahe vollkommen unempfindlich und können ebenso im Wasser wie in fast ganz trockenem Boden stehen. Dazu zählen Blutweiderich und Wasserknöterich, die vor allem für Teiche geeignet sind, die in den Sommermonaten austrocknen.

Der Entwurf rechts ist für ein Beet gedacht, wie man es zum Beispiel in einer Mulde anlegen kann, in der sich bei Regen Wasser sammelt. Der Boden sollte gut durchfeuchtet sein, aber nicht ständig unter Wasser stehen.

## ENTWURF FÜR EIN BEET AUF FEUCHTEM BODEN

*Das Beet kann an einer tiefer gelegenen Stelle des Gartens angelegt werden, wo der Boden das ganze Jahr über gut durchfeuchtet ist, aber nicht unter Wasser steht. Über den kleinen Steinweg in der Mitte sind die Pflanzen selbst bei Regen gut zugänglich.*

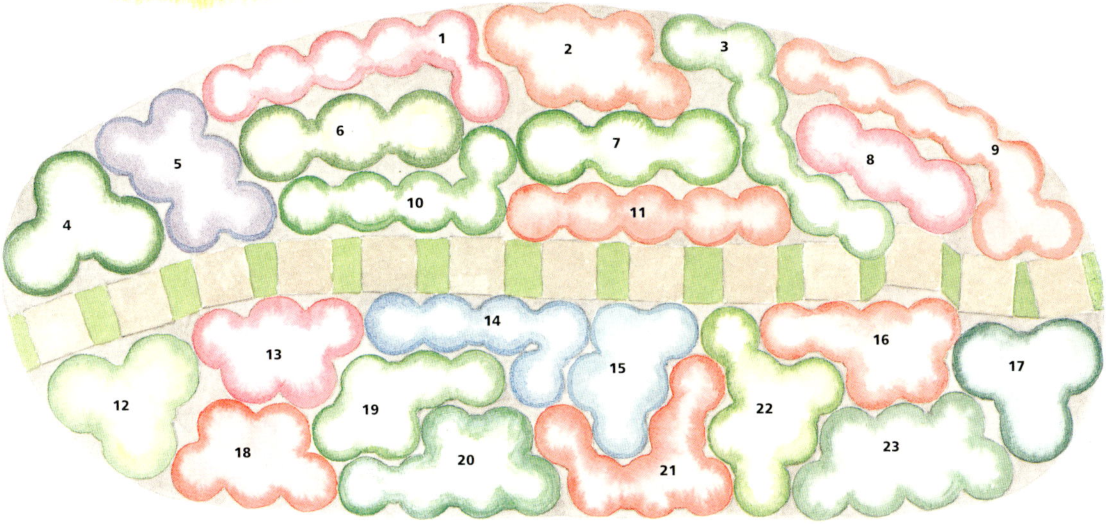


**1** *Tricyrtis formosana* x 6
**2** *Astilbe* 'Rhineland' x 6
**3** *Hosta* 'Shade Fanfare' x 6
**4** *Hosta sieboldiana* x 3
**5** *Iris sibirica* 'Tropic Night' x 6
**6** *Rodgersia pinnata* 'Elegans' x 3
**7** *Scrophularia aquatica* 'Variegata' x 3
**8** *Rodgersia pinnata* 'Superba' x 3
**9** *Hemerocallis* 'Children's Festival' x 7
**10** *Gentiana asclepiadea alba* x 5
**11** *Geum rivale* 'Leonard's Variety' x 5
**12** *Hosta* 'Francee' x 3
**13** *Hemerocallis* 'Chicago Royal Robe' x 5
**14** *Gentiana asclepiadea* x 5
**15** *Iris sibirica* x 5
**16** *Astilbe* 'Fanal' x 6
**17** *Hosta* 'Halcyon' x 3
**18** *Filipendula* 'Kahome' x 5
**19** Astilbe 'Snowdrift' x 5
**20** *Hosta lancifolia* x 6
**21** *Hemerocallis* 'Black Magic' x 6
**22** *Hosta* 'Thomas Hogg' x 6
**23** *Houttuynia cordata* 'Flora Pleno' x 7

# Rosengarten

**OBEN:** *Die Strauchrose* 'Frau Karl Druschki' *hat große, weiße Blüten und ist sehr widerstandsfähig. Sie duftet nicht und ist daher geeignet für den allergenreduzierten Garten.*

**UNTEN:** *Wenn Sie gegen den Duft von Rosen allergisch sind, sollten Sie auf einen solchen Rosenbogen verzichten, bei dem sich die Blüten unweigerlich auf „Nasenhöhe" befinden.*

Es gibt buchstäblich Tausende von Rosenarten, -sorten, -züchtungen und Hybriden, unter denen man auswählen kann. Wildrosen, wie *Rosa moyesii,* sind anmutig im Wuchs, bilden im Sommer einfache Blüten und im Herbst für gewöhnlich Früchte, die Hagebutten. Wildrosen müssen nicht beschnitten werden und sind im allgemeinen nicht anfällig für die typischen Rosenkrankheiten wie Rost und Mehltau. Dafür brauchen Sie aber viel Platz und wirken am natürlichsten, wenn man sie in einem landschaftlich gestalteten Teil des Gartens pflanzt.

Am anderen Ende des breiten Spektrums von Rosenarten stehen die reichblühenden Beetrosen und die Edelrosen. Beetrosen blühen beinahe kontinuierlich von der Mitte des Sommers bis weit in den Herbst und häufig noch in den Winter hinein, müssen jedoch jährlich beschnitten und fast ausnahmslos regelmäßig gespritzt werden. Man pflanzt sie am besten für sich in Rosenbeeten an, und setzt lediglich an die Ränder einige niedrige Stauden – wie Geranien, Katzenminze oder Frauenmantel –, um die Stiele zu verbergen.

Zwischen den Extremen Wildrose und Beetrose sind die Strauchrosen anzusiedeln, deren Bandbreite von den alten Sorten – wie *Rosa alba, Rosa gallica* und *Rosa damascena* – bis hin zu den neuesten Hybriden reicht. Die meisten Strauchrosen blühen vom Frühsommer bis in den Spätherbst und müssen nur gelegentlich zurückgeschnitten und gespritzt werden.

## Beetrosen

Der Entwurf auf der gegenüberliegenden Seite zeigt, wie einfach sich Beetrosen in einen allergenreduzierten Garten integrieren lassen. Da die aufgeführten Rosen nur wenig oder gar nicht duften, dürften sie auch für Asthmatiker unbedenklich sein. Allerdings müssen sie zurückgeschnitten werden, wenn Sie also unter einer Allergie gegen Rosenstacheln leiden, sollten Sie unbedingt jemand anderen mit dieser Aufgabe betreuen und den Rosenschnitt nur mit Vorsicht entsorgen. Ich habe versucht, möglichst krankheitsresistente Sorten auszuwählen, die nur wenig oder gar nicht gespritzt werden müssen. Wenn Sie allerdings in einer Gegend wohnen, in der vermehrt Sternrußtau oder Mehltau auftreten, werden Sie entweder auf das Vergnügen eines Rosengartens verzichten oder sich für einige der resistenteren Strauchrosensorten entscheiden müssen.

## EIN ROSENGARTEN

*Der Entwurf zeigt einen Rosengarten an einem sonnigen Standort vor einer Mauer aus Ziegelsteinen. Das Farbschema orientiert sich an den Orange- und Brauntönen der Rose 'Free As Air' und bestimmte den 1996 angelegten Garten. Zur Aufhellung des Hintergrunds wurden cremefarbene Rosen angepflanzt, ein Rand aus blauen Blumen vervollständigte die Komposition. Die ausgewählten Rosen duften gar nicht oder nur wenig. Der Entwurf ist für einen kleinen Rosengarten gedacht, läßt sich aber leicht erweitern, indem man weitere Beete hinzufügt. Die Sonnenuhr sollte allerdings immer im Zentrum der Anlage stehen.*

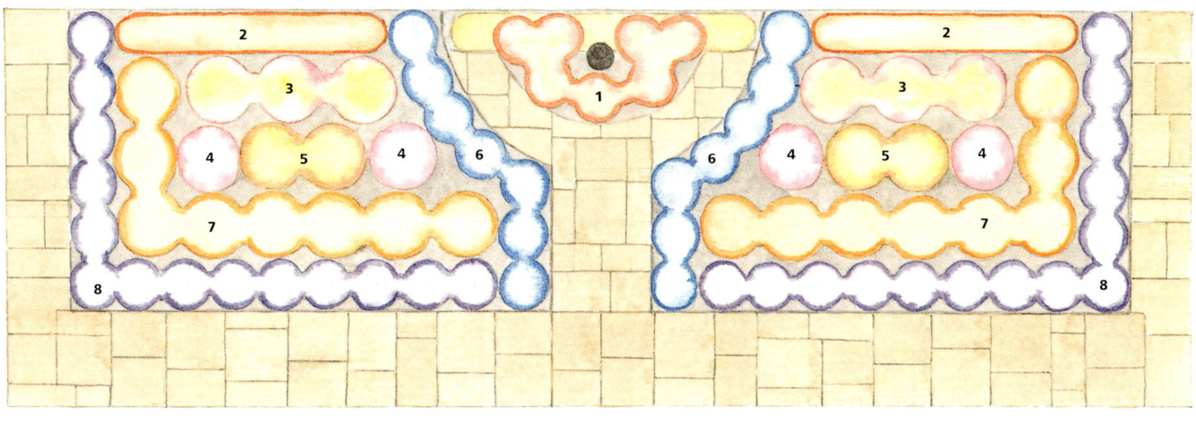


**1** *Rosa* 'Free As Air' x 7
**2** *Rosa* 'Warm Welcome' x 1
**3** *Rosa* 'Peace' x 3
**4** *Rosa* 'Chanelle' x 2
**5** *Rosa* 'L'Oréal Trophy' x 2
**6** *Veronica austriaca ssp. teucrium* 'Crater Lake Blue' x 7
**7** *Rosa* 'Wandering Minstrel' x 8
**8** *Geranium* 'Johnson's Blue' x 14

# Abhänge und Steingärten

**Niedrigallergene Pflanzen für Böschungen**

Die folgenden Pflanzen eignen sich alle zur bodendeckenden Bepflanzung von schwer zugänglichen Böschungen. Wählen Sie Pflanzen aus, die unter den gegebenen Standort- und Bodenbedingungen gedeihen. Den geringsten Pflegeaufwand erfordert die Bepflanzung mit nur einer einzigen Art. Wenn Ihnen das aber zu langweilig sein sollte, können Sie auch zwei oder drei zueinander passende Sorten in großen Kissen anpflanzen. Ein Stern hinter einem Pflanzennamen zeigt an, daß die Pflanze einen sauren Boden bevorzugt.

*Arctostaphylos uva-ursi**
*Cotoneaster dammeri*
*Cotoneaster microphyllus*
*Epimedium perralderianum*
*Erica carnea**
*Genista lydia*
*Geranium macrorrhizum*
*Helianthemum nummularium*
*Hypericum calycinum*
*Lamium galeobdolon* 'Florentinum'
*Lamium maculatum*
*Rubus tricolor*
*Stachys macrantha*
*Stephanandra incisa* 'Crispa'
*Thymus serpyllum*
*Vinca major*
*Vinca minor*
*Waldsteinia ternata*

Einen Großteil meiner Laufbahn als Gartendesignerin habe ich im Südwesten Englands verbracht, wo viele Häuser in Hanglage stehen und daher steil abfallende Gärten haben. Wenngleich das Gärtnern auf solchen Grundstücken schwierig ist, bieten sie zugleich doch auch interessante Gestaltungsmöglichkeiten: Mit Steingärten und Wasserfällen läßt sich ein landschaftlicher, mit großzügig angelegten Treppen und Terrassen ein formal eher strenger Garten anlegen.

Entscheidend ist, ob ein Hanggrundstück nach Süden ausgerichtet ist und damit sehr viel Wärme und Sonne abbekommt oder die meiste Zeit des Tages im Schatten liegt, der Untergrund sich also nicht aufheizen kann. Diese Standortbedingungen bestimmen, wie man das Grundstück nutzt und welche Bepflanzung auf ihm möglich ist.

## Böschungen

Als Besitzer eines Hanggrundstücks können Sie entscheiden, ob Sie einige steile Böschungen als Verbindung zwischen den eher flachen Bereichen des Gartens in Kauf nehmen, oder die weitaus kostspieligere Variante der Anlage von Terrassen mit Stützmauern bevorzugen. Der Bewuchs mit Rasen stellt auf den ersten Blick zwar eine einfache Lösung dar, verbietet sich aber in einem allergenreduzierten Garten. Eine Alternative ist das Anlegen eines Steingartens, eine andere und einfachere das Bepflanzen mit einem ausdauernden Bodendecker. Wählen Sie kräftige, genau auf den Standort abgestimmte Pflanzen, die möglichst schnell wachsen. Der Boden an Abhängen ist meistens gut entwässert, häufig sogar trocken, so daß man auf Pflanzen zurückgreifen sollte, die Trockenheit vertragen. Eine steile Böschung ist nur schwer zu pflegen, pflanzen Sie also möglichst eine einzige Bodendeckerart, die das Unkraut unterdrückt. Geeignete Pflanzen sind *Cotoneaster dammeri, Lamium galeobdolon, Vinca minor* oder auch eine bodendeckende Rose wie *Rosa* 'Flower

**RECHTS:** *Eine Natursteinmauer stützt die mit niedrig wachsenden, mehrjährigen Stauden bepflanzte Böschung. Bei der Bepflanzung einer solchen Böschung empfiehlt es sich, einige Steine oder Steinplatten zwischen den Pflanzen einzufügen, von denen aus später die notwendigen Pflegearbeiten ausgeführt werden können.*

Carpet'. Eine andere Methode, um Unkraut wirksam zu unterdrücken, besteht darin, die Böschung mit einer stabilisierenden Schicht Rollsplitt oder einer Matte aus geotextilem Material abzudecken, in die man Löcher für die Pflanzen schneidet.

## Stufen

Berücksichtigen Sie bei der Planung von Stufen, die verschiedene Ebenen miteinander verbinden, daß sie leicht zu begehen sein müssen, um Überanstrengungen und damit eine mögliche Ursache für einen Asthmaanfall zu vermeiden. Als Faustregel für eine ideale Tritthöhe gilt, daß das Zweifache der Stufenhöhe addiert mit der Stufentiefe 65 cm betragen sollte. Bei diesem Verhältnis von Tritthöhe zu Stufentiefe ist das Treppensteigen nicht anstrengend. Bei einer Tritthöhe von beispielsweise 15 cm sollte die Stufentiefe 35 cm betragen – 2 x 15 cm (Tritthöhe) plus 35 cm (Stufentiefe) ergibt 65 cm.

**OBEN:** *Eine sanft ansteigende Treppe mit niedrigen Stufen aus Eisenbahnschwellen.*

## Steingärten

Ein Hanggrundstück eignet sich hervorragend für die Anlage eines Steingartens, der auf einem abschüssigen Gelände wesentlich natürlicher wirkt als in einem ebenen Garten. Denn schließlich finden sich die für einen Steingarten typischen Pflanzen auch in der Natur an Berg- und Hügelabhängen. Wählen Sie einen in Ihrer Gegend vorkommenden Naturstein und versuchen Sie, möglichst große Steinbrocken zu bekommen. Die größten Steine sollten am Fuß des Abhangs plaziert werden, die kleineren weiter oben. Heben Sie für jeden Stein ein Loch aus, so daß er mindestens bis zur Hälfte im Erdreich liegt, und sorgen Sie dafür, daß alle eventuell sichtbaren Linien und Adern der Steine in eine Richtung verlaufen. Denken Sie daran, daß zwischen den Steinen ausreichend Platz bleiben muß, um Pflanzen zu setzen. Um die zukünftige Pflege des Steingartens zu erleichtern, sollten Sie auch einige flache Steine auslegen, die als Stufen dienen.

Wenn Sie mit Vorliebe kleine Pflanzen hegen und pflegen, sollten Sie den Abhang möglichst flächendeckend mit verschiedenen alpinen Pflanzen versehen. Kommt es Ihnen dagegen eher auf die optische Wirkung der Steine an, empfiehlt sich eine natürlichere Gestaltung, bei der sich einzelne Polster aus Heidegewächsen mit niedrig wachsenden Koniferen abwechseln. Für eine strengere, aber zugleich kaum Pflegeaufwand verursachende Bepflanzung setzen Sie größere Gruppen von polsterbildenden Bodendeckern wie *Campanula carpatica* oder *Helianthemum nummularium* ein.

**UNTEN:** *Große Natursteine sind tief in den Boden eingegraben, die Zwischenräume mit alpinen Pflanzen gefüllt.*

# Pflanzkübel

**Niedrigallergene Kübelpflanzen**

Die unten aufgeführten Pflanzen eignen sich für die Einzelbepflanzung in Kübeln. Mit einem Sternchen versehene Pflanzen müssen im Winter ins Haus gebracht werden.

*Agapanthus campanulatus**
*Camellia japonica*
*Convolvulus cneorum**
*Cordyline australis* 'Sundance'*
*Cytisus* x *kewensis*
*Erica cinerea*
*Fuchsia magellanica* 'Versicolor'
*Hebe* 'La Seduisante'*
*Hibiscus syriacus* 'Woodbridge'
*Hosta sieboldiana elegans*
*Hydrangea macrophylla*
*Laurus nobilis**
*Melianthus major**
*Melissa officinalis* 'Aurea'
*Phormium* 'Bronze Baby'
*Rhododendron yakushimanum*
Rosen – vor allem Floribundarosen
*Salvia officinalis* 'Tricolor'
*Weigela florida* 'Follis Purpureis'
*Yucca flaccida* 'Ivory'

Die Gefäße, die man zum Bepflanzen nutzen kann, reichen von Balkonkästen über wertvolle Steinurnen bis hin zu ausgedienten Autoreifen. Es gibt wohl kaum einen Garten, in dem keine Kübelpflanze steht, manche Gärten sind sogar reichlich bestückt. Geradezu ideal ist das Gärtnern mit Pflanzkübeln selbstverständlich in kleinen Stadtgärten oder gepflasterten Hinterhöfen. Und auch auf Balkonen oder Dachgärten wird man auf Kästen und Kübel nicht verzichten können.

Pflanzkübel verfügen darüber hinaus gegenüber Beeten und Rabatten über eine Reihe von Vorteilen. So lassen sich in ihnen ideale Wachstumsbedingungen für einzelne Pflanzen künstlich herstellen, indem man sie mit der entsprechenden Erde füllt und an den jeweils geeignetsten Standort stellt – für eine Kamelie beispielsweise wäre dies ein Standort, an der die Pflanze keine Morgensonne bekommt. Außerdem kann man Kübel umstellen, wenn man merkt, daß eine Pflanze mehr bzw. weniger Licht braucht, oder neu bepflanzen, wenn eine Pflanze verblüht oder verkümmert ist. Und schließlich sind Pflanzkübel vor allem für Menschen mit Rückenproblemen von Vorteil, da man sie so plazieren kann, daß man sich kaum bücken muß.

## Bepflanzen eines Kübels

Es gibt verschiedene Möglichkeiten, einen Kübel zu bepflanzen: Entweder man benutzt das Pflanzgefäß wie einen Blumentopf und pflanzt in die Mitte eine einzelne, für sich wirkende Pflanze wie zum Beispiel einen Lorbeerbaum; oder man bepflanzt das Gefäß mit einjährigen beziehungsweise nicht winterharten mehrjährigen Pflanzen, die den ganzen Sommer über reich blühen. Auch ein Miniaturgarten läßt sich in einem Pflanzkübel anlegen, indem man in einen Trog beispielsweise alpine Pflanzen setzt und kleine Steine dazulegt. Sie können entscheiden, ob Sie lieber einzelne Pflanzen, ein Arrangement verschiedener Blumen oder eine Kombination von beidem in Kübel pflanzen wollen. Wählen sie die entspre-

**RECHTS:** *Die großen grünen Blätter und leuchtenden rosa Blüten von* Bergenia *'Ballawley Hybrids' setzen in dem alten Futtertrog einen interessanten farblichen Akzent.*

chenden Pflanzen aus, bevor Sie sich auf die Suche nach einem geeigneten Pflanzgefäß machen.

Einige Gefäße – wie Urnen und Ölkrüge mit engen Öffnungen, die allein durch ihre extravaganten Formen wirken – sollte man am besten unbepflanzt lassen und einfach als Dekoration im Garten aufstellen. Für einzeln stehende, große Pflanzen benötigen Sie ein Gefäß, das nicht nur zur Zeit der Bepflanzung, sondern auch, wenn die Pflanze ausgewachsen ist, genügend Platz für die Wurzeln bietet. Hier empfehlen sich vor allem viereckige und runde Pflanzkübel. Blumenarrangements dagegen sehen in flacheren Gefäßen, beispielsweise Schalen, hübsch aus. Diese Gefäße dürfen ruhig etwas kleiner sein, da die Pflanzen in der Regel hier nur einen Sommer eingesetzt werden.

**OBEN:** *Dieses Holzfaß wurde mit Fuchsien und Petunien bepflanzt, um einem Innenhof Farbe zu verleihen.*

## *Auswahl von Kübelpflanzen*

Für die Bepflanzung von Kübeln eignen sich nicht nur ausdauernde Stauden hervorragend, sondern auch Kletterpflanzen, die man an einem am Kübel befestigten Gitter hochranken lassen kann, wenn man sie nicht vor eine Mauer stellen will. Auch Pflanzen mit langen, schwertförmigen Blättern wie *Yucca* oder *Phormium* und beinahe alle Kräuter sind eine gute Wahl. So empfiehlt es sich zum Beispiel, die sehr wuchsfreudige Minze in einen Topf zu pflanzen, um zu verhindern, daß sie schon bald den ganzen Kräutergarten überwuchert. Formal strenger wirken einzeln stehende kleine Bäume wie Lorbeer oder Glanzmispel, die allerdings Allergien auslösen können.

Für Blumenarrangements pflanzt man am besten in die Mitte des Kübels eine mehrjährige Staude wie die Fuchsie und gruppiert einjährige Pflanzen darum herum. Pflanzen Sie die Einjährigen kreisförmig an, wobei Blumen, die Sie wegen ihrer Farbwirkung ausgesucht haben – zum Beispiel Petunien – mehr zur Mitte hin stehen sollten, hängende Arten wie Lobelien und Katzenminze dagegen außen, um den Rand des Gefäßes zu verbergen.

Um die beste Wirkung zu erzielen, sollten Sie so viele Pflanzen wie möglich in das Gefäß pflanzen und während des ganzen Sommers gut wässern und düngen. Verwenden Sie ausschließlich niedrigallergene Pflanzen, und vermeiden Sie Sorten mit duftenden Blüten, die sich im Kübel eher auf „Nasenhöhe“ befinden als im Freiland.

# Bäume und Sträucher

**OBEN:** Pieris *'Forest Flame' trägt im Frühjahr hellrosa Blätter. Der Strauch verlangt einen sauren Boden und eignet sich hervorragend für einen allergenreduzierten Garten.*

**UNTEN:** Prunus avium, *ein herrlich blühender Kirschbaum, in voller Blüte.*

Bäume und Sträucher verleihen einem Garten Höhe, Struktur, Proportionen und ein Gefühl der Dauerhaftigkeit. Ein Garten ohne Bäume und Sträucher wirkt zwangsläufig unvollkommen. Ein Teil dieser Pflanzen, nämlich das Holz, bleibt das ganze Jahr über unverändert. Das Laub hingegen werfen einige ab, andere sind immergrün. Während Bäume nur einen Stamm haben, von dem die Äste ausgehen, bilden Sträucher mehrere Stämme oberhalb der Wurzeln aus.

Baumpollen gehören zu den wichtigsten Allergenen, die bei vielen Menschen Asthma oder Heuschnupfen auslösen. Es sind allerdings nur die windblütigen Bäume und Sträucher und darunter wiederum nur bestimmte Arten, die so viel allergene Pollen produzieren, daß sie für entsprechend disponierte Menschen zum Problem werden können. Dazu gehören: *Aceraceae* (Ahorngewächse), *Betulaceae* (Birkengewächse wie Erle, Birke und Hasel), *Fagaceae* (Buchengewächse wie Buche, Eiche und Süßkastanie), *Juglandaceae* (Walnußgewächse wie Walnußbaum und Hickorynußbaum), *Moraceae* (Maulbeerbaumgewächse), *Oleaceae* (Ölbaumgewächse wie Esche, Olive und Liguster), *Salicaceae* (Weidengewächse wie Weiden und Pappeln) und *Ulmaceae* (Ulmengewächse). Alle windblütigen Gattungen dieser Familien sollten im Hinblick auf den allergenreduzierten Garten mit Skepsis betrachtet werden. Wenn Sie ganz sicher gehen wollen, sollten Sie entweder auf diese Pflanzen verzichten oder ausschließen, daß Sie oder ein Mitglied Ihrer Familie allergisch darauf reagieren.

## Niedrigallergene Sträucher

Sträucher tragen wesentlich zur organischen Struktur eines kleineren Gartens bei, vor allem, wenn es keinen oder kaum Platz für Bäume gibt. In größeren Gärten stellen Sie das Mittelglied und damit die optische Verbindung zwischen den niedrig wachsenden Stauden und den Bäumen dar. Sträucher passen in jeden Teil des Gartens, sie lassen sich zu Hecken formen, heben Zierbeete und Rabatten hervor oder dienen selbst als Blickfang. Immergrüne Sträucher können darüber hinaus dem Garten das ganze Jahr über ein lebendiges Aussehen verleihen.

## Gefährliche Sträucher

Einige Sträucher sollte man aus einem allergenreduzierten Garten ausschließen, da sie erwiesenermaßen Allergien auslösen können, darunter Liguster,

*Ligustrum* ssp., der zur Familie der *Oleaceae* gehört. Weiter sind all jene Sträucher problematisch, die durch ihre stark duftenden Blüten Allergien auslösen können. Dazu zählen Sommerjasmin *Philadelphus* ssp., Blutjohannisbeere *Ribes sanguineum*, Flieder *Syringa* ssp. sowie Schmetterlingsstrauch *Buddleja davidii.*

Hautallergien können von den verschiedenen Sorten des Seidelbast ausgelöst werden, die fast alle wunderbar duften, aber giftig sind und daher mit größter Vorsicht behandelt werden müssen. Daß Raute Ursache für eine Lichtdermatitis sein kann, wurde bereits erwähnt (s. S. 23). Weitere in dieser Hinsicht problematische Sträucher sind die verschiedenen Sorten des Sumachs – vor allem der Kontakt mit *Rhus radicans* (Kletternder Giftsumach) – führt zu schmerzenden Blasen auf der Haut. Zwar weniger gefährlich, für Allergiker aber dennoch mit Vorsicht zu genießen, sind alle behaarten, dornigen und grau-blättrigen Sträucher. Auf die bekanntermaßen gefährlichen Pflanzen sollte man ebenso verzichten wie auf diejenigen, die bei einem Familienmitglied nachweislich zu allergischen Reaktionen führen.

**OBEN:** *Die roten Zweige des Hartriegel* Cornus alba *'Sibirica' verleihen dem Garten selbst an einem tristen Wintertag Farbe.*

**UNTEN:** Sorbus sargentiana *hat eine besonders schöne Herbstfärbung und eignet sich bestens für einen allergenreduzierten Garten.*

## Auswahl und Anpflanzung von Bäumen

Bäume verleihen einem Garten nicht nur Struktur und Proportionen, sie spenden auch Schatten und geben dem Garten mit ihren Blüten, Früchten und dem sich verfärbenden Laub in jeder Jahreszeit ein neues, interessantes Gesicht. Außerdem locken sie Vögel und Insekten an, stellen, wenn sie groß genug sind, ein ideales Klettergerüst für Kinder dar, an starke Äste kann man sogar eine Schaukel hängen.

Unglücklicherweise sind sie zugleich aber auch ein schwerwiegendes Problem für den allergenreduzierten Garten, vor allem dann, wenn ein Familienmitglied gegen Baumpollen allergisch ist. Wenn man sich die Aufzählung der Allergien auslösenden Baumarten auf S. 80 ansieht, wird man bedauerlicherweise feststellen müssen, daß viele der in Europa bekanntesten und beliebtesten Bäume darin aufgeführt sind: Erle, Esche, Buche, Ulme, Eiche, Pappel, Hickory und Weide können alle durch ihre Pollen erwiesenermaßen allergische Reaktionen auslösen. Am problematischsten jedoch ist die Birke, die im Frühjahr über mindestens drei Monate hinweg ihre Pollen freigibt.

Glücklicherweise sind die meisten Menschen nur gegen die Pollen einer einzelnen Baumart allergisch. Leiden Sie dagegen unter einer allgemeinen Baumpollenallergie, sollten Sie diese Bäume konsequent aus dem Garten verbannen. Zweifellos eine extreme Maßnahme. Beobachten Sie also Ihre Symptome genau, um festzustellen, unter welchen Pollen Sie am schlimmsten leiden, bevor Sie sich dazu entschließen, radikal alle betreffenden Bäume aus dem Garten zu entfernen.

**Baumschutzsatzung**

- Die von den Städten und Gemeinden erlassenen Baumschutzsatzungen erklären die mutwillige Zerstörung beziehungsweise das Fällen, Beschneiden oder Entwurzeln eines Baumes ohne behördliche Genehmigung zu einer Ordnungswidrigkeit.

- Ziel einer Baumschutzsatzung ist es, Bäume zu schützen, deren Erhalt im Interesse der Allgemeinheit steht. Ob und welche Baumschutzsatzung an Ihrem Wohnort gilt, erfahren Sie im Rathaus oder im Gemeindebüro. Wenn Sie einen oder mehrere Bäume fällen wollen, die unter Umständen unter die Baumschutzsatzung fallen, sollten Sie sich mit der entsprechenden Behörde in Verbindung setzen.

## Baumschutzsatzung

Die Sachlage ist aber weit komplizierter, weil Bäume durch eine Baumschutzsatzung geschützt sind (s. links). Danach ist das Fällen eines Baumes ohne behördliche Genehmigung untersagt. Eine Genehmigung zum Fällen aber wird normalerweise nur erteilt, wenn ein Baum tot ist, eine allgemeine Gefährdung darstellt oder durch seinen Wuchs andere Bäume zu schädigen droht. Unter Umständen kann man die Genehmigung für das Fällen einiger verkrüppelter Weiden und Pappeln erhalten, wenn man den Nachweis führt, als Ersatz eine gleiche Anzahl niedrigallergener Bäume zu pflanzen.

Die Entscheidung, einen alten Baum zu fällen, die ja irreversibel ist, sollte grundsätzlich nicht übereilt getroffen werden. Wenn Sie sich also dazu entschließen, potentiell allergieauslösende Bäume im Garten stehenzulassen, sollten Sie im Frühjahr auf die Pollenflugvorhersage achten und bei hoher Pollenkonzentration oder mäßigem bis starkem Wind im Haus bleiben. Wenn man nun glaubt, daß es überhaupt keine Bäume gibt, die man in einen allergenreduzierten Garten pflanzen könnte, so trügt dieser Eindruck. Im Gegenteil, die Auswahl an niedrigallergenen Bäumen ist groß. Die meisten der in unseren Breiten Blüten treibenden Bäume sind tierblütig und daher auch für Allergiker unproblematisch. Zu nennen wären beispielsweise der wilde Apfelbaum, Kirsch- und Birnbaum, Eberesche und Mehlbeere. Von den größeren Bäumen sind Magnolie und Roßkastanie geeignet,

**RECHTS:** Platanus x hispanica *produziert Unmengen allergener Pollen und eignet sich mithin nicht für einen allergenreduzierten Garten.*

**LINKS:** *Die Zwergkonifere* Pinus mugo *'Gnom' ist im Hinblick auf Allergene unproblematisch.*

wobei letztere allerdings giftig und daher nur unter Vorbehalt zu empfehlen ist. Auch einige exotische Bäume lassen sich gut in unseren Gärten anpflanzen, z. B. der großblättrige Trompetenbaum *Catalpa bignonioides* und der Blauglockenbaum *Paulownia*.

## Bäume in Nachbargärten

Es scheint absurd, alle windblütigen Bäume aus dem eigenen Garten zu entfernen, während Ihr Nachbar eben diese Sorten in seinem Garten stehen hat, so daß die Pollen bei entsprechendem Wind unweigerlich zu Ihnen herübergeweht werden. Dem ist entgegenzuhalten, daß Pollen zwar tatsächlich über große Entfernungen transportiert werden können, der Großteil jedoch in der unmittelbaren Umgebung des sie freigebenden Baumes niedergeht. Pollenzählungen in Gärten haben gezeigt, daß der Großteil der Pollen von Bäumen des entsprechenden Gartens oder unmittelbarer Nachbargärten stammt.

## Probleme mit Koniferen

Koniferen unterscheiden sich insofern von allen anderen Bäumen und Sträuchern, als bei ihnen der Fruchtstand in einem Zapfen sitzt und sie anstelle von Blättern Nadeln tragen. Alle Koniferenarten sind windblütig und produzieren Unmengen von Pollen. Glücklicherweise sind die meisten dieser Pollen kaum allergen und stellen daher für gewöhnlich kein Problem dar. Eine Ausnahme allerdings bildet die Familie *Cupressaceae,* zu der die Gattungen *Chamaecyparis, Cupressus, Juniperus* und *Thuja* gehören, unter denen vor allem letztere starke Beschwerden verursachen können. Die meisten Zypressen sind nicht winterhart und daher in nordeuropäischen Gärten kaum anzutreffen. In Südeuropa jedoch kommt *Cupressus macrocarpa* häufig vor. Wacholder *(Juniperus)* kann erwiesenermaßen allergische Reaktionen auslösen.

### Koniferen für den allergenreduzierten Garten

Viele der in unseren Gärten anzutreffenden Koniferen gehören der Familie der *Cupressaceae* an und produzieren nicht nur potentiell allergieauslösende Pollen, sondern sind auch giftig und können Dermatitis verursachen. Wenn Sie aber dennoch auf Koniferen nicht verzichten wollen, bietet Ihnen die folgende Liste eine Auswahl unbedenklicher Koniferenarten. Ausgelassen wurden *Cedrus* ssp. und *Ginkgo biloba,* da beide Pflanzen Hautreizungen verursachen können.

Koniferen für Einzelstellung
Höhe 15 bis 30 m

*Abies concolor* 'Violacea'
*Abies koreana*
*Metasequoia glyptostroboides*
*Picea breweriana*
*Picea omorika* 'Pendula'
*Pinus wallichiana*
*Taxodium distichum*

Koniferen für Zierpflanzung
Höhe 2,4 bis 9 m

*Cryptomeria japonica* 'Elegans'
*Picea glauca albertiana* 'Conica'
*Picea pungens* 'Koster'
*Pinus densiflora* 'Umbraculifera'
*Pinus parviflora* 'Glauca'
*Pinus strobus* 'Nana'

Zwergkoniferen für den Steingarten
Höhe 30 cm bis 1,2 m

*Abies balsamea hudsonia*
*Cryptomeria japonica* 'Vilmoriniana'
*Picea abies* 'Nidiformis'
*Picea mariana* 'Nana'
*Pinus mugo* 'Gnom'
*Tsuga canadensis* 'Jeddeloh'

Bodendeckende Koniferen
Ausbreitung 3 bis 6 m

*Picea abies* 'Procumbens'
*Picea abies* 'Reflexa'
*Tsuga canadensis* 'Cole's Prostrate'
*Tsuga canadensis* 'Pendula'

# Obst und Gemüse

**OBEN:** *Die attraktiven, reifen roten Früchte der Stachelbeere 'Winham Industry'.*

**UNTEN:** *Salat eignet sich hervorragend für den allergenreduzierten Garten und sieht, wenn er wie hier in Reihen gepflanzt wird, auch noch hübsch aus.*

## Pluspunkte für die Gesundheit

Nicht nur Asthmatiker, denen von medizinischer Seite dazu geraten wird, sollten viel frisches Obst und Gemüse essen. Wer sein eigenes Obst und Gemüse anbaut, kann darüber hinaus sicher sein, daß das, was auf seinen Tisch kommt, keine chemischen Rückstände – von Düngemitteln oder Unkrautvernichtern – enthält. Zudem läßt sich mit einem eigenen Obst- und Gemüsegarten auch noch Geld sparen.

Gemüsepflanzen brauchen einen sonnigen Standort und einen nährstoffreichen, nicht zu feuchten Boden. Wenn Sie also ein Gemüsebeet anlegen wollen, sollten Sie bereits bei der Planung des Gartens einen geeigneten Bereich dafür vorsehen. Obstpflanzen dagegen vertragen auch etwas weniger Sonne, dürfen aber auch nicht zu schattig stehen. Wenn Sie Ihre Obstbäume durch einen „Obstkäfig" vor Vögeln schützen wollen, wäre zu überlegen, ob man die Bäume nicht in einem entlegeneren Teil des Gartens anpflanzt.

## Auswahl der Gemüsesorten

Die meisten Gemüsesorten können ohne Bedenken in einem allergenreduzierten Garten angepflanzt werden. Einige Sorten können dem Allergiker jedoch Probleme bereiten. Dazu gehören Zuckermais und Spinat, die reichlich Pollen produzieren und so Asthma und Heuschnupfen verursachen können. Der Kontakt mit Spargel, Sellerie, Pastinake, Radieschen, Rhabarber und Tomaten kann bei empfindlichen Menschen Hautallergien hervorrufen. Während Tomatenpflanzen besonders problematisch zu sein scheinen, sollte man sich auch vor dem Saft von Sellerie- und Pastinakenpflanzen schützen, der die Ursache für eine Lichtdermatitis sein kann. Als wir in unserem zweiten allergenreduzierten Garten für die Chelsea Flower Show 1994 auch einen Gemüsegarten zeigten, wiesen uns einige Besucher darauf hin, daß sie auch gegen Zucchini, Bohnen, ja sogar gegen Kartoffeln allergisch seien. Bei Menschen, die unter Nesselsucht leiden, bilden sich nach dem Genuß von Tomaten und Sellerie häufig Bläschen auf der Haut, ein Symptom, das auch durch den Verzehr von Bohnen verursacht werden kann. Doch Sie sollten bei aller Vorsicht nur die Gemüsesorten aus dem Garten verbannen, auf die Sie oder ein Mitglied Ihrer Familie nachweislich allergisch reagieren.

## Gemüseanbau

Ich persönlich baue Gemüse am liebsten in Hochbeeten an, wobei die Beete nicht breiter als 1,2 m sein sollten. Zwischen den Beeten lasse ich einen Abstand von 60 cm, so daß Wege entstehen, von denen aus man die schmalen Beete bequem pflegen kann. Gemüsepflanzen brauchen reichlich Nährstoffe. Vor dem Setzen der Pflanzen muß der Boden also gedüngt beziehungsweise Kompost untergegraben werden, will man gesunde, große Früchte ernten. Vor allem bei der Anlage eines Gemüsegartens macht sich ein guter Komposthaufen bezahlt (s. S. 33).

## Auswahl und Anpflanzung der Obstsorten

Der Anbau und die Pflege von Obstpflanzen kann sehr viel Energie und Zeit kosten, denn diese wollen nicht nur gesetzt, sondern auch gezogen, beschnitten, festgebunden und gedüngt werden. Mit unseren Entwürfen für allergenreduzierte Gärten verfolgten wir unter anderem auch das Ziel, den Pflegeaufwand möglichst gering zu halten, was bei einer großen Obstplantage kaum realisierbar ist. Andererseits können bereits ein paar Beerensträucher und einige Spalierobstbäume eine ausreichende Ernte garantieren, ohne allzu große Mühen zu bereiten.

Spalierobstbäume, die man als sogenannte Schnurbäume kaufen und vor einen Zaun oder eine Mauer pflanzen kann, werden nur einmal im Jahr zurückgeschnitten. Das Beschneiden erfolgt am besten an einem frostfreien Tag im Winter – ideale Wetterbedingungen also für Asthmatiker. Spalierbäume sollte man nicht größer als 1 bis 1,2 m werden lassen, um bequem und ohne Rückenbeschwerden an ihnen arbeiten zu können. Wenn Sie das Spalier an den Rand eines Gemüsebeets setzen, lassen sich Gemüse- und Obstpflanzen gemeinsam düngen.

**UNTEN:** *An Spalieren gezogene Obstbäume lassen sich im allergenreduzierten Garten auch als Heckenersatz anpflanzen.*

### *Beerenobst*

Himbeersträucher erfordern viel Arbeit – vor allem das jährliche Anbinden ist mühsam –, sind wegen ihrer herrlichen Früchte den Aufwand aber wert. Weniger Pflege verlangen Johannisbeerbüsche, die nur von Zeit zu Zeit zurückgeschnitten werden müssen, um nicht alles in ihrer Umgebung zu überwuchern. Außerdem scheinen sie weniger leicht ein Raub der Vögel zu werden als Himbeeren.

Stachelbeeren, gleich ob als Sträucher oder als Bäumchen gezogen, sind unter Umständen wegen ihrer Stacheln problematisch. Auch wenn Sie gegen Erdbeeren allergisch sind, verzichten Sie besser auf diese Pflanzen. Feigen können Auslöser für eine Lichtdermatitis sein.

# Kräuter

**OBEN:** *Verschiedene Thymiansorten – ein hübscher Farbakzent in einem Kräutergarten.*

**UNTEN:** *Krausblättrige Petersilie macht sich auch als Randbepflanzung für Kräuterbeete gut.*

## Kräuter im allergenreduzierten Garten

Die große Gruppe der Kräuter umfaßt viele verschiedene Pflanzen, die zu medizinischen oder kosmetischen Zwecken eingesetzt werden, Insekten vertreiben oder als Gewürze in der Küche zum Einsatz kommen. Viele Kräuter sind nicht nur nützlich, sondern auch hübsch anzusehen und verdienen daher in doppelter Hinsicht einen Platz im Garten.

Kräuter spielten in allen von mir angelegten allergenreduzierten Gärten eine Rolle. Während im ersten, 1993 entworfenen Garten ein eigener Bereich für einen kleinen Kräutergarten reserviert war, setzten wir in darauffolgenden Jahren Kräuter in ganz unterschiedlichen Teilen des Gartens ein. So fanden sich einige Reihen Kräuter im Gemüsegarten, Minze und andere attraktive Kräuter aber auch in Blumenbeeten und in Töpfen auf der Terrasse. Schließlich setzten wir Kräuter nur noch im Hinblick auf ihre Eigenschaften als Zierpflanzen ein und pflanzten sie in Rabatten und Beete, anstatt sie in einen eigens angelegten Kräutergarten zu verbannen.

## Anpflanzen von Kräutern

Kräuter, die Sie in der Küche brauchen, sollten Sie in Töpfen unweit des Hauses ziehen. Größere Mengen von Kräutern allerdings, wie man sie zum Beispiel für Potpourris oder zur Herstellung von Kosmetika braucht, werden praktischerweise in Reihen im Gemüsegarten angepflanzt. Kräuter, die als Zierpflanzen attraktiv aussehen wie Melisse, Rosmarin und Salbei, kann man auch in gemischte Rabatten setzen oder gemeinsam mit anderen Kräutern in einen eigenen Kräutergarten pflanzen.

## Kräutergärten

Ein Kräutergarten versorgt Sie nicht nur jederzeit mit frischen Kräutern, sondern nimmt auch wenig Platz ein und ist in beinahe jedem Garten ein hübscher Blickfang. Die Geschichte der Kräutergärten reicht bis ins 15. Jahrhundert zurück, eine Zeit also, in der man Gärten nach strengen formalen Gestaltungskriterien anlegte. Auch heute noch kann man Kräutergärten, dieser Tradition folgend, klar geometrisch strukturiert anlegen. Es gibt aber keinen Grund, warum man Kräuterbeete nicht auch weniger streng gestalten sollte, außer daß natürliche Formen wie geschwun-

**OBEN:** *Ein großer Topf buntblättriger Zitronenmelisse* Melissa officinalis *'Aurea' ist der Blickfang dieses kleinen Kräutergartens.*

gene Linien mehr Platz einnehmen. Wichtig ist nur, daß man die Kräuter bequem erreichen kann, ohne auf andere Pflanzen oder das Erdreich treten zu müssen. Kleine Beete sind also praktischer als große. Auch eine Pflasterung der Pfade zwischen den Beeten empfiehlt sich, um sich bei nassem Wetter die Schuhe nicht zu beschmutzen. Pflanzen Sie auch einige immergrüne Kräuter wie Thymian und Majoran an, die das ganze Jahr über attraktiv aussehen.

## *Problematische Kräuter*

Ungeachtet ihrer Nützlichkeit bereiten einige Kräuter dem Allergiker allerdings auch Probleme. Sie können Hautallergien verursachen, andere sind windblütig und wieder andere gehören der Familie der *Asteraceae* an und können daher bei Asthmatikern für Beschwerden sorgen. Eine Reihe der besonders hübsch aussehenden Kräuter zieht Bienen an, zu nennen ist hier vor allem die Zitronenmelisse, die seit Jahrhunderten von Imkern eingesetzt wird, um Bienenschwärme in den Stock zu locken. Wenn Sie also unter einer Bienenstichallergie leiden, sollten Sie Melisse auf keinen Fall anpflanzen. Widmen Sie sich der Aufstellung der zu vermeidenden Kräuter auf Seite 122, bevor Sie Ihre Auswahl für den Kräutergarten treffen.

# A–Z
## GEEIGNETE PFLANZEN

# Einjährige und zweijährige Pflanzen

## Garten-Löwenmaul

*Antirrhinum majus*
SCROPHULARIACEAE

Gefällige einjährige Pflanze. Blüht in endständigen Trauben, deren Blüten sich wie ein Maul öffnen, wenn man sie an den Seiten zusammendrückt. In großer Farb- und Formenvielfalt erhältlich, darunter auch doppelblütige und offene Sorten. Löwenmäuler blühen den ganzen Sommer über und eignen sich für Einfassungen, gemischte Beete und Töpfe. Die Sorten reichen von 'Little Gem' (Höhe 10–15cm) über 'Coronette' (35–40cm) bis zu 'Bright Butterflies' (60–90cm). Gedeihen ausgezeichnet in sonniger Lage auf jedem nicht zu feuchten Boden.
**Höhe: 10–90 cm**
**Ausbreitung: 20–45 cm**
**Nicht winterhart**
**• Ältere Sorten sind für den als Löwenmaul-Rost bekannten Pilzbefall anfällig. Rostwiderstandsfähige Sorten wählen.**

## Begonie, Schiefblatt

*Begonia*
BEGONIACEAE

Beliebte einjährige, nicht winterharte Pflanze, die gut geeignet ist, um sommerliche Farben unter Bäumen und im Halbschatten zu verbreiten. Vielgestaltige, meist fleischige Blätter; blüht den ganzen Sommer reich in Weiß, Rosa, Lachsfarben oder Rot. Einige Sorten wie 'Devon Gems' verfügen über bronzefarbene Blätter und liefern damit einen schönen Hintergrund für Blumen in kräftigen Farben. Begonien eignen sich für Beete, Einfassungen und Töpfe, die hängenden Sorten wie 'Pink Avalanche' besonders gut für Blumenampeln. Sie gedeihen in gut gelüftetem Boden, am besten im Halb- bzw. Vollschatten.
**Höhe: 15–30 cm**
**Ausbreitung: 15–30 cm**
**Nicht winterhart**
**• Schwer zu vermehren, lediglich *Begonia rex* ist durch Blattstecklinge gut zu vermehren.**

## Fleißiges Lieschen

*Impatiens walleriana*
BALSAMINACEAE

Eine der am vielseitigsten verwendbaren Beetpflanzen, gedeiht in Sonne oder Schatten, auf feuchtem oder trockenem Boden, am besten jedoch im Halbschatten und gut gewässert. Die Pflanzen wachsen zu Kuppeln heran, deren grüne, bronzefarbene oder geflammten Blätter durch ein Meer von Blüten schimmern. Erhältlich in Weiß, Rosa, Rot, Orange, Violett und auch zweifarbig. Eine hervorragende Pflanze für Beete, Töpfe und Ampeln. Wirkt sehr gut, wenn man sie mit Funkien oder Taglilien zusammen pflanzt. Zu den schönsten Sorten gehören die kräftig wachsende 'Accent' mit großen Blüten, die buntblättrigen 'New Guinea'-Hybriden sowie 'Tango' mit tieforangefarbenen Blüten und bronzefarbenen Blättern.
**Höhe: 15–40 cm**
**Ausbreitung: 25–45 cm**
**Nicht winterhart**
**• Man pflanzt sie am besten in einfarbigen Gruppen zusammen, da sich die Farben mancher Sorten extrem „beißen".**

## Lobelie

*Lobelia erinus*
CAMPANULACEAE

Die populäre blaublütige Lobelie dient seit viktorianischer Zeit zur Einfassung von Beeten. Breit wuchernd, mit kleinen bronzefarbenen oder grünen Blättern und blauen, weißen, rosa oder violetten Blüten vom Frühsommer bis zum ersten Frost, wird die Pflanze für Staudenrabatten, Einfassungen, Blumenteppiche, zum Überwuchern von Steinmauern und für Balkonkästen genutzt. Die hängenden Sorten eignen sich bestens für Blumenampeln. Die Sorte 'Kristallpalast' verfügt über tiefblaue Blüten und bronzefarbene Blätter; 'Cambridge Blue' hat himmelblaue Blüten und grüne Blätter; 'White Fountain' weiße Blüten und hellgrüne Blätter.
**Höhe: 10–20 cm**
**Ausbreitung: 15–25 cm**
**Nicht winterfest**
**• Sämtliche Pflanzenteile sind bei Verzehr giftig.**

## Vergißmeinnicht

*Myosotis alpestris*
BORAGINACEAE

Zweijährige Pflanze mit kleinen blauen Blüten, die gut für Einfassungen geeignet ist, ebenso wie die Hybriden mit weißen und rosafarbenen Blüten. Eine sehr gute Pflanze für Frühjahrsbeete, die in Kombination mit Tulpen in kontrastierenden Farben hervorragend zur Geltung kommt. Ebenso geeignet für die Beet- und Randbepflanzung. Sie neigt zum Verwildern und kommt dann jedes Jahr wieder. Verschiedene Sorten, teils 20–25 cm hoch.
**Höhe: 15–45 cm**
**Ausbreitung: 30 cm**
**Winterhart**
**• Bei stark wechselhaften Temperaturen und Feuchtigkeit kann Mehltau vorkommen.**

**OBEN:** *Die beeindruckend schöne* Impatiens *'New Guinea' mit ihren großen Blüten und bunten Blättern.*
**GANZ LINKS:** *Ein farbenfrohes gemischtes Beet mit* Antirrhinum *'Coronet Mixed'.*
**LINKS:** *'Love me' heißt diese prächtige, in einem leuchtenden Rosa blühende Begonie.*

## Schwarzkümmel

*Nigella damascena*
RANUNCULACEAE

Attraktive einjährige Pflanze mit fein zerteilten Blättern und sternenförmigen hellblauen bis weißen Blüten, die zu Samenhülsen heranreifen, die beinahe so hübsch sind wie die Blüte selbst. Sät sich selbst aus und wirkt am besten, wenn sie zwischen anderen Bauerngartenpflanzen – wie Pfingstrosen – aufschießt. Neben der weit verbreiteten blauen sind auch rosafarbene, weiße und fliederfarbene Sorten erhältlich. Gedeiht in jedem Gartenboden in sonniger oder halbschattiger Lage, besonders gut jedoch in organisch gedüngtem Boden.

**Höhe: 45–50 cm**
**Ausbreitung: 30 cm**
**Winterhart**
**• Kurzlebige Blüte, neigt zu schneller Samenbildung, was aber durch regelmäßigen Rückschnitt verzögert werden kann.**

## Flammenblume

*Phlox drummondi*
POLEMONIACEAE

Niedrig und buschig wachsend. Die Farbpalette der Blüten reicht von Weiß, Rosa über Violett bis zu Blau und selten sogar Gelb. Sie sind einfarbig oder haben ein deutlich ausgeprägtes Auge in einer anderen Farbe. Eignet sich gut für Mischrabatten, als Schnittblume und für Blumenkästen, die Zwergsorten für Einfassungen und Steingärten. Die Sorte 'Chanal' hat gefüllte rosafarbene Blüten; 'Blue Beauty' ist eine Zwergsorte mit hübschen blauen Blüten, 'Twinkle Stars' – ebenfalls eine Zwergsorte – hat sternenförmige Blüten. 'Carnival' verfügt über größere Blüten mit kontrastierendem Zentrum. Gedeiht in nährstoffreichem, feuchtem, aber nicht nassem Boden und in sonniger Lage.

**Höhe: 15–45 cm**
**Ausbreitung: 20–30 cm**
**Nicht winterhart**
**• Nicht überwässern.**

## Salvie

*Salvia farinacea*
LABIATAE

Eine der am häufigsten gepflanzten Salvien ist *Salvia splendens,* der Prachtsalbei. Mit seinen feuerroten, in dichten Rispen sprießenden Blüten eignet er sich sehr gut dort, wo ein kräftiges Rot Akzente setzen soll. Aber auch *S. farinacea,* der mehlige Salbei, ist weit verbreitet. Die Blätter sind eirund bis lanzettlich und graugrün, die Blüten blau oder weiß. Die Pflanze eignet sich für Zierbeete im Zusammenspiel mit rosafarbenen und weißen Petunien, aber auch für gemischte Rabatten oder alleine in Blumenkübeln. Die Sorte ‚Victoria' hat violettblaue Blüten, ‚Strata' ist zweifarbig mit weißen und blauen Blüten. Gedeiht auf jedem durchlässigen Boden in sonniger Lage, verträgt aber auch leichten Schatten.

**Höhe: 45–60 cm**
**Ausbreitung: 30–45 cm**
**Bei geeignetem Schutz winterhart**
**• Unproblematische Pflanze.**

## Gartenstiefmütterchen

*Viola* x *wittrockiana*
VIOLACEAE

Einige Sorten des beliebten Gartenstiefmütterchens blühen das ganze Jahr hindurch. Eignet sich hervorragend für Winter-Frühling-Beete und sorgt für fröhliche Farbtupfer in den dunkelsten Monaten des Jahres. Die Farben reichen von einem reinen Weiß bis hin zu Pechschwarz, die Blüten können ein- oder zweifarbig sein oder zum Zentrum der Blüte hin wechseln. Mit anderen Frühlingsblühern in Beeten und Pflanzkästen zusammensetzen, auch schön im Bauerngarten. Sie gedeihen besonders gut auf humusreichem Boden in sonniger oder halbschattiger Lage.

**Höhe: 15–25 cm**
**Ausbreitung: 20–30 cm**
**Winterhart**
**• Vor Nacktschnecken schützen, ausgeblühte Blüten abknipsen.**

## Gartenpetunie

*Petunia* x *hybrida*
SOLANACEAE

Die außergewöhnliche Farbenvielfalt dieser Pflanzen gewährleistet einen herrlichen Farbenteppich für Beetarrangements, Balkonkästen oder Pflanzkübel. Die weichhaarigen Blätter werden vom Frühsommer bis zum ersten Frost von großen Blüten mit zylindrischer Röhre und einem ausgebreitetem Saum bedeckt. Petunien gibt es in Lachsrosa über Lavendel bis zu Dunkelviolett. Die zahlreichen Sorten sind sehr variabel in Blütenform, -farbe, -größe und Wuchs. Gute Sorten sind u. a. die dunkelblaue 'Fantasy Blue' und die cremeweiße 'Fantasy Ivory'. Einige Multiflora-Sorten (Plena) verfügen über gefüllte Blüten, die großblütigen (Grandiflora) bilden größere Blüten aus. 'Surfinia' ist als Balkonpetunie hervorragend geeignet für Blumenampeln. Petunien bevorzugen nährstoffreichen, nicht zu feuchten Gartenboden und einen sonnigen Standort.

**Höhe: 45–50 cm**
**Ausbreitung: 30 cm**
**Nicht winterhart**
**• Vor Nacktschnecken schützen.**

### WEITERE GEEIGNETE EINJÄHRIGE UND ZWEIJÄHRIGE PFLANZEN FÜR DEN ALLERGENREDUZIERTEN GARTEN

| Deutscher Name | Botanische Bezeichnung | Familienname |
|---|---|---|
| Schneeflöckchen | *Bacopa* 'Snowflake' | SCROPHULARIACEAE |
| Browallie | *Browallia speciosa* | SOLANACEAE |
| Pantoffelblume | *Calceolaria integrifolia* | SCROPHULARIACEAE |
| Glockenblume | *Campanula medium* | CAMPANULACEAE |
| Blumenrohr | *Canna indica* | CANNACEAE |
| Klarkie | *Clarkia elegans* | ONAGRACEAE |
| | *Cobea scandens* | POLEMONIACEAE |
| Buntnessel | *Coleus* Blumei-Hybriden | LABIATAE |
| Dreifarbige Winde | *Convolvus tricolor* | CONVULVULACEAE |
| Garten-Rittersporn | *Delphinium ajacis* | RANUNCULACEAE |
| | *Diascia rigescens* | SCROPHULARIACEAE |
| Schlafmützchen | *Eschscholtzia californica* | PAPAVERACEAE |
| | *Eustoma grandiflorum* | GENTINACEAE |
| | *Gilia capitata* | POLEMONIACEAE |
| Atlasblume | *Godetia amoena* | ONAGRACEAE |
| Sommerpappel, Bechermalve | *Lavatera trimestris* | MALVACEAE |
| Sumpfblume | *Limnanthes douglasii* | LIMNANTHACEAE |
| Gauklerblume | *Mimulus luteus* | SCROPHULARIACEAE |
| Nemesie | *Nemesia-Hybriden* | SCROPHULARIACEAE |
| Hainblume | *Nemophila menziesii* | HYDROPHYLLACEAE |
| Weißbecher | *Nierembergia caerulea* | SOLANACEAE |
| Glockenwinde | *Nolana paradoxa* | NOLANACEAE |
| Klatschmohn | *Papaver rhoeas* | PAPAVERACEAE |
| Bienenfreund | *Phacelia campanularia* | HYDROPHYLLACEAE |
| Trompetenzunge | *Salpiglossis sinuata* | SOLANACEAE |
| Prachtsalbei | *Salvia splendens* | LABIATEAE |
| Skabiose | *Scabiosa atropurpurea* | DIPSACACEAE |
| Spaltblume, Schlitzblume | *Schizanthus* | SOLANACEAE |
| Schwarzäugige Susanne | *Thunbergia alata* | ACANTHACEAE |
| Kapuzinerkresse | *Tropaeolum majus* | TROPAEOLACEAE |
| Gartenverbene | *Verbena* x *hybrida* | VERBENACEAE |

# Stauden

## Stachelbärenklau

*Acanthus mollis*
ACANTHACEAE

Eine durch ihre langen Blätter und die in langen, lockeren Ähren stehenden weißgeäderten und im Spätsommer blühenden Blüten hervorragend für die Gartengestaltung geeignete Pflanze. Am besten pflanzt man sie an den Rand einer Rabatte oder einzeln, so daß man sich an ihrer Form erfreuen kann; sie wirkt auch sehr gut in großen Kübeln. 'Latifolius' hat größere Blätter und vermittelt einen noch dramatischeren Eindruck. Gedeiht in sonniger Lage auf sandigem Lehmboden.

**Höhe: 90–120 cm**
**Ausbreitung: 90 cm**
**Winterhart**
**• Kann sich stark vermehren.**

## Agapanthus

*Agapanthus campanulatus*
LILIACEAE

Eine schöne Pflanze mit immergrünen, fleischigen und gebogenen Blättern und blauen Blüten. Blüht Juli bis August. Sie bringt einen Hauch von Exotik in Blumenbeete und ist gleichzeitig eine ausgezeichnete Kübelpflanze. Als Hybride die tiefblaue 'Bressingham Blue', die weiße 'Bressingham White' und die kleinwüchsige 'Liliput' mit großen blauen Blüten. Gedeiht in sonniger Lage in lehmiger Erde mit Mistbeeterde- und Sandzusatz.

**Höhe 60–75 cm**
**Ausbreitung: 45 cm**
**Winterfest bis –10°C**
**• Zum Winterschutz mulchen.**

## Japanische Anemone

*Anemone* x *hybrida*
RANUNCULACEAE

Eine elegante Staude mit attraktiven, handförmigen Blättern und Trauben weißer oder rosafarbener, sternförmiger einfacher oder gefüllter Blüten. Blüht ausdauernd im Spätsommer. Die langlebige und leicht zu pflegende Pflanze eignet sich hervorragend für die hinteren Reihen einer im ausgehenden Sommer blühenden Rabatte. Auch unter Bäumen und im Landschaftsgarten wirkt sie attraktiv. 'Honorine Jobert' ist weißblühend, 'Königin Charlotte' hat große, rosa, halbgefüllte Blüten. Ebenfalls zu den Herbstblühern gehört die niedrigere 'September Charm' mit einfachen, rosafarbenen Blüten. Gedeiht an einem sonnigen Standort und in beinahe jedem Boden, beste Ergebnisse erzielt man jedoch bei humosem, alkalischem Boden und windgeschützter Lage.

**Höhe: 45 cm–1,2 m**
**Ausbreitung: 45–60 cm**
**Winterhart**
**• Alle Anemonen sind leicht giftig, Saft kann Dermatitis hervorrufen.**

## Akelei

*Aquilegia vulgaris*
RANUNCULACEAE

Staude mit grau-grünen, farnähnlichen Blättern. Blüht vom ausgehenden Frühjahr bis in den frühen Sommer. Zahlreiche Farben erhältlich, manche Sorten auch zweifarbig. Eine Pflanze, die sich sowohl für den Bauerngarten wie auch für im Frühsommer blühende Rabatten eignet. Zu den besten Sorten zählen 'Hensol Harebell' mit hängenden, violetten, kurzspornigen Blüten, 'Magpie' mit dunkelvioletten und weißen Blüten sowie 'Nora', deren Blüten weiß und rosa sind. Gedeiht in sonniger Lage und auf humosem, gut gedüngtem Boden.

**Höhe: 60–90 cm**
**Ausbreitung: 45–60cm**
**Winterhart**
**• Alle Pflanzenteile sind leicht giftig.**

**LINKS:** *Die blauen Blüten der* Agapanthus campanulatus.
**OBEN:** *Die rosafarbene* Anemone hupehensis *'Splendens' eignet sich hervorragend zur Aufmunterung eintöniger Ecken.*

## Prachtspiere

*Astilbe* x *arendsii*
SAXIFRAGACEAE

Blätter fein gefiedert, Blütenrispen mit roten, rosafarbenen oder weißen Blüten. Blüht von Juni bis August. Gehört wohl zu den hübschesten Pflanzen, die an einem feuchten, schattigen Standort gedeihen. Für ein Blumenbeet eignet sie sich nur, wenn man für gleichmäßige Durchfeuchtung des Bodens sorgt. Zu den schönsten Sorten gehören 'Irrlicht' mit weißen Blüten, 'Fanal' mit leuchtend dunkelroten Blüten in schmalen, kurzen Rispen und 'Venus' mit großen, rosafarbenen Blüten. Gedeiht an sonnigem bis halbschattigem Standort und in mittelschwerem Gartenboden, der den ganzen Sommer über feucht gehalten werden muß. Beste Ergebnisse erzielt man, wenn man sie neben einen Teich oder Bach pflanzt.

**Höhe: 60–90 cm**
**Ausbreitung: 30–45 cm**
**Winterhart**
**• Blätter und Blüten verkümmern bei Trockenheit.**

## Glockenblume

*Campanula persicifolia*
CAMPANULACEAE

Schmale, immergrüne Blätter und glockenförmige, offene Blütenkelche auf hohen Stielen in den Farben Hellblau bis Lila. Blüht von Juni bis Juli und ist auch eine haltbare Schnittblume. Pflanzen Sie sie gemeinsam mit gelben Taglilien oder rosafarbenen Pfingstrosen. Unter den Dutzenden Sorten ist besonders die weißblütige 'Alba' zu nennen sowie 'Telham Beauty' mit großen, violett-blauen Blüten. Gedeiht an sonnigem oder halbschattigem Standort und in humusreichem Boden.

**Höhe: 60–90 cm**
**Ausbreitung: 60 cm**
**Winterhart**
**• Bienenweide, Vorsicht bei einer Insektenstichallergie.**
**• Muß eventuell gestützt werden.**

**RECHTS:** *Die leuchtend blauen Blüten der* Campanula latiloba. **GANZ RECHTS:** Eryngium giganteum *bildet in einer sonnigen Rabatte einen hübschen Kontrast zu gelben Blumen, wirkt aber auch in einem Kiesbeet gut.* **UNTEN:** Astilbe *x* arendsii *'Fanal' bringt über lange Zeit hinweg Farbe in eine Rabatte.*

## Rittersporn

*Delphinium elatum*

RANUNCULACEAE

Hohe, majestätische Pflanzen, die in keiner Blumenrabatte fehlen dürfen. Die Blüten sind zumeist blau, aber auch rosafarbene, weiße und violette Hybriden sind erhältlich. Rittersporn blüht im Frühsommer, einige Sorten auch noch ein zweites Mal im ausgehenden Sommer und frühen Herbst. Unter den Hybriden sind besonders zu nennen: 'Black Knight' mit dunkelblauen Blüten und 'Astolat' mit violetten, zur Mitte hin dunkleren Blüten. Gedeihen in sonniger Lage und normalem, gut gewässertem Gartenboden.

**Höhe: 1,2–1,8 m**
**Ausbreitung: 60 cm**
**Winterhart**
- **Alle Pflanzenteile sind giftig.**

## Tränendes Herz

*Dicentra spectabilis*

PAPAVERACEAE

Eine interessante Pflanze mit anmutigen Blättern und Blüten. Die Blätter sind vielteilig und von hellgrüner, leicht gräulicher Farbe. Die herzförmigen rosaweißen Blüten hängen von geschwungenen, roten Stielen. Blüte im ausgehenden Frühjahr und beginnenden Sommer. Eignet sich für frühe Rabatten an einem schattigen Standort. Da die Pflanze nach der Blütezeit einzieht, sollte man sie mit anderen Pflanzen zusammensetzen, die den frei werdenden Platz ausfüllen. 'Alba' hat rein weiße Blüten. Tränendes Herz braucht einen sonnigen oder halbschattigen Standort sowie feuchten, aber nicht nassen, humusreichen Boden.

**Höhe: 40–50 cm**
**Ausbreitung: 30–45 cm**
**Winterhart**
- **Die unterirdischen Pflanzenteile sind giftig, die übrigen Pflanzenteile sind leicht giftig.**

## Edeldistel

*Eryngium x tripartitum*

UMBELLIFERAE

Elegante Pflanze mit graugrünen, stacheligen Deckblättern und blauen Blütenköpfen. Blüht von Juni bis August. Bildet in einer sonnigen Rabatte vor allem neben gelben Blumen einen hübschen Kontrast, wirkt aber auch auf Kies gepflanzt sehr attraktiv. Verwandte Arten sind *E. giganteum* mit weiß-blauen Blüten und grauem Blatt sowie *E. amethystinum* mit dunkelblauen Blüten und silbrig-weißen Blättern. Gedeiht in sonniger Lage und gut drainiertem Boden.

**Höhe: 60–75 cm**
**Ausbreitung: 45 cm**
**Winterhart**
- **Sehr stachelig.**
- **Bienenweide, Vorsicht bei einer Insektenstichallergie.**

## Nelkenwurz

*Geum chiloense*

ROSACEAE

Eine Pflanze mit orangefarbenen, scharlachroten und gelben Blüten und attraktiven, kräftig grünen und gezackten Blättern. Blüht von Juni bis August. Geeignet für Gruppenpflanzungen auf Rabatten. Die Sorte 'Fire Opal' hat leuchtend orangefarbene Blüten, 'Lady Stratheden' gefüllte gelbe Blüten und 'Mrs. Bradshaw' gefüllte rote Blüten. Gedeiht an sonnigem bis halbschattigem Standort in Gartenboden mit Torfmull.

**Höhe: 40–60 cm**
**Ausbreitung: 45 cm**
**Winterschutz notwendig**
- **Stirbt unter Umständen schnell ab.**

## Taglilie

*Hemerocallis hybrida*

LILIACEAE

Eine schöne, widerstandsfähige und pflegeleichte Pflanze, die einen Platz in jedem Garten verdient. Sehr attraktive längliche, schmale Blätter und große, glockenförmige Blüten, die jeweils nur einen Tag halten. Dafür trägt die Pflanze viele Knospen, die sich alle öffnen. Es gibt Dutzende Sorten, die von der gelbblühenden 'Stella de Oro' bis zur roten, etwa 90 cm hohen 'Stafford' reichen. Die anspruchslosen Taglilien vertragen sowohl einen sonnigen wie halbschattigen Standort und gedeihen ebenso in trockenem wie feuchtem Boden.

**Höhe: 30–90 cm**
**Ausbreitung: 45–60 cm**
**Winterhart**
- **Einige gelbe Sorten duften.**

## Sibirische Wieseniris

*Iris sibirica*

IRIDACEAE

Eine reichblühende anmutige Pflanze mit langen, schwertförmigen, kräftig grünen Blättern und im Frühsommer auftretenden Blüten. Die Blüten halten zwar nicht lange, doch das Blattwerk sieht den ganzen Sommer über attraktiv aus. Zur Bepflanzung von Beeten und Rabatten. Verträgt sowohl feuchten als auch trockenen Standort. Die Farben reichen von Weiß, Cremefarben und Gelb bis zu Blau und Violett. Zu den attraktivsten Sorten gehören 'Flight of Butterflies' mit blauen und weißen Blüten und die dunkelviolett blühende 'Tropic Night'. Standort: sonnig bis halbschattig; nährstoffreicher, etwas feuchter Gartenboden.

**Höhe: 60 cm–1,2 m**
**Ausbreitung: 45–60 cm**
**Winterhart**
- **Die Pflanzenteile der meisten Arten sind giftig. Der Saft einiger Arten kann leichte Hautreizungen verursachen.**

## Bauernpfingstrose

*Paeonia officinalis*
PAEONIACEAE

Eine außerordentlich beliebte Staude, die sich auch ausgezeichnet als Schnittblume eignet. Die großen, runden Blüten sind einzelblütig, häufiger jedoch halbgefüllt. Wird am besten in die Mitte von Beeten und Rabatten gepflanzt, wo sie am stärksten wirken kann, verträgt sich gut mit Rittersporn und Strauchrosen. Die Farben der Blüten reichen von Weiß, Cremefarben oder Rosa bis hin zu Dunkelrot und Burgunder. Unter den zahlreichen Gartenformen finden sich 'Alba plena' mit frischrosa, gefüllten Blüten und 'Rubra plena', deren Blüten scharlachrot und gefüllt sind. Die Pfingstrose verlangt einen sonnigen bis halbschattigen Standort und mit Stalldünger vermischte, nicht zu feuchte Gartenerde.

**Höhe: 60–90 cm**
**Ausbreitung: 75 cm–1,2 m**
**Winterhart**
**• Einige Sorten duften.**

## Türkenmohn

*Papaver orientale*
PAPAVERACEAE

Auffällige Pflanze mit großen, äußerst üppigen Blüten und großen, behaarten hellgrünen Blättern, die gegen Ende des Sommers etwas unansehnlich wirken können. Pflanzen Sie sie in den hinteren Teil der Rabatte, einige spät blühende Astern davor, um das Laub zu verdecken. Die Farben reichen von den erstaunlichen schwarzen und weißen Blüten der Sorte 'Black and White' zu den lachsrosa Blüten von 'Helen Elisabeth' und den orangefarbenen und schwarzen Blüten von 'Curlilocks'. Sonniger, trockener Standort, tiefgründiger Boden.

**Höhe: 75–90 cm**
**Ausbreitung: 75–90 cm**
**Winterhart**
**• Bienenweide, Vorsicht bei Insektenstichallergien.**

## Bartfaden-Hybriden

*Penstemon x hybridus*
SCROPHULARIACEAE

Eine außerordentlich schöne und reichblühende, dem Fingerhut ähnelnde Gartenpflanze. Blüte von Juni bis August. Die Farben reichen von Rosa über Blau bis Dunkelviolett. Läßt sich gut mit anderen Sommerblühern wie Geranien und Jakobsleiter in Rabatten zusammenpflanzen. Sorten: 'Garnet', dunkelrote Blüten, 'Sour Grape', hellblaue Blüten mit violetten Streifen und 'White Bedder' mit hellrosa Blüten. Die anspruchslose Pflanze gedeiht an einem sonnigen bis halbschattigen Standort und auf jedem nicht zu feuchten Boden.

**Höhe: 45–60 cm**
**Ausbreitung: 38 cm**
**Nicht alle Sorten sind winterhart.**
**• Unproblematisch**

## Sommerphlox

*Phlox paniculata*
POLEMONIACEAE

Eine Pflanze, auf die man in einer Staudenrabatte mit Spätblühern kaum verzichten kann. Die Blüten leuchten von Juni bis September in Rosa, Weiß oder Violett. Gedeiht in sonniger bis halbschattiger Lage und sandig durchlässigem, gut gedüngtem Boden.

**Höhe: 90 cm–1,2 m**
**Ausbreitung: 45–60 cm**
**Winterhart**
**• Einige weißblühende Sorten duften.**

## Jakobsleiter

*Polemonium caeruleum*
POLEMONIACEAE

Der deutsche Name leitet sich aus der Anordnung der Blätter ab, die sich wie bei einer Leiter gegenüberstehen. Glockenförmige Blüten auf kräftigen Stielen, Blüte von Juni bis August. Wirkt am besten, wenn man sie in die Mitte einer Rabatte pflanzt. Liebt halbschattigen bis schattigen Standort. 'Album' blüht weiß, die neue Sorte 'Brise d'Anjou' hat hell geränderte Blätter und blaue Blüten. Anspruchslose Pflanze für guten, feuchten Gartenboden.

**Höhe: 45–90 cm**
**Ausbreitung: 45 cm**
**Winterhart**
**•Bienenweide, Vorsicht bei Insektenstichallergien.**

## Schaublatt

*Rodgersia pinnata*
SAXIFRAGACEAE

Eine majestätische Pflanze mit dekorativen großen, bronzegrünen Blättern und einem federähnlichen Blütenstand mit kleinen, cremefarbenen Blüten an langen, aufrecht wachsenden Stielen. Blüht von Juni bis August. Die Pflanze braucht viel Platz, kommt aber vor allem an einem schattigen, feuchten Standort neben einem Teich oder

**OBEN LINKS:** *Die großen, kugelförmigen, tiefroten Blüten der* Paeonia officinalis *'Rubra Plena'.*
**LINKS:** *Blüten des* Papaver orientale *'Turkish Delight'.*

**OBEN:** Phlox paniculata *'Barnwell' macht sich hübsch in einer Rabatte mit spätsommerlichen Blumen.*

Bach herrlich zur Geltung. Läßt sich gut mit Astilben und Funkien zusammenpflanzen. Die Sorte 'Elegans' hat große Blätter und cremefarbene Blüten, 'Superba' blüht rosa mit bronzefarbenen Blättern. Feuchter Standort in Halb- oder Vollschatten mit humusreicher Erde.

**Höhe: 90 cm–1,2 m**

**Ausbreitung: 90 cm–1,2 m**

**Winterhart**

**• Anspruchsvoll, was Boden und Feuchtigkeit angeht.**

## Binsenlilie

### *Sisyrinchium striatum*

IRIDACEAE

Eine vielseitig einzusetzende Pflanze mit aufrechten, schwertförmigen, graugrünen Blättern und Ähren blaßgelber Blüten. Das Laub ist immergrün und wirkt besonders dekorativ in Kiesbeeten. Die zurückhaltende Farbe der Blüten paßt in beinahe jedes Farbschema. Die Sorte 'Aunt Mary' hat besonders hübsche blaßgelb und grün gestreifte Blätter. Gedeiht in sonniger Lage und nicht zu feuchtem, gut gedüngtem Boden.

**Höhe: 45–60 cm**

**Ausbreitung: 45 cm**

**Winterhart**

**• Sämlinge können überhand nehmen.**

## Ehrenpreis

### *Veronica spicata*

SCROPHULARIACEAE

Dunkelgrüne, sitzende, spitz-lanzettlich geformte Blätter und Ähren mit blauen, dunkel geaderten Blüten. Reichblühend von Juli bis August. Gute Rabattenpflanze, wirkt allerdings besonders attraktiv in gut drainiertem Beet neben einem Teich oder Bach. Die Subspecies *V. incana* hat silbergraue, filzige Blätter und leuchtend blaue Blüten. Unter den zahlreichen Sorten ist besonders die niedrige *V. austriaca* ssp. *teucrium* 'Crater Lake Blue' mit marineblauen Blüten zu empfehlen. Gedeiht in sonniger bis halbschattiger Lage und eher trockenem Boden.

**Höhe: 45–60 cm**

**Ausbreitung: 45 cm**

**Winterhart**

**• Bienenweide, Vorsicht bei Insektenstichallergien.**

**OBEN:** *Die niedlichen blauen Blüten von* Veronica austriaca *ssp.* teucrium *'Crater Lake Blue'.*
**LINKS:** Polemonium foliosissimum *sieht* P. caeruleum *sehr ähnlich.*

WEITERE FÜR DEN ALLERGENREDUZIERTEN GARTEN GEEIGNETE STAUDEN

| Deutscher Name | Botanischer Name | Familienname |
|---|---|---|
| Stockmalve | *Alcea rosea* | MAVALCEAE |
| Blauzungenlauch | *Allium karataviense* | LILIACEAE |
| Stockrose, Eibisch | *Althaea rosea* | MALVACEAE |
| Ochsenzunge | *Anchusa azurea* | BORAGINACEAE |
| Grasnelke | *Armeria maritima* | PLUMBAGINACEAE |
| Geißbart | *Aruncus dioicus* | ROSACEAE |
| Junkerlilie | *Asphodeline lutea* | LILIACEAE |
| Färberhülse | *Baptisia australis* | LEGUMINOSAE |
| Camassie | *Camassia cusickii* | LILIACEAE |
| Wiesenschaumkraut | *Cardamine trifolia* | CRUCIFERAE |
| Lerchensporn | *Corydalis flexuosa* | PAPAVERACEAE |
| Meerkohl | *Crambe maritima* | CRUCIFERAE |
| Montbretie | *Crocosmia masoniorum* | IRIDACEAE |
| Trichterschwertel | *Dierama pulcherrimum* | IRIDACEAE |
| | *Epilobium glabellum* | ONAGRACEAE |
| Steppenkerze | *Eremurus robustus* | LILIACEAE |
| Mädesüß | *Filipendula ulmaria* | ROSACEAE |
| Riesenhyazinthe | *Galtonia candidans* | HYACINTHACEAE |
| Schwalbenwurzenzian | *Gentiana asclepiadea* | GENTIANACEAE |
| Storchschnabel | *Geranium* 'Johnson's Blue' | GERANIACEAE |
| Gladiole | *Gladiolus* Hybride | IRIDACEAE |
| Scheinglocke, Japanische Wachsblume | *Kirengeshoma palmata* | SAXIFRAGACEAE |
| Fackellilie | *Kniphofia citrina* | LILIACEAE |
| Lein | *Linum perenne* | LINACEAE |
| | *Liriope muscari* | LILIACEAE |
| Felberich | *Lysimachia clethroides* | PRIMULACEAE |
| Blutweiderich | *Lythrum salicaria* | LYTHRACEAE |
| Federmohn | *Macleaya cordata* | PAPAVERACEAE |
| Scheinmohn | *Meconopsis betonicifolia* | PAPAVERACEAE |
| Lungenkraut | *Mertensia pulmonarioides* | BORAGINACEAE |
| Bartfaden | *Penstemon heterophyllus* | SCROPHULARIACEAE |
| Gelenkblume | *Physostegia virginiana* | LABIATAE |
| Ballonblume | *Platycodon grandiflorus* | CAMPANULACEAE |
| Fingerkraut | *Potentilla recta* | ROSACEAE |
| Prachtsalbei | *Salvia* x *superba* | LABIATAE |
| Skabiose | *Scabiosa caucasica* | DIPSACACEAE |
| Spaltgriffel | *Schizostylis coccinea* | IRIDACEAE |
| Braunwurz | *Scrophularia auriculata* | SCROPHULARIACEAE |
| Präriemalve | *Sidalcea candida* | MALVACEAE |
| Amstelraute | *Thalictrum aquilegifolium* | RANUNCULACEAE |
| Dreimasterblume | *Tradescantia* x *andersoniana* | COMMENLINCACEAE |
| Trollblume | *Trollius* x *cultorum* | RANUNCULACEAE |

# Bodendeckende Pflanzen

## Günsel

*Ajuga reptans*
LABIATAE

Ein äußerst anspruchsloser, dichter Bodendecker. Kriechend wachsende Zweige mit runden, glänzenden, beinahe metallisch schimmernden Blättern und bis zu 15 cm hohen, aufrechten Blütenstielen und dunkelblauen, von Mai bis August blühenden Blüten. Eignet sich als Bodendecker unter Sträuchern und Bäumen sowie als Rasenersatz für schattige Plätze. Die buntblättrigen Sorten sehen hübsch als Randbepflanzungen für Beete und Rabatten mit niedrig wachsenden Stauden aus: Dazu gehören: 'Atropurpurea' mit dunkelvioletten Blättern und blauen Blüten, 'Burgundy Glow' mit rosa- bis burgunderfarbenem, weißgerändertem Laub, 'Rainbow' mit roten, grünen und cremefarbenen Blättern, 'Variegata' mit weißbunten Blättern. Standort sonnig bis halbschattig, feuchter Humusboden.

**Höhe: 10–25 cm**
**Ausbreitung: 45–60 cm**
**Winterhart**
**• Verträgt keine Zugluft.**

## Frauenmantel

*Alchemilla mollis*
ROSACEAE

Eine ideale Gartenpflanze, die kaum Ansprüche stellt und den ganzen Sommer über blüht. Auf den hellgrünen, rundlichen Blättern sammeln sich die Regentropfen wie Perlen. Mit ihren grünlichgelben, in kugeligen Knäueln angeordneten Blüten eignet sich die Pflanze zur Randbepflanzung von Rosenbeeten und Rabatten, als dichter Bodendecker oder im Kiesbeet. Gedeiht an sonnigem wie schattigem Standort und in jedem Boden.

**Höhe: 30–40 cm**
**Ausbreitung: 45–60 cm**
**Winterhart**
**• Breitet sich stark aus.**

## Große Sterndolde

*Astrantia major*
UMBELLIFERAE

Dekorative Pflanze mit großen, langstieligen Blättern und hellrosa Blüten. Blüht von Juni bis August. Eignet sich ausgezeichnet für mittlere oder hintere Reihen in Rabatten, aber auch für die Blumenwiese. Die Bandbreite der neueren Ziersorten reicht von 'Sunningdale Variegated' mit cremefarbenen und grünen Blättern bis zu 'Shaggy' mit großen, grünlich-rosa Blüten. Gedeiht in sonniger oder halbschattiger Lage auf feuchtem, humosem Boden.

**Höhe: 60–70 cm**
**Ausbreitung: 45–60 cm**
**Winterhart**
**• Unproblematisch**

## Bergenie

*Bergenia cordifolia*
SAXIFRAGACEAE

Eine immergrüne hübsche Pflanze mit großen glänzenden, leuchtend grünen Blättern und dunkelrosa Blütenrispen an fleischigen Stielen. Blüht bereits im April. Eignet sich hervorragend zur Randbepflanzung von Rosenbeeten und Rabatten. 'Purpurea' hat etwas dunklere, purpurrote Blüten und Blätter, die sich im Winter karminrot verfärben. Gedeiht in sonniger oder halbschattiger Lage; bevorzugt humusreichen Boden, wächst aber auch auf jedem anderen Gartenboden.

**Höhe: 30 cm**
**Ausbreitung: 45–60 cm**
**Winterhart, profitiert in kalten Gegenden allerdings von einer Winterabdeckung.**
**• Sollte alle fünf Jahre geteilt werden.**

## Zwergmispel

*Cotoneaster dammeri*
ROSACEAE

Immergrüner, kriechend wachsender Strauch mit kleinen, glänzenden, dunkelgrünen Blättern und winzigen weißen, im Frühjahr erscheinenden Blüten, denen im Herbst korallenrote Beeren folgen. Ausgezeichneter Bodendecker, wächst aber auch hängend an Mauerwänden. Toleriert sowohl

**LINKS:** Ajuga reptans *bedeckt wie ein blauer Blütenteppich im Frühling und Sommer den Boden.*

**OBEN:** *Auf den hellgrünen Blättern von* Alchemilla mollis *fangen sich die Regentropfen.*

**RECHTS:** *Tiefrosa, sternenförmige Blüten der* Astrantia major rosea.
**GANZ RECHTS:** Helianthemum nummularium *mit seinen gelben Blüten und winzigen Blättern bevorzugt einen sonnigen Standort.*
**UNTEN:** *Die gemischte Bepflanzung aus* Erica carnea *'Springwood White' und* E. c. *'Vivellii' stellt einen hübschen Farbkontrast her.*

sonnige als auch schattige Standorte (zum Beispiel neben Gebäuden) und beinahe jede Erde. Gedeiht allerdings am besten in schwerem, kalkhaltigem Boden. Eine äußerst nützliche und anspruchslose Pflanze, wenn man Böschungen bepflanzen oder Mauerwände verdecken will.

**Höhe: 10 cm**
**Ausbreitung: 90 cm–1,2 m**
**Winterhart**
**• Bienenweide, Vorsicht bei Insektenstichallergien.**

## Elfenblume

### *Epimedium perralderianum*

BERBERIDACEAE

Ein sehr attraktiver Bodendecker für schattige Standorte mit wintergrünen, herzförmigen Blättern und hängenden, gelben Blüten, die im Frühjahr kurz über den neuen Blättern erscheinen. Ganz ähnlich sieht *E. perralchium* 'Frohnleiten' aus, allerdings mit leicht rotgefärbten Blättern. *E.* x *rubrum* hat hellrosa, *E.* x *youngianum* 'Niveum' weiße Blüten. Bevorzugt halbschattigen bis schattigen Standort sowie feuchten, humusreichen Boden; verträgt unter Umständen auch einen trockeneren schattigen Standort.

**Höhe: 25–30 cm**
**Ausbreitung: 45–60 cm**
**Winterhart**
**• Unproblematisch**

## Schneeheide

### *Erica carnea*

ERICACEAE

Ein äußerst nützlicher bodendeckender Winterblüher. Aufrecht stehende Zweige mit winzigen Blättern und vielen kleinen, je nach Sorte roten, rosafarbenen oder weißen Blüten, die teilweise schon im Dezember erscheinen. Äußerst attraktiv in Gruppenpflanzung an Böschungen oder im Steingarten. Die unzähligen Sorten reichen von der Zwergheide 'Vivellii' mit dunklen, bronzegrünen Blättern und tiefroten Blüten über 'Aurea' mit goldfarbenen Blättern und rosafarbenen Blüten bis zu 'Springwood White' mit ausladenden Zweigen und großen weißen Blüten. Standort: Sonne oder Halbschatten; sandiger, kalkfreier Moorboden, Heideerde.

**Höhe: 30–45 cm**
**Ausbreitung: 45–60 cm**
**Winterhart**
**• Verträgt keine Zugluft.**

## Storchschnabel

### *Geranium* ssp.

GERANIACEAE

Geranien gehören zu den besten und nützlichsten aller Gartenpflanzen. Die Auswahl an Sorten ist groß, wobei die meisten winterhart und in bezug auf den Standort anspruchslos sind und überdies reich und ausdauernd blühen. *G. macrorrhizum*, eine schnell wachsende, widerstandsfähige Art, eignet sich am besten für eine dichte Bodendeckung. Die gelappten, hellgrünen Blätter bilden einen dichten Laubteppich, aus dem sich im Sommer runde, meist leuchtend rote Blüten erheben. Unter den empfehlenswerten Sorten sind zu nennen: *G. m.* 'Album' mit weißen Blüten und *G. m.* 'Ingwersen Variety' mit blaß rosafarbenen Blüten. Beide sind ausgezeichnete Bodendecker für einen schattigen Standort. Andere, ausdauernd blühende Sorten eignen sich hervorragend für die Bepflanzung von Rabatten oder Einfassungen wie die blau blühende *G.* 'Johnson's Blue' und *G.* x *oxonianum* 'Wargrave Pink' mit lachsrosa Blüten. Für den vollschattigen Standort eignen sich *G. phaeum* mit dunkelvioletten Blüten, *G. nodosum* mit rosa-violetten Blüten sowie die weißblühende *G. sylvaticum* 'Album'. Für kleinere Rabatten oder Steingärten sind die verschiedenen Sorten von *G. sanguineum* wie der noch kleineren *G. cinereum* zu empfehlen. Einzelne Sorten brauchen etwas mehr Sonne als andere, alle bevorzugen einen feuchten, humosen, tiefgründigen Boden.

**Höhe: 20–45 cm**
**Ausbreitung: 30–60 cm**
**Nur teilweise winterhart.**
**• Zum Teil Bienenweide, Vorsicht bei Insektenstichallergie.**

## Sonnenröschen

### *Helianthemum nummularium*

CISTACEAE

Ausgezeichneter Bodendecker für trockenen Boden und sonnigen Standort. Stengel niederliegend mit wintergrünen graugrünen, ledrigen Blättern und kleinen, rosenartigen gelben, roten oder weißen, nur einen Tag blühenden Blüten. Den ganzen Sommer über erscheinen aber täglich neue Blüten. Für Einfassungen, Plattenfugen, Trockenmauern und Steingärten. Beliebte Gartensorten sind 'Wisley Primrose' mit grauen Blättern und hellgelben Blüten, 'Rhodanthe Carneum' mit grauem Laub und rosafarbenen Blüten, 'Die Braut' mit großen, weißen Blüten sowie 'Jubilee' mit grünen Blättern und gefüllten gelben Blüten. Gedeiht in sonniger Lage und sandigem, durchlässigem Boden.

**Höhe: 15 cm**
**Ausbreitung: 45–60 cm**
**Winterhart**
- **Bienenweide, Vorsicht bei Insektenstichallergie.**

## Purpurglöckchen

### *Heuchera sanguinea*

SAXIFRAGACEAE

Ausdauernde immergrüne Pflanze für Randeinfassungen in sonniger oder halbschattiger Lage. Die rundlichen, glänzenden Blätter stehen in 20–30 cm großen Rosetten, rosafarbene Blüten in Rispen auf kahlen Stielen. Blüht vom ausgehenden Frühjahr bis in den Sommer. Paßt gut zu Akelei, Katzenminze und Geranien. Gedeiht in sonniger oder halbschattiger Lage und frischem, humusreichem Boden.

**Höhe: 30–45 cm**
**Ausbreitung: 45 cm**
**Winterhart**
- **Muß häufig umgesetzt werden.**

## Funkie

### *Hosta* ssp.

LILIACEAE

Die Auswahl an Funkien ist riesig. Alle Sorten bevorzugen feuchten Boden sowie tiefen Schatten und eignen sich, abgesehen von ein paar duftenden Sorten, für den allergenreduzierten Garten. Dekorative große, einfarbige oder gemusterte Blätter, die in eleganten Büscheln zusammenstehen. Die weißen oder violetten, in dichten Trauben von zierlichen Stielen hängenden Blüten blühen in den Frühsommer- und Sommermonaten. Die auffälligeren Sorten eignen sich hervorragend für Einzelstellung in Kübeln. Problematisch ist, daß Funkien Nacktschnecken anziehen und im ausgehenden Herbst, wenn die Blätter absterben, nicht sonderlich attraktiv aussehen. Weit verbreitet ist *H. sieboldiana* mit sehr großem, blaugrünem Blatt und violetten Blüten, die bei ausreichender Feuchtigkeit äußerst prächtig gedeiht. Die Sorte *H. s.* var. 'Elegans' hat rundere Blätter und weiße Blüten. Bei *H.* 'Frances Williams' sind die Blätter am Rand cremefarben. Viele kleinblättrigere Funkien haben gemusterte Blätter, darunter *H. undulata albomarginata*, mit grünem, weißgerändertem Blatt und *H.* 'Francee' mit dunkelgrünem, weißgerändertem Blatt. Gedeiht im Schatten und Halbschatten in feuchter, humusreicher Erde.

**Höhe: 30–90 cm**
**Ausbreitung: 30 cm–1,2 m**
**Winterhart**
- **Vor Schnecken schützen.**
- **Einige Sorten haben duftende Blüten.**

## Gelbe Taubnessel

### *Lamium galeobdolon* 'Florentinum'

LABIATAE

Ideal geeignet für den schattigen, trockenen Standort unter Bäumen, an dem kaum eine andere Pflanze gedeiht. Die schnellwachsende Sorte bildet mit ihren grün-weiß marmorierten Blättern einen wunderschönen immergrünen Teppich. Zu Beginn des Sommers gelbe Blüten. 'Hermann's Pride' hat silbern gesprenkelte Blätter, wächst aber nicht so schnell. Die verschiedenen Sorten von *L. maculatum* wachsen extrem dicht am Boden. Einige Sorten haben bunte Blätter und weiße, rosa- oder malvenfarbene Blüten.

**OBEN:** Lamium maculatum *'Beacon Silver' bildet einen rosa- und silberfarbenen Teppich.*
**LINKS:** Hosta fortunei *var.* albopicta, *ein hübscher Bodendecker.*

Gedeiht in Halb- oder Vollschatten und jeder Gartenerde.

**Höhe: 30–45 cm**
**Ausbreitung: 60 cm**
**Winterhart**
- **Breitet sich stark aus.**

## Katzenminze

### *Nepeta racemosa*

LABIATAE

Eine ideale Polsterstaude für einen sonnigen Standort am Rand einer Rabatte, wo sie sich bis auf den angrenzenden Weg oder die Terrasse ausbreiten kann. Kleine, behaarte, graugrüne Blätter an gebogenen Stielen mit Trauben lavendelblauer Blüten. Blüht den ganzen Sommer über. Gute Randbepflanzung für Rosenbeete und eine ideale Ergänzung für Rabatten mit graublättrigen Pflanzen. Gedeiht in sonniger Lage in trockenem, durchlässigem Boden, verträgt aber auch Halbschatten und magere Erde.

**Höhe: 30–45 cm**
**Ausbreitung: 60–90 cm**
**Winterhart**
- **Bienenweide, Vorsicht bei Insektenstichallergie.**

## Lungenkraut

### *Pulmonaria saccharata*

BORAGINACEAE

Hübsche, im Frühjahr blühende Pflanze mit großen, grünen, weißgefleckten Blättern und hängenden, glockenförmigen, blau oder rosafarbenen Blüten. Eignet sich für schattigen Standort, wo sie, in Gruppen gepflanzt, einen undurchdringlichen, immergrünen Blatteppich bildet. Läßt sich zusammen mit Wallwurz, Schaumblüte und Tränendem Herz zu einer hübschen Zierbepflanzung kombinieren. Die Sorte 'Leonard' hat stark gefleckte Blätter und rosarote Blüten, 'Alba' blüht weiß, und *P. angustifolia* hat schmale grüne Blätter und azurblaue Blüten. Standort: Halbschatten bis Schatten, feuchter, humusreicher Boden.

**Höhe: 25–40 cm**
**Ausbreitung: 45 cm**
**Winterhart**
- **Unproblematisch**

**LINKS:** *Die Katzenminze,* Nepeta racemosa, *ist ein hervorragender Bodendecker für sonnige Beete und Rabatten.*

**UNTEN LINKS:** *Die gelb-grünen Blätter von* Symphytum *'Goldsmith' bringen selbst in die dunkelste Ecke eines Gartens Licht.*

**UNTEN:** Vinca minor *'Argenteovariegata' mit reinweißer Blüte und gelb-grün gemustertem Blatt.*

## Beinwell

*Symphytum grandiflorum*
BORAGINACEAE

Ausgesprochen anspruchslose Pflanze, die auch auf schwierigem Boden und im Schatten gedeiht, wo sonst nichts wachsen will. Mit ihren großen, dicht wachsenden Blättern und den gelben, in Trugdolden hängenden Blüten ist sie ein idealer Bodendecker. 'Goldsmith' hat grün- und cremefarbene Blätter und blaßblaue Blüten, 'Hidcote Blue' hat grüne Blätter, rosafarbene Knospen und blaue Blüten. Gedeiht in halb- oder vollschattiger Lage in jedem Boden.

**Höhe: 30 cm**
**Ausbreitung: 60–90 cm**
**Winterhart**
**• Breitet sich stark aus.**

## Schaumblüte

*Tiarella cordifolia*
SAXIFRAGACEAE

Ein sehr attraktiver wuchernder Bodendecker für schattigen Standort. Die langstieligen Blätter sind im Frühjahr lindgrün und verfärben sich im Herbst zu einem schönen Rotbraun. Die winzigen cremegelben Blüten erscheinen von April bis Juni. Die schnell wachsende Pflanze bildet einen dichten Blatteppich, der sich vor allem unter Sträuchern und Bäumen gut macht. Läßt sich gut mit Beinwell und Tränendem Herz kombinieren. Die Blüten von *T. wherryi* haben einen Stich ins Rosa. Gedeiht in Halb- oder Vollschatten in feuchter, humusreicher Erde.

**Höhe: 20–30 cm, wenn sie blüht**
**Ausbreitung: 45 cm**
**Winterhart**
**• Braucht Feuchtigkeit und schattigen Standort.**

## Immergrün

*Vinca minor*
APOCYNACEAE

Ein immergrüner Bodendecker mit kleinen, glänzenden, dunkelgrünen Blättern und blauvioletten, sternfömigen Blüten, die im April erscheinen. Eignet sich für beinahe jeden Standort, wird aber am besten als Bodendecker unter Bäumen und Sträuchern oder an einer Böschung eingesetzt. Während sich die gemeine Art zu üppig ausbreitet, um als Randbepflanzung für Rabatten in Betracht zu kommen, sind einige Sorten wie die silberbunte 'Argenteovariegata' und die goldbunte 'Aureovariegata' weniger wuchsfreudig. Es sind Sorten mit weißen, rosafarbenen und hellblauen sowie gefüllten Blüten erhältlich. Gedeiht gut in halb- oder vollschattiger Lage und durchlässigem, humusreichem Boden.

**Höhe: 10 cm**
**Ausbreitung: 90 cm und mehr**
**Winterhart**
**• Breitet sich stark aus.**

### WEITERE FÜR DEN ALLERGENREDUZIERTEN GARTEN GEEIGNETE BODENDECKER

| Deutscher Name | Botanische Bezeichnung | Familienname |
|---|---|---|
| Giersch, Geißfuß, Zipperleinskraut | *Aegopodium podagraria* 'Variegatum' | UMBELLIFERAE |
| Kaukasusvergißmeinnicht | *Brunnera macrophylla* | BORAGINACEAE |
| Besenheide | *Calluna vulgaris* | ERICACEAE |
| Kriechheide, Glanzheide, Irische Heide | *Daboecia cantabrica* | ERICACEAE |
| Silberwurz, Bergnymphe | *Dryas octopetala* | ROSACEAE |
| Gundermann, Gundelrebe | *Glechoma hederacea* 'Variegata' | LABIATAE |
| Schaumblüte | x *Heucherella tiarelloides* | SAXIFRAGACEAE |
| | *Houttuynia cordata* | SAURURACEAE |
| Johanniskraut, Hartheu | *Hypericum calycinum* | GUTTIFERAE |
| Schleifenblume | *Iberis sempervirens* | CRUCIFERAE |
| Felberich | *Lysimachia nummularia* | PRIMULACEAE |
| Gedenkemein, Nabelwurz | *Omphalodes cappadocica* | |
| Dickmännchen | *Pachysandra terminalis* | BORAGINACEAE |
| Braunelle | *Prunella grandiflora* | BUXACEAE |
| Zierbrombeere | *Rubus tricolor* | LABIATAE |
| Steinbrech | *Saxifraga umbrosa* | ROSACEAE |
| Ziest, Hasenohr, Eselsohr | *Stachys macrantha* | SAXIFRAGACEAE |
| Kranzspiere | *Stephanandra incisa* | LABIATAE |
| Schneebeere | *Symphoricarpos* x *chenaultii* 'Hancock' | ROSACEAE<br>CAPRIFOLIACEAE |
| Tellima | *Tellima grandiflora* | SAXIFRAGACEAE |
| Schneeball | *Viburnum davidii* | CAPRIFOLIACEAE |
| Ungarwurz | *Waldsteinia ternata* | ROSACEAE |

# Kletterpflanzen

## Strahlengriffel

*Actinidia kolomikta*
ACTINIDIACEAE

Ein dekorativer Schlinger mit großen, herzförmigen, glänzenden Blättern, anfangs hellgrün, die oberen Blatthälften später weiß-rosa. Die weißen, im Frühsommer erscheinenden Blüten werden vom Laub fast verborgen. Kletterpflanze für sonnige Mauern und Zäune, wirkt mit der ungewöhnlichen Laubfärbung besser einzeln stehend als im Hintergrund einer Rabatte. Bevorzugt einen geschützten, sonnigen Standort, verträgt aber auch Halbschatten. Gedeiht in durchlässigem, humosem Boden. Darf nicht austrocknen.

**Höhe: 6 m**
**Ausbreitung: 6 m**
**Winterhart**
**• Unproblematisch**

## Waldrebe

*Clematis-Hybriden*
RANUNCULACEAE

Der Saft der Clematis kann Hautreizungen verursachen, doch angesichts der geringen Auswahl an niedrigallergenen Kletterpflanzen wird die Pflanze hier dennoch aufgeführt. Beim Beschneiden Handschuhe tragen. Einige Sorten haben duftende Blüten und sind damit für den allergenreduzierten Garten ungeeignet; die meisten der großblütigen Hybriden jedoch duften nicht. Die Pflanze hat mattgrüne Blätter und große, sternförmige einfache oder gefüllte Blüten. Viele Farben erhältlich. Blütezeit einiger Sorten vom ausgehenden Frühjahr bis in den Herbst. Ausgezeichnete Kletterpflanze für Mauern, Zäune, Pfosten und Säulen, Pergolen oder Bögen, besonders attraktiv im Hintergrund einer farblich abgestimmten Rabatte. Zu den beliebtesten Sorten gehören: *C.* 'Comtesse de Bouchard' mit einfachen rosa Blüten, *C.* 'Marie Boisselot' mit großen weißen Blüten und *C.* 'The President' mit dunkelroten Blüten. Standort: Sonne oder Halbschatten, nährstoffreicher, leicht alkalischer Boden.

**Höhe: 5 m**
**Ausbreitung: 5 m**
**Winterhart**
**• Blätter und Saft können Hautreizungen verursachen.**

**OBEN:** *Die herzförmigen Blätter von* Actinidia kolomikta *sind rosa, grün und weiß gemustert.*

**RECHTS:** Clematis *'Perle d'Azur' eignet sich für einen sonnigen wie einen schattigen Standort.*

## Kletterhortensie

*Hydrangea anomala petiolaris*
SAXIFRAGACEAE

Ausgezeichneter Wurzelkletterer zum Beranken von Mauern und Gebäuden, der jedoch im Winter sein Laub verliert. Allerdings erscheinen die neuen, hellgrünen Blätter bereits im ausgehenden Winter und halten sich bis in den späten Herbst. Weiße Blüten; was wie Blütenblätter aussieht, sind eigentlich die Deckblätter der Blüte. Zur Zeit der Blüte eine äußerst dekorative Pflanze, mit der sich auch Pergolen und Laubengänge beranken lassen. Standort: Sonne bis tiefer Schatten. Boden: durchlässig und feucht.

**Höhe: bis zu 12 m**
**Ausbreitung: bis zu 12 m**
**Winterhart**
**• Bienenweide, Vorsicht bei Insektenstichallergie.**

## Geißblatt

*Lonicera tragophylla*
CAPRIFOLIACEAE

Etliche Geißblattsorten gehören wegen des starken Duftes ihrer Blüten nicht in den allergenreduzierten Garten. *L. tragophylla* jedoch zählt zu den nicht duftenden Sorten. Eine hervorragende, sommergrüne Kletterpflanze mit graugrünen Blättern und leuchtend gelben Blüten, die in der Mitte des Sommers erscheinen. Klettert an Nachbarpflanzen wie großen Büschen und Bäumen hoch, läßt sich aber auch an Pergolen und Laubengängen hochziehen. Gedeiht in halbschattiger Lage und feuchtem, nährstoffreichem Boden. Vor starkem Wind schützen.

**Höhe: bis zu 12 m**
**Ausbreitung: bis zu 9 m**
**Winterhart**
**• Kann recht unordentlich aussehen.**

## Wilder Wein (Jungfernrebe)

*Parthenocissus quinquefolia*
'Virginia Creeper'
VITACEAE

Beliebte Kletterpflanze für Hauswände. Unübertroffene Herbstfärbung des Laubes. Schnell wachsend. Die großen, grünen, gefingerten Blätter verfärben sich im Herbst orangerot und karmesin. Blüten klein und unscheinbar. Eignet sich zum deckenden Beranken von steilen Böschungen, Mauern, Zäunen und fensterlosen Hauswänden. Läßt sich auch als Bodendecker einsetzen. *P. henryana* hat sehr attraktive Blätter, dunkelgrün mit feiner, silberweißer Äderung, die sich im Herbst violett und rot verfärben. Beide Arten sind

**RECHTS:** *Die weißen Blüten der* Rosa *'Climbing Iceberg' blühen den ganzen Sommer über.*
**UNTEN RECHTS:** *Die mattvioletten Blätter von* Vitis vinifera *'Purpurea' sind ein idealer Hintergrund für beinahe jede Blumenrabatte.*
**UNTEN:** *Die einzigartigen blauweißen Blüten der* Passiflora caerulea.

anspruchslos und wachsen in jedem durchlässigen Boden.

**Höhe: 12 m**
**Ausbreitung: 12 m**
**Winterhart**
- **Bienenweide, Vorsicht bei Insektenstichallergie.**
- **Alle Pflanzenteile sind leicht giftig.**

## Passionsblume

### *Passiflora caerulea*

PASSIFLORACEAE

Die Blüten duften schwach, für gewöhnlich aber nicht stark genug, um allergische Reaktionen auszulösen, so daß man sie empfehlen kann. Die schnell wachsende, sommergrüne Kletterpflanze hat einen holzigen Stamm und grüne, gelappte Blätter. Die großen, glockigen Blüten sind weiß, manchmal rosa, mit blauen oder violetten Spitzen. Blüht von Juli bis September, danach erscheinen ovale, orangefarbene oder gelbe fleischige Früchte, die in heißen Sommern bis zur Eßbarkeit heranreifen. Verlangt einen geschützten Standort, um Pergolen, Säulen, Mauern und Zäune zu beranken. Die Blüten der Sorte 'Constanze Elliot' sind elfenbeinweiß und duften kaum. Gedeiht an einem geschützten sonnigen Standort in nährstoffreicher, durchlässiger Erde. Während der Blüte reichlich wässern.

**Höhe: 6 m**
**Ausbreitung: 6 m**
**Winterhart bis –5°C**
- **Triebe frieren in einem harten Winter ganz zurück.**

## Kletterrose

### *Rosa* 'Climbing Iceberg'

ROSACEAE

Nur wenige Kletterrosen eignen sich für den allergenreduzierten Garten, da viele Sorten stark duften. 'Climbing Iceberg' mit ihren kräftig grünen Blättern und den weißen Blüten duftet nur leicht, dürfte also nur Probleme verursachen, wenn Sie gegen Rosenstacheln allergisch sind. Blüht den ganzen Sommer über und eignet sich hervorragend für den Bewuchs von Hauswänden, Zäunen, Säulen und Pergolen. Eine weitere leicht duftende Sorte ist 'Handel' mit weißen und rosa gefüllten Blüten, die vom Sommer bis in den Herbst erscheinen. Größere, üppig wuchernde Sorten sind 'Seagull' und 'Rambling Rector', mit denen sich auch große Pergolen oder Apfelbäume beranken lassen. 'Climbing Iceberg' gedeiht in sonniger ebenso wie in schattiger Lage und in jedem guten Gartenboden.

**Höhe: 3 m**
**Ausbreitung: 3 m**
**Winterhart**
- **Muß angebunden werden.**

## Rebe

### *Vitis coignetiae*

VITACEAE

Diese Kletterpflanze besticht vor allem durch die herrliche scharlach- bis karmesinrote Herbstfärbung der 25 cm großen herzförmigen und gleichmäßig gelappten Blätter. In der Natur wächst die Weinrebe auch an größeren Sträuchern hoch, an Pergolen, Zäunen oder Mauern jedoch muß sie festgebunden bzw. an gespannten Drähten gezogen werden. Eignet sich gut für den Bewuchs niedriger Mauern und zwischen Koniferen. Die Weinrebe braucht zwar einige Pflege (Zurückschneiden im Spätherbst oder Winter), wächst dafür aber schnell. Bevorzugt eine warme Südseite und kräftigen, kalkhaltigen Gartenboden.

**Höhe: 12 m**
**Ausbreitung: 12 m**
**Winterhart**
- **Stark wuchernd.**

## Weinrebe

### *Vitis vinifera* 'Purpurea'

VITACEAE

Eine attraktive Kletterpflanze mit fünflappigen roten Blättern, die auf der Unterseite blauviolett sind. Blüten unscheinbar, dafür aber Trauben mit eßbaren violetten Früchten im Herbst. Muß an Mauern und Zäunen mit Draht fixiert werden. Gedeiht am besten in sonniger Lage und kalkhaltigem Boden.

**Höhe: 6 m**
**Ausbreitung: 6 m**
**Winterhart**
- **Bienenweide, Vorsicht bei Insektenstichallergie.**

### WEITERE KLETTERPFLANZEN

| Deutscher Name | Botanische Bezeichnung | Familienname |
|---|---|---|
| Akebie | *Akebia quinata* | LARDIZABALACEAE |
| Scheinrebe, Doldenrebe | *Ampelopsis brevipe dunculata* | VITACEAE |
| Osterluzei, Pfeifenwinde | *Aristolochia durior* | ARISTOLOCHIACEAE |
| Baumwürger | *Celastrus orbiculatus* | CELASTRACEAE |
| Sternhortensie | *Decumaria barbara* | SAXIFRAGACEAE |
| Schönranke | *Eccremocarpus scaber* | BIGNONIACEAE |
| | *Pileostegia viburnoides* | SAXIFRAGACEAE |
| | *Schisandra grandiflora* | SCHISANDRACEAE |
| | *Schizophragma integrifolium* | SAXIFRAGACEAE |
| Kapuzinerkresse | *Tropaeolum speciosum* | TROPAEOLACEAE |

# Kräuter

## Schnittlauch

*Allium schoenoprasum*
ALLIACEAE

Niedrig wachsende, mehrjährige Staude mit hohlen, grasähnlichen Blättern und kleinen, dunkelrosa bis weißen Blüten, die im Sommer erscheinen. Eignet sich zur Randbepflanzung von Kräuterbeeten, läßt sich aber auch in Töpfen oder Balkonkästen ziehen. Die Blätter können den ganzen Sommer über abgeschnitten werden, um Salate, Suppen und Omelettes zu würzen. Die Knospen sollten vor der Blüte entfernt werden. Anspruchslose Pflanze, die an einem sonnigen bis halbschattigen Standort in frischer Gartenerde gedeiht.

**Höhe: 30 cm**
**Ausbreitung: 30 cm**
**Winterhart**
**• Bienenweide, Vorsicht bei Insektenstichallergie.**
**• Der Saft kann leichte Hautreizungen verursachen.**

## Fenchel

*Foeniculum vulgare*
UMBELLIFERAE

Mit seinen zierlichen Blättern und winzigen gelben Blüten, die im Spätsommer erscheinen, bildet Fenchel in Rabatten einen hübschen Hintergrund für Stauden und Rosen mit kräftigen Blütenfarben. Auch im Kräutergarten macht sich die Pflanze, die bis zu 1,80 m hoch wird, gut. Die Sorte 'Purpureum' wirkt mit ihren bronzefarbenen Blättern besonders elegant. Die ausgesprochen widerstandsfähige Pflanze gehört zu den ersten, die im Frühjahr austreiben. Blätter und Samen werden in der Küche verwendet. Gedeiht an sonnigem Standort in nährstoffreichem, durchlässigem, neutralem bis alkalischem Boden.

**Höhe: 1,2–1,8 m**
**Ausbreitung: 60 cm**
**Winterhart**
**• Ausgeblühte Blüten abschneiden.**
**• Bienenweide, Vorsicht bei Insektenstichallergie.**

## Lorbeerbaum

*Laurus nobilis*
LAURACEAE

Nützlicher, immergrüner Strauch, der sich durch Schnitt als Kugelbäumchen oder Busch formen läßt. Eignet sich als Blickfang in einem Kräutergarten oder – in einen großen Topf gepflanzt – in jedem anderen Teil des Gartens. Die dunkelgrünen Blätter finden in der Küche oder in Potpourris Verwendung. Die goldenblättrige Sorte 'Aurea' ist ein hübscher Farbfleck für schattige Bereiche. Gedeiht an sonnigem bis halbschattigem Standort in durchlässiger Erde.

**Höhe: bis zu 6 m, wenn nicht beschnitten**
**Ausbreitung: bis zu 4 m, wenn nicht beschnitten**
**Winterhart bis –5°C**
**• Frostschäden in strengen Wintern.**

## Zitronenmelisse

*Melissa officinalis*
LABIATAE

Eine wunderbar nach Zitrone duftende ausdauernde, äußerst anspruchslose Staude. Leuchtend grüne, deutlich gefurchte Blätter und kleine weiße Blüten im Sommer. Die Blätter werden zum Aromatisieren von Salaten, Eisgetränken und Nachspeisen verwandt. Grünblättrige Melisse breitet sich stark aus, wird also am besten in Töpfe gepflanzt. 'Aurea' hat bunte, 'All Gold' gelbe Blätter. Beide Sorten stellen eine hübsche Ergänzung für Rabatten und Kräuterbeete dar. Gedeiht an sonnigem oder halbschattigem Standort in durchlässigem Boden.

**Höhe: 45–60 cm**
**Ausbreitung: 45–60 cm**
**Winterhart**
**• Breitet sich stark aus.**
**• Bienenweide, Vorsicht bei Insektenstichallergie.**

## Minze

*Mentha* ssp.
LABIATAE

Die meisten Minzenarten sind üppig wuchernde, ausdauernde Stauden mit glänzend grünen Blättern und blaß-violetten Blüten im Sommer. Unter den zahlreichen Arten eignet sich *M. spicata*, die Krauseminze, vor allem zum Kochen, *M.* x *piperita*, Pfefferminze, für die Zubereitung von Kräutertees. Attraktiver als Gartenpflanzen sind die buntblättrigen Sorten *M.* x *gracis* 'Variegata' und *M. suaveolens* 'Variegata'. Minze pflanzt man am besten einzelnstehend in Beete oder in große Kübel, die man in Beete oder Rabatten setzt, um ihre Ausbreitung einzudämmen. Gedeiht an einem sonnigen bis halbschattigen Standort auf nährstoffreichem, feuchtem Boden.

**Höhe: 30–45 cm**
**Ausbreitung: unbegrenzt**
**Winterhart**
**• Breitet sich sehr stark aus.**
**• Der Saft kann Hautreizungen verursachen.**

## Basilikum

*Ocimum basilicum*
LABIATAE

Eine empfindliche, perennierende Pflanze, die meistens wie eine einjährige behandelt wird. Leuchtend grüne Blätter und

**OBEN:** *Die runden Blütenköpfe von* Allium schoenoprasum *schmücken jeden Kräutergarten.*
**GANZ LINKS:** *Die leuchtend grünen Blätter von* Mentha spicata *sind ein hervorragendes Gewürz.*
**LINKS:** *Die nach Zitrone duftenden Blätter der buntblättrigen Zitronenmelisse* Melissa officinalis *'Aurea'.*

kleine weiße Blüten von Juni bis Ende August. Eignet sich hervorragend zum Würzen von Salaten. Daher lohnt die Mühe, sie jedes Jahr erneut in Töpfen oder im Kräutergarten zu ziehen. Zwergsorten eignen sich für die Randbepflanzung. Verlangt einen warmen, sonnigen Standort und durchlässigen, neutralen bis alkalischen Boden.

**Höhe: 50 cm**
**Ausbreitung: 30 cm**
**Nicht winterhart**
- **Gedeiht kaum in kühlen, feuchten Sommern.**
- **Bienenweide, Vorsicht bei Insektenstichallergie.**

## Oregano

*Origanum vulgare*
LABIATAE

Perennierende Staude mit weichen grünen Blättern und im Sommer erscheinenden violetten Blüten. Sehr beliebtes Gewürz. Eignet sich hervorragend für die vorderen Reihen von Beeten und Rabatten, vor allem die Sorten 'Aureum', deren Blätter sich im Sommer leuchtend gelb verfärben, und 'Golden Tip' mit gelben Spitzen an den ovalen Blättern. Zieht Schmetterlinge an. Grünblättrige Sorten verlangen einen sonnigen Standort, goldblättrige gedeihen besser im Halbschatten. Alle bevorzugen einen durchlässigen, neutralen bis alkalischen Boden.

**Höhe: 30 cm**
**Ausbreitung: 45 cm**
**Winterhart**
- **Bienenweide, Vorsicht bei Insektenstichallergie.**

## Petersilie

*Petroselinum crispum*
UMBELLIFERAE

Zweijährige Pflanze mit leuchtend grünen, krausen Blättern, die zum Würzen und Garnieren von Speisen verwendet werden können. Eignet sich auch als attraktive Randbepflanzung für den Kräutergarten. Gedeiht in sonniger Lage und feuchtem, durchlässigem Boden.

**Höhe: 60 cm**
**Ausbreitung: 45 cm**
**Winterhart**
- **Keimt nur schwer; Übergießen der Samen mit kochendem Wasser erleichtert das Keimen.**

## Rosmarin

*Rosmarinus officinalis*
LABIATAE

Immergrüner Strauch mit schmalen, graugrünen Blättern und blaßblauen Blüten im Frühjahr. Eine unverzichtbare Pflanze für jeden Kräutergarten, die überdies Schmetterlinge anzieht. In einer gemischten Rabatte bildet sie einen hübschen Hintergrund für rosa und gelbe Blüten. Rosmarin bevorzugt einen sonnigen Standort und durchlässigen, neutralen bis alkalischen Boden.

**Höhe: 1,5 m**
**Ausbreitung: 1,2 m**
**Winterhart bis –10°C**
- **Nur bedingt winterhart.**
- **Bienenweide, Vorsicht bei Insektenstichallergie.**

## Gartensalbei

*Salvia officinalis*
LABIATAE

Aromatischer, immergrüner Strauch mit großen, samtigen, graugrünen Blättern und blaßvioletten Blüten, die im Sommer erscheinen. Die Blätter werden in der Küche und in der Naturheilkunde verwandt. Eignet sich hervorragend für die ersten und mittleren Reihen einer Staudenrabatte und gehört in jeden Kräutergarten. Ein ausdauernder Blüher, der Schmetterlinge anzieht. Zahlreiche Sorten: 'Icterina' hat bunte, graugrün

**LINKS:** Origanum vulgare *'Aureum' gehört zu den dekorativsten Kräutern.*
**UNTEN:** Salvia officinalis *'Purpurascens' hat grauviolette Blätter.*

und gelb gemusterte Blätter; 'Purpurascens' hat dunklere Blüten und violettgraue Blätter; 'Tricolor' ist eine kleinere Sorte mit grauen, weißen und rosafarbenen Blättern. Verlangt einen sonnigen Standort und durchlässigen, neutralen bis alkalischen Boden.

**Höhe: 75 cm**
**Ausbreitung: 75 cm**
**Winterhart**
- **Bienenweide, Vorsicht bei Insektenstichallergie.**
- **Blätter leicht giftig (nur bei vermehrtem Genuß und extrem empfindlichen Personen).**

## Gartenthymian

*Thymus vulgaris*
LABIATAE

Dieser immergrüne Halbstrauch ist aufgrund seiner Eigenschaften ein idealer Bodendecker. Im Sommer erscheinen dunkelviolette Blüten über den kleinen grünen Blättern. Eignet sich zur Randbepflanzung in Kräutergärten und wächst auch im Steingarten gut. Verlangt einen sonnigen Standort und recht trockenen, neutralen bis alkalischen Boden.

**Höhe: 15 cm**
**Ausbreitung: 30 cm**
**Winterhart**
- **Bienenweide, Vorsicht bei Insektenstichallergie.**
- **Vor feuchtem, kaltem Frühlingswetter schützen.**

### WEITERE KRÄUTER

| Deutscher Name | Botanische Bezeichnung | Familienname |
|---|---|---|
| Dill | *Anethum graveolens* | UMBELLIFERAE |
| Kerbel | *Anthriscus cerefolium* | UMBELLIFERAE |
| Kümmel | *Carum carvi* | UMBELLIFERAE |
| Koriander | *Coriandrum sativum* | UMBELLIFERAE |
| Kreuzkümmel | *Cuminum cyminum* | UMBELLIFERAE |
| Süßholz | *Glycyrrhiza glabra* | LEGUMINOSAE |
| Ysop | *Hyssopus officinalis* | LABIATAE |
| Liebstöckel | *Levisticum officinale* | APICEAE |
| Bienenbalsam, Monarde, Etagenblume | *Monarda didyma* | LABIATAE |
| Süßdolde | *Myrrhis odorata* | UMBELLIFERAE |
| Anis | *Pimpinella anisum* | UMBELLIFERAE |
| Portulak | *Portulaca oleracea* | PORTULACACEAE |
| Muskatellersalbei | *Salvia sclarea* | LABIATAE |
| Bohnenkraut | *Satureja montana* | LABIATAE |
| Ziest | *Stachys officinalis* | LABIATAE |
| Beinwell | *Symphytum officinale* | BORAGINACEAE |
| Baldrian | *Valeriana officinalis* | VALERIANACEAE |
| Verbene, Eisenkraut | *Verbena* | VERBENACEAE |

# Sträucher

## Aukube

*Aucuba japonica*
CORNACEAE

Ein äußerst nützlicher immergrüner Strauch für einen schattigen Standort, an dem nur wenige andere Pflanzen überleben. Die kugelförmigen Büsche haben dunkelgrüne, glänzende Blätter und schwefelgelbe Blüten, denen rote Beeren folgen. Die grünblättrigen Sorten sind sehr attraktiv, aber es gibt auch eine Reihe von Sorten mit bunten Blättern, darunter 'Crotonifolie' mit goldgefleckten Blättern. 'Roxannie' ist eine dicht wachsende Sorte, die sich hervorragend für Zierbeete eignet.

Gedeiht in jedem Boden und an einem schattigen bis halbschattigen, windgeschützten Standort.
**Höhe: 3 m**
**Ausbreitung: 2–3 m**
**Winterhart**
- **Beeren sind leicht giftig.**

## Kamelie

*Camellia japonica*
THEACEAE

Eine hübsche, aber empfindliche Pflanze, die nur unter optimalen Boden- und Standortbedingungen gedeiht. Große, abgerundete, glänzende immergrüne Blätter und außerordentlich schöne weiße, rosafarbene oder rote einfache oder gefüllte Blüten. Sehr viele Sorten stehen zur Auswahl, darunter 'Adolphe Audusson' mit großen, halbgefüllten leuchtend roten Blüten; 'Elegans' mit großen, pfirsichfarbenen Blüten und die elegante 'Lady Vansittart' mit rot-weiß gestreiften einen halbgefüllten Blüten. Kamelien verlangen einen feuchten, sauren Boden und einen halbschattigen, windgeschützten Standort.
**Höhe: 3 m**
**Ausbreitung: 2–3 m**
**Winterhart**
- **Blüten sind sehr frostanfällig.**

## Zierquitte

*Chaenomeles speciosa*
ROSACEAE

Laub abwerfender Strauch mit Blüten, die zu Beginn des Frühjahrs noch vor dem Austreiben der ovalen dunkelgrünen Blätter die kahlen Zweige der Pflanze bedecken, im Herbst gefolgt von großen, birnenförmigen, gelben Früchten. Eignet sich vor allem zur Pflanzung vor Mauern, wo sich die unordentlich wachsenden Zweige durch Beschneiden und Anbinden in Form bringen lassen. Zahlreiche Sorten, darunter 'Moerloosei' mit einfachen rosafarbenen und weißen Blüten, die an Apfelblüten erinnern; 'Nivalis' mit weißen Blüten und 'Phylis Moore' mit niedlichen gefüllten korallenroten Blüten. Eignet sich für sonnigen wie schattigen Standort, verträgt beinahe jeden Boden, wenn er nicht zu alkalisch ist.

**OBEN:** *Die Blüten von* Chaenomeles japonica *erscheinen im Frühling noch vor den Blättern.*

**OBEN LINKS:** Aucuba japonica *mit ihren glänzenden Blättern verträgt fast vollkommenen Schatten.*

**LINKS:** Camellia japonica *'Bob's Tinsie' ist mit den scharlachroten Blüten einer der hübschesten Frühjahrsblüher.*

**Höhe: 2–3 m**
**Ausbreitung: 2–3 m**
**Winterhart**
- **Zweige können Dornen haben.**
- **Bienenweide, Vorsicht bei Insektenstichallergie.**

## Zistrose

*Cistus* x *hybridus*
CISTACEAE

Ausgezeichneter immergrüner Strauch mit ovalen, dunkelgrünen Blättern und Unmengen kleiner weißer Blüten, die den ganzen Sommer über erscheinen. Eignet sich für sonnige Rabatten und Steingärten. Viele andere Arten und Sorten wie *C.* 'Silver Pink' mit hübschen grauen Blättern und blaßrosa Blüten sowie die farbenprächtige *C.* x *pulverulentus* 'Sunset' mit kirschroten Blüten und graugrünem Laub. Als Bodendecker eignet sich *C.* x *danseraui* 'Decumbens' mit geschwungenen Zweigen, winzigen dunkelgrünen Blättern und Unmengen kleiner weißer, rotgefleckter Blüten. Bevorzugt einen sonnigen Standort und relativ trockenen Boden.
**Höhe: 1,2 m**
**Ausbreitung: 1,5 m**
**Winterhart bis –5°C**
- **Bienenweide, Vorsicht bei Insektenstichallergie.**

## Perückenstrauch

*Cotinus coggygria*
ANACARDIACEAE

Ein dichtbuschiger Strauch mit besonders schöner Laubfärbung; die frischgrünen Blätter färben sich im Herbst leuchtend orange und gelb. Die blaßrosa, Federn ähnelnden Blüten erscheinen im Sommer und färben sich im Herbst grau. Eignet sich gut für Einzelstellung auf dem Rasen oder in Kombination mit anderen sich im Herbst verfärbenden Pflanzen in einer großen Rabatte. C. 'Flame' hat eine besonders schöne Herbstfärbung, andere Sorten wie 'Royal Purple' haben purpurfarbene Blätter, die sich im

Herbst scharlachrot verfärben. Pflegeleichte Pflanze, die einen nährstoffreichen Boden und sonnigen Standort bevorzugt.

**Höhe: 3–5 m**
**Ausbreitung: 3–5 m**
**Winterhart**
**• Unproblematisch**

## Zwergmispel

### *Cotoneaster* ssp.

ROSACEAE

Die Auswahl an Arten und Sorten ist groß, und beinahe alle sind gute Gartenpflanzen. Zu den nützlichsten und attraktivsten gehören die höher wachsenden, immergrünen Arten, von denen sich die meisten zu kleinen Bäumen zurechtstutzen lassen. Alle haben ovale, grüne Blätter, auf denen sich die Adern deutlich abzeichnen, und kleine weiße Blüten, die im Frühsommer erscheinen, gefolgt von runden roten, orangefarbenen oder gelben Beeren im Herbst. Cotoneaster läßt sich als Sichtschutz pflanzen, eignet sich aber auch als Hintergrund für andere Pflanzen. Einige der besten sind *C. frigidus* 'Cornubia' mit in großen Trugdolden erscheinenden Blüten und Beeren, *C. salicifolius* mit anmutigen Zweigen mit langen, schmalen Blättern und die Sorte 'Rothschildianus' mit blaßgelben Beeren. Gedeiht in frischer Gartenerde an sonnigem bis halbschattigem Standort.

**Höhe: 3–5 m**
**Ausbreitung: 3–5 m**
**Winterhart**
**• Bienenweide, Vorsicht bei Insektenstichallergie.**

## Deutzie

### *Deutzia scabra*

SAXIFRAGACEAE

Ein das Laub abwerfender Strauch mit olivgrünen Blättern und in aufrechten Rispen stehenden, glockenförmigen weißen oder rosa Blüten, die vom ausgehenden Frühjahr bis zum Beginn des Sommers erscheinen. Eignet sich für die gemischte Rabatte, bei regelmäßigem Schnitt auch für Einzelpflanzung. Zu den attraktiveren Sorten gehören 'Candidissima' mit gefüllten, rein weißen Blüten und 'Plena' mit gefüllten rosa-violetten Blüten.

Wächst auf jeder Bodenart, am liebsten in der prallen Sonne, verträgt aber auch etwas Schatten.

**Höhe: 3 m**
**Ausbreitung: 2–3 m**
**Winterhart**
**• Verträgt keine Zugluft.**

## *Escallonia rubra*

SAXIFRAGACEAE

Immergrüner Strauch für milderes Klima und vor allem für den Garten an der Küste. Geschwungene Zweige mit ovalen, glänzenden, dunkelgrünen Blättern und hellroten Blüten im Sommer. Die beste Art ist var. *macrantha* mit glänzenden, dunklen, aromatischen Blättern und dunkelroten Blüten. Die Sorte 'Crimson Spire' hat karmesinrote Blüten, durch ihren aufrechten Wuchs eignet sie sich hervorragend für die Heckenpflanzung. 'Woodside' ist eine wesentlich kleinere Sorte mit winzigen Blättern und dunkelroten Blüten. Gedeiht auf jedem nicht zu alkalischen Boden, bevorzugt pralle Sonne.

**Höhe: 3 m**
**Ausbreitung: 2–3 m**
**Winterhart bis –10°C**
**• Bienenweide, Vorsicht bei Insektenstichallergie.**

## *Exochorda* x *macrantha*

ROSACEAE

Eleganter, Laub abwerfender, blühender Strauch, geschwungene Zweige mit graugrünen Blättern und in Trauben hängenden, offenen weißen Blüten, die im ausgehenden Frühjahr erscheinen. Besonders wirkungsvoll in Einzelstellung auf dem Rasen mit darunter stehenden gelben Narzissen. Die schönste Sorte ist 'The Bride', ein kompakter Strauch mit großen weißen Blüten und dunkelgrünem Laub, der in jedem Garten einen Platz verdient. Eignet sich für alle – bis auf extrem alkalische – Bodenarten, bevorzugt sonnigen Standort.

**Höhe: 2,4 m**
**Ausbreitung: 3 m**
**Winterhart**
**• Unproblematisch**

## Forsythie

### *Forsythia* x *intermedia*

OLEACEAE

Anspruchsloser Strauch mit leuchtend gelben, glockenförmigen Blüten, die im Frühjahr noch vor dem Laub erscheinen. Nach der Blüte eher unscheinbar, es empfiehlt sich also, ihn hinten in die Rabatte zu setzen, wo er einen grünen Hintergrund für sommerblühende Stauden und Sträucher bildet. Eine der beliebtesten Sorten ist 'Spectabilis' mit dottergelben Blüten. 'Lynwood' hat sattgelbe Blüten. Wachsen auf jedem Gartenboden an sonnigem oder halbschattigem Standort.

**Höhe: 3,6 m**
**Ausbreitung: 3,6 m**
**Winterhart**
**• Unproblematisch**

**LINKS:** Cotinus coggyria *hüllt sich im Sommer in eine Wolke von zartrosa Blüten.*

**UNTEN:** *Die leuchtend gelben Blüten von* Forsythia suspensa *erscheinen im Frühjahr vor den Blättern.*

## Scharlachfuchsie

### *Fuchsia magellanica*

ONAGRACEAE

Kaum eine andere Pflanze blüht so ausdauernd von der Mitte des Sommers bis zum ersten Frost wie die Fuchsie mit ihren leuchtend grünen Blättern und den hängenden roten und violetten Blüten. Fuchsien sind nur bedingt winterhart, so daß man sie in Gegenden mit strengem Frost am besten in Kübel pflanzt und im Winter ins Haus bringt. Viele verschiedene Sorten, darunter auch Pflanzen mit goldenen oder bunten Blättern und Blüten. *F. m.* var. *gracilis* hat anmutig geschwungene Zweige mit langen, schmalen Blüten. Bei 'Versicolor' sind die jungen Blätter kupferfarben, verfärben sich im Verlauf des Sommers aber graugrün und bilden damit einen idealen Hintergrund für die roten und violetten Blüten. *F. m.* var. *molinae* hat zarte weiße Blüten. Normaler Boden, stehen aber gerne in der prallen Sonne.

**Höhe: 1,5 m**
**Ausbreitung: 1,5 m**
**Winterhart bis –10°C**
**• Unter Umständen Winterschutz.**

## Strauchveronika

*Hebe albicans*
SCROPHULARIACEAE

Ein nur bedingt winterharter, immergrüner niedriger Strauch mit dichtem Laub und in Trauben angeordneten weißen Blüten, die im ausgehenden Frühjahr und den Sommer hindurch erscheinen. Eignet sich für Rabatten, Steingärten oder als Kübelpflanze. Die Sorte 'Red Edge' hat graue, rotgerandete Blätter, 'Pewter Dome' graugrünes Laub. Verlangt einen gut durchlässigen Boden und pralle Sonne.
**Höhe: 60 cm**
**Ausbreitung: 90 cm**
**Winterhart bis –5°C**
**• Nicht sehr langlebig.**

## Gartenhortensie

*Hydrangea macrophylla*
SAXIFRAGACEAE

Ausgezeichneter Spätblüher mit buschigen, dunkelgrünen Blättern und großen kugelförmigen Blüten, die bis in den Winter hinein erscheinen. Für die gemischte Rabatte, Pflanzkübel oder zur Gruppenpflanzung in Beeten. Die Farbe der Blüten variiert je nach Qualität des Bodens: Viele Sorten blühen in alkalischem Boden rosa, in neutralem rot und in saurem Boden blau. Zu den schönsten Sorten zählen 'Générale Viscomtesse de Vibraye' mit kräftig blauen Blüten in saurem Boden und rosafarbenen Blüten in alkalischem Boden, die weiß blühende 'Madame Emile Mouillère' und 'Ayesha' mit violetten Blüten in saurem und rosafarbenen Blüten in alkalischem Boden. Hortensien bevorzugen einen nährstoffreichen Boden und Halbschatten.
**Höhe: 1,8 m**
**Ausbreitung: 2,4 m**
**Winterhart**
**• Verträgt keinen Zug.**

## Kolkwitzie

*Kolkwitzia amabilis*
CAPRIFOLIACEAE

Ein anmutiger, mittelgroßer sommergrüner Strauch mit hellgrünen Blättern und glockenförmigen blaßrosa Blüten mit gelbem Schlund, die vom ausgehenden Frühjahr bis zur Mitte des Sommers erscheinen. Eignet sich zur Einzelstellung wie zur Bereicherung der sommerblühenden Rabatte, läßt sich aber auch als Hecke pflanzen Verlangt keinen besonderen Boden, steht gern sonnig.
**Höhe: 3 m**
**Ausbreitung: 3 m**
**Winterhart**
**• Unproblematisch**

## Neuseeländer Flachs

*Phormium tenax*
LILIACEAE

Eine schöne Pflanze, um einer Rabatte einen deutlichen Akzent zu verleihen. Die Pflanze wird sehr groß, eignet sich also nicht für kleine Gärten. Es werden eine ganze Reihe ansprechender Sorten und Hybriden angeboten: 'Purpureum' hat bronze-rote Blätter und wird beinahe so groß wie die grünblättrige Sorte, während die Hybride *P.* 'Sundowner' wesentlich kleiner ist und interessante rot, cremefarben und grün gestreifte Blätter hat. Noch kleiner ist *P.* 'Bronze Baby' mit bronzefarbenem Laub. Verlangt einen durchlässigen, leichten Boden und sonnigen Standort.
**Höhe: 1,8 m**
**Ausbreitung: 2,1 m**
**Winterhart bis –10°C**
**• Braucht einige Jahre bis zur Ausbildung von Blüten.**

## Glanzmispel

*Photinia* x *fraseri*
ROSACEAE

Ein immergrüner Strauch für den Spätherbst: Zu diesem Zeitpunkt erscheinen die neuen Blätter, die dunkelrot sind. Sie verfärben sich im Winter und Frühjahr leuchtend rot, um im Sommer schließlich dunkelgrün zu werden. Die weißen Blüten erscheinen nur in sehr warmem Klima. Eignet sich als winterlicher Farbtupfer in einer Rabatte oder als Mauerstrauch. Regelmäßiges Beschneiden fördert das Wachstum neuer Blätter. Die leuchtendsten Winterfarben bringt die Sorte 'Red Robin' hervor. Gedeiht auf jedem nicht zu alkalischen Boden, verträgt pralle Sonne und Halbschatten.
**Höhe: 4 m**
**Ausbreitung: 3 m**
**Winterhart**
**• Junge Pflanzen sind frostempfindlich.**

## Spierstrauch

*Spiraea japonica*
ROSACEAE

Ein sehr beliebter Gartenstrauch mit dichtem Blattwerk und rosa oder weißen Blüten vom Beginn bis zur Mitte des Sommers. Eignet sich für Gruppenpflanzung sowie für die ersten Reihen einer Rabatte, läßt sich aber auch als niedrige Hecke pflanzen, die nicht beschnitten werden sollte. Zu den schönsten Sorten gehören 'Anthony Waterer' mit bunten Blättern und rosa, cremefarbenen und dunkelrosa Blüten, die dunkelrosa blühende Sorte 'Goldflame', bei der die neuen Blätter zunächst apricotfarben sind und sich dann

**OBEN:** Hydrangea macrophylla *'Mariesii Perfecta'.*

**LINKS:** Hebe salicifolia, *ein immergrüner, im Sommer blühender Strauch mit weißen, ins Violette übergehenden Blüten.*

**OBEN:** *Die blaßrosa Blüten von* Kolkwitzia amabilis *erscheinen im ausgehenden Frühjahr.*

orange und schließlich golden verfärben, und 'Shirobana' mit grünen Blättern und rosa, weißen oder halb weißen, halb rosa Blüten. Wachsen in jeder Bodenart in der Sonne oder im Halbschatten.

**Höhe: 75 cm**
**Ausbreitung: 75 cm**
**Winterhart**
**• Unproblematisch**

## Schneeball

*Viburnum tinus*
CAPRIFOLIACEAE

Ein winterblühender Strauch mit immergrünen Blättern und kleinen, weißen Blüten, die vom Spätherbst bis zum ausgehenden Frühjahr erscheinen. Eignet sich hervorragend zur Gruppenpflanzung. Verschiedene Sorten werden angeboten, darunter die kleinere 'Eve Price' mit rosafarbenen Blüten und die frostempfindlichere 'Variegatum' mit buntem Laub. Verlangt einen durchlässigen Boden und Halbschatten, verträgt aber auch sonnigen Standort.

**Höhe: 3 m**
**Ausbreitung: 3 m**
**Winterhart bis –10°C**
**• Verträgt keinen strengen, anhaltenden Frost.**
**• Bienenweide, Vorsicht bei Insektenstichallergie.**

## Weigelie

*Weigela florida*
CAPRIFOLIACEAE

Ein äußerst anspruchsloser und pflegeleichter Strauch für den Garten mit einer kompakten, rundlichen Form, mittelgrünem Laub und rosafarbenen Blüten, die im ausgehenden Frühjahr bis in den Sommer hinein erscheinen. Vor allem die buntblättrigen Sorten eignen sich für die gemischte Rabatte, wo sie einen hübschen Hintergrund für rote und rosafarbene Blüten von Rosen und Pfingstrosen bilden. Verträgt jeden Gartenboden, bevorzugt sonnigen Standort, kann aber auch im Halbschatten stehen.

**Höhe: 2 m**
**Ausbreitung: 2 m**
**Winterhart**
**• Bienenweide, Vorsicht bei Insektenstichallergie.**

**LINKS:** *Der immergrüne Strauch* Viburnum tinus *'Gwenllian' blüht vom ausgehenden Sommer über den Winter bis in das Frühjahr hinein.*

**GANZ LINKS:** Spiraea japonica *'Anthony Waterer' hat leuchtend rosafarbene Blüten und manchmal bunte Blätter.*

### WEITERE STRÄUCHER

| Deutscher Name | Botanische Bezeichnung | Familienname |
|---|---|---|
| Abelie | *Abelia* x *grandiflora* | CAPRIFOLIACEAE |
| Schönmalve | *Abutilon* x *hybridum* | MALVACEAE |
| Zwergvogelbeere | *Aronia arbutifolia* | ROSACEAE |
| Berberitze, Sauerdorn | *Berberis thunbergii* | BERBERIDACEAE |
| Schönfrucht | *Callicarpa bodinieri* | VERBENACEAE |
| Liebesperlenstrauch | *Carpenteria californica* | HYDRANGEACEAE |
| Bartblume | *Caryopteris incana* | VERBENACEAE |
| Hornnarbe | *Ceratostigma willmotianum* | PLUMBAGINACEAE |
| Orangenblume | *Choisya ternata* | RUTACEAE |
| Blasenstrauch | *Colutea arborescens* | FALSACEAE |
| Silberwinde | *Convolvulus cneorum* | CONVOLVULACEA |
| Hartriegel, Kornelkirsche | *Cornus alba* | CORNACEAE |
| Kornwicke | *Coronilla valentina glauca* | LEGUMINOSAE |
| Zwergmispel | *Cotoneaster conspicus* | ROSACEA |
| | *Crinodendron hookerianum* | ELAEOCARPACEAE |
| Gleisklee | *Cytisus* x *kewensis* | LEGUMINOSAE |
| Deutzie | *Deutzia* x *rosea* | SAXIFRAGACEAE |
| Buschgeißblatt | *Diervilla sessilifolia* | CAPRIFOLIACEAE |
| Prachtglocke | *Enkianthus campanulatus* | ERICACEAE |
| Forsythie, Goldglöckchen | *Forsythia suspensa* | OLEACEAE |
| Ginster | *Genista lydia* | LEGUMINOSAE |
| | *Griselinia littoralios* | CORNACEAE |
| Silberglocke | *Halesia montecolia* | STRYACACEAE |
| Ehrenpreis | *Hebe salicifolia* | SCROPHULARIACEAE |
| Roseneibisch | *Hibiscus syriacus* | MALVACEAE |
| Indigostrauch | *Indigofera heterantha* | LEGUMINOSAE |
| Kerrie, Ranunkelstrauch | *Kerria japonica* | ROSACEAE |
| Sommerpappel, Bechermalve | *Lavatera olbia* | MALVACEAE |
| Leicesterie | *Leycesteria formosa* | CAPRIFOLIACEA |
| Sternmagnolie | *Magnolia stellata* | MAGNOLIACEAE |
| | *Nandina domestica* | BERBERIDACEAE |
| Traubenspiere | *Neillia thibetica* | ROSACEAE |
| Pfingstrose, Päonie | *Paeonia delavayi* | PAEONIACEAE |
| Silberstrauch, Perowskie | *Perovskia atriplicifolia* | LABIATAE |
| | *Phygelius capensis* | SCROPHULARIACEAE |
| Blasenspiere | *Physocarpus opulifolius* | ROSACEAE |
| | *Piptanthus nepalensis* | PAPILIONACEAE |
| Fünffingerstrauch | *Potentilla fruticosa* | ROSACEAE |
| Pflaume, Kirsche, Pfirsich, Mandel, Aprikose | *Prunus* x *cistena* | ROSACEAE |
| Feuerdorn | *Pyracantha* 'Teton' | ROSACEAE |
| Rhododendron, Alpenrose, Felsenstrauch | *Rhododendron* hybriden | ERICACEAE |
| Romneya | *Romneya coulteri* | PAPAVERACEAE |
| Brombeere, Himbeere | *Rubus* 'Beneden' | ROSACEAE |
| | *Stachyurus chinensis* | STACHYURACEAE |
| Korallenbeere | *Symphoricarpos orbiculatus* | CAPRIFOLIACEAE |
| Frühlingstamariske | *Tamarix tetrandra* | TAMARICACEAE |
| Gamander | *Teucrium fruticans* | LABIATAE |
| Palmlilie, Adamsnadel | *Yucca flaccida* | AGAVACEAE |

# Bäume

## Felsenbirne

*Amelanchier lamarckii*
ROSACEAE

Eigentlich ein Strauch, der sich aber auch als einstämmiger Baum ziehen läßt. Die aufrecht stehenden, dichten Zweige werden im Frühjahr von einer Wolke weißer, sternförmiger Blüten umgeben, denen kleine grüne Blätter folgen. Herbstfärbung orangerot. Dieser in jeder Jahreszeit attraktive Baum ist klein genug, um in jedem Garten Platz zu finden. Anspruchslos, gedeiht in jedem durchlässigen Boden, bevorzugt Sonne, kann aber auch im Halbschatten stehen.
**Höhe: 7 m**
**Ausbreitung: 6 m**
**Winterhart**
**• Unproblematisch**

## Erdbeerbaum

*Arbutus unedo*
ERICACEAE

Eigentlich ein immergrüner Strauch, der sich aber auch als Hochstamm ziehen läßt. Eignet sich nur für einen geschützten Standort, verträgt keine strengen Fröste. Ledrige, ovale, dunkelgrüne Blätter mit purpurroten Adern, die weißen, kannenförmigen, in Trauben hängenden Blüten erscheinen vom Frühjahr bis in den Sommer. Im Herbst Ausbildung von erdbeerähnlichen, runden, roten Früchten, die eßbar, aber wenig schmackhaft sind. Häufig hängen die Früchte noch bis in den nächsten Sommer hinein am Baum. Eignet sich gut für Einzelstellung oder als Kübelpflanze. Gedeiht auf nährstoffreichem, organischem Boden, verträgt Halbschatten.
**Höhe: 5 m**
**Ausbreitung: 5 m**
**Winterhart bis –5°C**
**• Bienenweide, Vorsicht bei Insektenstichallergie.**

## Judasbaum

*Cercis siliquastrum*
LEGUMINOSAE

Langsam wachsender Baum, dessen Zweige im ausgehenden Frühjahr mit rosa-violetten, erbsenförmigen Blüten bedeckt sind, gefolgt von hübschen herzförmigen Blättern. Bei warmer Witterung bilden sich im Spätsommer lange, blaß graugrüne Schoten aus. Der junge Baum sollte wie ein Strauch auf einer Rabatte eingesetzt werden, bis er die Größe eines Baumes erreicht hat, oder als Spalierbaum an einer hohen Hauswand hochgezogen werden. Bevorzugt neutralen bis sauren Boden, verträgt aber auch einen leicht alkalischen Boden. Sonniger bis halbschattiger Standort.
**Höhe: 6 m**
**Ausbreitung: 6 m**
**Winterhart**
**• Bienenweide, Vorsicht bei Insektenstichallergie.**
**• Muß geschützt stehen.**

## Weißdorn

*Crataegus laevigata*
ROSACEAE

Ausdauernder, anspruchsloser Baum, der auf beinahe jedem

**LINKS:** *Wie eine Wolke muten die im Frühling erscheinenden weißen Blüten von* Amelanchier lamarckii *an.*
**GANZ OBEN:** *Die Früchte des immergrünen* Arbutus unedo *sehen aus wie Erdbeeren.*
**OBEN:** *Die kleinen, rosafarbenen Blüten schmücken* Cercis siliquastrum *im späten Frühjahr.*

**LINKS:** Crataegus laevigata *'Paul's Scarlet' hat tiefrosa Blüten.*
**UNTEN:** *Die hängenden Blüten von* Davidia involucrata *sehen aus wie in den Baum gehängte Taschentücher.*

Boden und auch an kalten, zugigen Standorten gedeiht. Gelappte grüne Blätter und Dolden weißer, rosafarbener oder roter Blüten, die im ausgehenden Frühjahr erscheinen, gefolgt von kleinen dunkelroten Früchten im Herbst. Die Sorte 'Paul's Scarlet' hat dunkelrosa bis rote gefüllte Blüten, 'Rosea Flore Pleno' doppelt gefüllte rosa Blüten. Weitere nützliche Weißdornpflanzen für den Garten sind *C. persimilis* 'Pruniflora' mit großen Dolden weißer Blüten und glatten grünen Blättern, die sich im Herbst leuchtend gelb und orange verfärben. Gedeiht in jeder Erde an einem sonnigen bis halbschattigen Standort.
**Höhe: 6 m**
**Ausbreitung: 6 m**
**Winterhart**
**• Bienenweide, Vorsicht bei Insektenstichallergie.**
**• Hat große Dornen.**

## Taubenbaum

*Davidia involucrata*
DAVIDIACEAE

Wird oft als Strauch gezogen, kann aber auch zu einem großen Baum auswachsen und eignet sich dann nicht mehr für den kleinen Garten. Große grüne Blätter mit pelziger Unterseite, die sich im Herbst gelb färben. Besonders hübsch sind die im ausgehenden Frühjahr erscheinenden Blüten mit zwei ungleich großen weißen, an Taschentücher erinnernden Hüllblättern um die kleinen schwarzen Blüten. Während der Blüte einzigartig schön. Gedeiht am besten in nährstoffreichem, tiefgründigem Lehmboden, begnügt sich aber auch mit anderen Böden. Liebt Halbschatten.
**Höhe: 12 m**
**Ausbreitung: 6 m**
**Winterhart**
**• Langsam wachsend, braucht Jahre bis zur Blüte, aber das Warten lohnt sich.**

## Blasenbaum

*Koelreutia paniculata*
SAPINDACEAE

Ein hübscher kleiner Baum mit blaß-grünen gefiederten Blättern und kleinen goldgelben Blüten in Rispen, die von Juli bis August erscheinen, im Herbst gefolgt von großen Kapselfrüchten. Kann im allergenreduzierten Garten als Ersatz für den giftigen Goldregen angepflanzt werden. In Einzelstellung ein guter Schattenspender. Anspruchslos, gedeiht in jeder guten Gartenerde und an einem sonnigen Standort.
**Höhe: 12 m**
**Ausbreitung: 6 m**
**Winterhart**
**• Bienenweide, Vorsicht bei Insektenstichallergie.**

## Tulpenbaum

*Liriodendron tulipifera*
MAGNOLIACEAE

Majestätischer Baum mit außergewöhnlich geformten Blättern, die sich im Herbst gelb färben. Im Juni bis August auffallend schöne, tulpenförmige grüne und gelbe Blüten. In Einzelstellung ein guter Ersatz für Eiche oder Birke. Die Sorte 'Aureomarginatum' mit breitem, gelbgrünem Blattrand ist kleiner und besonders attraktiv. 'Fastigiatum' eignet sich vor allem für kleinere Gärten. Gedeiht in jeder guten Gartenerde an sonnigem Standort.
**Höhe: 30 m**
**Ausbreitung: 15 m**
**Winterhart**
**• Bienenweide, Vorsicht bei Insektenstichallergie.**
**• Nicht für rauhe Lagen.**

## Magnolie

*Magnolia* x *soulangeana*
MAGNOLIACEAE

Eigentlich ein Strauch, den man aber auch als Mittel- oder Hochstamm ziehen kann. Eignet sich hervorragend zur Einzelstellung. Große, kelchförmige Blüten, weiß bis purpurrosa, erscheinen im Frühjahr fast gleichzeitig mit den weichen, grünen Blättern, die sich im Herbst gelb färben. Blüten vertragen keine Morgensonne. Verlangt einen geschützten Standort, sollte zugleich aber so stehen, daß man ihn in ganzer Pracht bewundern kann. Eine Reihe von guten Sorten ist erhältlich, darunter 'Brozzonii' mit großen weißen Blüten, die am Grund rötlich sind; 'Lennei' mit umgekehrt glockigen Blüten, innen weiß, außen purpurrosa, und größeren Blättern; und 'Rustica', eine starkwüchsige Sorte mit rosa Blüten. Bevorzugt einen nährstoffreichen, schweren Boden und eine geschützte, halbschattige Lage, die aber nicht von

der Morgensonne beschienen wird.
**Höhe: 10 m**
**Ausbreitung: 8 m**
**Winterhart**
**• Einige Sorten sind duftend.**

## Kirschapfel

### *Malus tschonoskii*

ROSACEAE

Unter den zahlreichen Arten des Apfelbaums, die sich für den allergenreduzierten Garten eignen, ist dieser der nützlichste. Ein hübscher aufrechter Hochstamm mit einer kugelförmigen Krone. Die graugrünen Blätter färben sich im Herbst orangerot. Die im ausgehenden Frühjahr erscheinenden Blüten sind zunächst rosa, dann weiß. Im Herbst werden kleine gelbbraune Früchte ausgebildet. Ein ordentlicher, anspruchsloser Baum, der sich zur Einzelstellung wie zur Gruppenpflanzung mit anderen, schöne Herbstfarben hervorbringenden Pflanzen eignet. Unter den vielen anderen attraktiven Arten ist der reichblühende *M. floribunda* mit rosaroten Knospen, rosa und später weißen Blüten zu nennen. Die Sorte *M.* x *zumi* 'Golden Hornet' hat weiße Blüten und leuchtend gelbe Früchte, die bis in den Winter hinein am Baum hängen. Einige Sorten haben rote Blätter wie *M.* 'Royalty' mit weinfarbigem Laub und weinroten Blüten, gefolgt von purpurroten Früchten. Gedeiht in jeder guten, durchlässigen Gartenerde an sonnigem Standort.
**Höhe: 8 m**
**Ausbreitung: 6 m**
**Winterhart**
**• Bienenweide, Vorsicht bei Insektenstichallergie.**

## Mispel

### *Mespilus germanica*

ROSACEAE

Einer der ältesten Kulturbäume, der in keinem Garten fehlen sollte. Klein, mit ausladender Krone, die großen grünen Blätter färben sich im Herbst erst gelb, dann satt braun. Die hübschen, weißrandigen Blüten erscheinen im ausgehenden Frühjahr, im Spätsommer und Herbst Ausbildung von eßbaren Früchten. Die Früchte der Sorte 'Nottingham' sollen am schmackhaftesten sein. Gedeiht auf jedem nicht zu alkalischen Boden und bevorzugt sonnige Lage.
**Höhe: 6 m**
**Ausbreitung: 6 m**
**Winterhart**
**• Bienenweide, Vorsicht bei Insektenstichallergie.**
**• Muß unter Umständen, vor allem bei reichem Fruchtertrag, gestützt werden.**

## Blutpflaume

### *Prunus cerasifera* 'Pissardii'

ROSACEAE

Einer der wenigen rotblättrigen Bäume, die sich für den allergenreduzierten Garten eignen. Klein bis mittelgroß, läßt sich in jede Form schneiden, reichblühend. Die an den dünnen Zweigen sitzenden rosafarbenen Knospen öffnen sich zu Beginn des Frühjahrs zu weißen Blüten, gefolgt von ovalen, glänzenden Blättern, die sich dunkelrot und im Verlauf des Sommers dann purpurschwarz verfärben. Eignet sich zur Einzelstellung, aber auch als Sichtschutz oder Hintergrund für Rabatten. Etliche weitere Sorten, darunter 'Nigra' mit dunkleren Blättern, schwarzen Blattstielen und rosa Blüten. 'Trailblazer' mit weißen Blüten und größeren, eher grünen Blättern bringt im Herbst purpurfarbene, eßbare Früchte hervor. Gedeiht auf nährstoffreichem Boden in sonniger Lage.
**Höhe: 8 m**
**Ausbreitung: 5 m**
**Winterhart**
**• Bienenweide, Vorsicht bei Insektenstichallergie.**

## Japanische Blütenkirsche

### *Prunus serrulata*

ROSACEAE

Aus dieser Pflanze wurden die meisten japanischen Zierkirschensorten gezüchtet. Ein mittelgroßer, sommergrüner Baum mit gezackten ovalen grünen Blättern, die sich im Herbst leuchtend rot, orange oder gelb färben. Alle Sorten bilden im Frühjahr eine kurze, aber auffällige Blüte mit großen rosafarbenen oder weißen Blütentrauben. Eignen sich zur Einzelstellung oder zur Gruppenpflanzung, als Hintergrund für Beete und Rabatten wie auch als Alleebaum. Zu den besten Sorten gehören *P.* 'Shirofugen', ein großer, breiter Baum mit im ausgehenden Frühjahr erscheinenden rosa Knospen, gefolgt von rosa Blüten, die allmählich weißlich verblassen; das Laub ist zu Beginn kupferfarben, wird im Sommer grün und verfärbt sich schließlich im Herbst rötlich. Die aufrecht wachsende Sorte *P.* 'Taihaku' hat die größten Blüten, die in der Mitte des Frühjahrs rein weiß erscheinen. *P.* 'Kikushidare-zakura' hat gefüllte rosarote Blüten, die zu Beginn des Frühjahrs erscheinen. *P.* 'Ukon' hat eine ausladende Krone und hängende blaßgrüne, halbgefüllte Blüten, die sich weiß verfärben; die jungen Blätter sind kupferfarben, im Sommer grün und färben sich im Herbst rot, gelb und orange. Für einen kleinen Garten ist *P.* 'Amanaogawa' geeignet mit halbgefüllten blaßrosa Blüten und Blättern, die sich im Herbst gelb und orange verfärben. Die japanische Blütenkirsche verlangt einen sonnigen Standort und benötigt durchlässigen Boden.

**OBEN:** *Purpurblättriger* Malus *'Royalty' mit seinen im Frühjahr erscheinenden tiefrosa Blüten.*
**OBEN RECHTS:** *Die Früchte der* Mespilus germanica *sind eßbar.*

**RECHTS:** *Die Blüten von* Prunus avium *'Plena' sind doppelt gefüllt.*

**Höhe: 8 m**
**Ausbreitung: 8 m**
**Winterhart**
**• Kirschen mit einfachen Blüten ziehen Bienen an, bei Insektenstichallergie gefüllte Sorten wählen.**

## Japanische Bergkirsche

*Prunus subhirtella* 'Autumnalis'
ROSACEAE

Blüht bei milder Witterung auch im Winter und hat daher einen Platz in jedem Garten verdient. Die feinen, leicht hängenden Zweige zieren vom Spätherbst bis in den Frühling hinein kleine rosafarbene Blüten. Sehr strenger Frost kann die Blüte allerdings unterbrechen. Pflanzen Sie die Bergkirsche in Einzelstellung so, daß man sie vom Haus aus sehen kann. 'Autumnalis Rosea' hat etwas dunklere rosarote Blüten. Gedeiht in nährstoffreichem Boden in sonniger oder halbschattiger Lage.
**Höhe: 7 m**
**Ausbreitung: 7 m**
**Winterhart**
**• Bienenweide, Vorsicht bei Insektenstichallergie.**
**• Langsam wachsend.**

## Zierbirne

*Pyrus* ssp.
ROSACEAE

Verschiedene Zierbirnen eignen sich für den allergenreduzierten Garten, darunter die beliebte *P. salicifolia* 'Pendula', eine Trauerform mit hängenden, schmalen grauen Blättern und weißen, offenen Blüten, denen im Herbst harte grüne Früchte folgen können. Eignet sich bei entsprechendem Schnitt hervorragend zur Einzelstellung im kleineren Garten, vor allem neben einem Wasserbecken. Ausgefallener ist *P. calleryana* 'Chanticleer' mit aufrechten Zweigen und hellen, glänzend grünen Blättern, die erst spät im Winter abgeworfen werden. Die ungefüllten weißen Blüten erscheinen in der Mitte des Frühjahrs. Eignet sich als Alleebaum oder zu beiden Seiten eines Tores. Ist aber auch einzelnstehend ein schöner Blickfang. Zierbirnen sind anspruchslos, was den Boden angeht, bevorzugen allerdings einen sonnigen Standort.
**Höhe: 7 m**
**Ausbreitung: 5 m**
**Winterhart**
**• Bienenweide, Vorsicht bei Insektenstichallergie.**

## Eberesche, Vogelbeerbaum

*Sorbus aucuparia*
ROSACEAE

Kleiner, einheimischer Baum mit weißen Blüten, gefolgt von dunkelroten Früchten, die sich die Vögel gerne holen. Blätter verfärben sich im Herbst orangerot oder gelb. Eignet sich als Windschutz oder als Bestandteil eines Landschaftsgartens. Zu den veredelten Sorten zählen 'Aspleniiflora' mit elegant geschnittenen Blättern, 'Beissneri' mit orangefarbenem Stamm, der dem winterlichen Garten Farbe verleiht, und 'Fastigiata', ein hochwachsender Baum mit leuchtend roten Beeren im Herbst. Weitere Arten sind die attraktive *S. vilmorinii* mit zarten, graugrünen Blättern und weißen Blüten, gefolgt von rosaroten Früchten, die sich weiß färben. Eine kleinwüchsige Art ist *S. cashmiriana* mit Trauben perlweißer Beeren im ausgehenden Sommer. Gedeiht in guter Gartenerde und an einem sonnigen Standort.
**Höhe: 12 m**

**Ausbreitung: 9 m**
**Winterhart**
**• Bienenweide, Vorsicht bei Insektenstichallergie.**

## Mehlbeere

*Sorbus aria*
ROSACEAE

Einer der besten Gartenbäume für unsere Breiten, der bereits früh eine schöne runde Form zeigt. Blütenrispen mit weißen, zarten Blüten, gefolgt von hellroten Früchten im Herbst. Dieser einheimische Baum eignet sich als Sichtschutz wie zur Hintergrundbepflanzung, läßt sich aber auch als Spalierbaum zu einem Bogen vor einer Mauer hochziehen. Auch als Alleebaum geeignet. Zu den Zierformen gehört 'Lutescens' mit leuchtend silbrig-weißem Laub und orangefarbenen Beeren; besonders schön im Frühjahr, wenn die ersten weißen Knospen erscheinen, und ein idealer Hintergrund für Pflanzen mit lebhaft gefärbten Blättern. Die Mehlbeere gedeiht in jedem nicht zu stark alkalischen Boden an einem sonnigen Standort.
**Höhe: 12 m**
**Ausbreitung: 8 m**
**Winterhart**
**• Bienenweide, Vorsicht bei Insektenstichallergie.**

**LINKS:** Pyrus salicifolia *'Pendula' hat weiße Blüten und helle, graugrüne Blätter.*
**UNTEN:** *Die Blätter von* Parrotia persica *verfärben sich im Herbst leuchtend orange, rot und gelb.*

### WEITERE BÄUME

| Deutscher Name | Botanische Bezeichnung | Familienname |
|---|---|---|
| Roßkastanie | *Aesculus* x *carnea* | HIPPOCASTANACEAE |
| Erbsenstrauch | *Caragana arborescens* | LEGUMINOSAE |
| Trompetenbaum | *Catalpa bignonioides* | BIGNONIACEAE |
| Katsurabaum | *Cercidiphyllum japonicum* | CERCIDIPHYLLACEAE |
| Gelbholz | *Cladrastris lutea* | LEGUMINOSAE |
| Zwergmispel | *Cotoneaster salicifolius* 'Pendulus' | ROSACEAE |
| Weißdorn | *Crataegus oxyacantha* | ROSACEAE |
| Gleditschie, Lederhülsenbaum | *Gleditsia triacanthos* | LEGUMINOSAE |
| Geweihbaum | *Gymnocladus dioicus* | LEGUMINOSAE |
| Tupelobaum | *Nyssa sylvatica* | NYSSACEAE |
| Sauerbaum | *Oxydendrum arboreum* | ERICACEAE |
| Parrotie | *Parrotia persica* | HAMAMELIDACEAE |
| Blauglockenbaum | *Paulownia tomentosa* | SCROPHULARIACEAE |
| Wildkirsche, Vogelkirsche | *Prunus avium* 'Plena' | ROSACEAE |
| Fieberbaum, Fenchelholzbaum | *Sassafras albidum* | LAURACEAE |
| Japanischer Schnurbaum | *Sophora japonica* | LEGUMINOSAE |
| Scheinkamelie | *Stewartia pseudocamellia* | THEACEAE |
| Storaxbaum, Styraxbaum | *Styrax japonicus* | STYRACACEAE |

# Zu vermeidende Pflanzen

**Zeichenerklärung:**

***Problematisch für Menschen mit Asthma und/oder Heuschnupfen***

***Pflanzen, die Reizungen der Haut und/oder der Augen verursachen können***

***Pflanzen mit Stacheln oder Dornen***

***Bei Verzehr giftige Pflanzen***

Dieser Teil des Anhangs beschreibt die Pflanzen, die nicht in den allergenreduzierten Garten gehören. Unterteilt sind sie in Einjährige und Zweijährige, Stauden und Bodendecker, Kletterpflanzen, Sträucher, Bäume und Kräuter. Ergänzend werden auch Gemüse- und Obstsorten, Gräser und Unkräuter behandelt. In jedem Abschnitt werden Pflanzen beschrieben, die Allergien verursachen können. Wenn auf den Pflanzennamen die Abkürzung ssp. (Subspezies) folgt, bedeutet dies, daß alle Pflanzen dieser Gattung über allergene Eigenschaften verfügen. Wird dagegen die Art oder Sorte explizit genannt, können die anderen Pflanzen der entsprechenden Gattung als unproblematisch für den Allergiker angesehen werden.

Es werden jedoch nicht nur die wichtigsten allergenen Pflanzen beschrieben, sondern auch Möglichkeiten genannt, welche niedrigallergenen Pflanzen statt dessen alternativ eingesetzt werden können. Auf den ersten Blick enthalten die Listen eine erschreckend große Anzahl von Pflanzen. Doch denken Sie daran, daß Sie aus Ihrem Garten nur die verbannen müssen, die bei Ihnen oder einem Mitglied Ihrer Familie nachweisbar Allergien auslösen. Ich habe mich bemüht, alle bekannten allergieauslösenden Pflanzen aufzuführen. Da die Forschungen zu diesem Thema jedoch noch nicht abgeschlossen sind, ist nicht auszuschließen, daß einige mir nicht als allergen bekannte Pflanzen in meiner Aufstellung fehlen. Sollte dies der Fall sein, bitte ich um Entschuldigung.

**OBEN:** *Wie buschige Federn sehen die Rispen des Pampasgrases* Cortaderia selloana *'Pumila' aus.*

**OBEN:** *Die Blätter von* Phalaris arundinacea *'Picta'.*

## GRÄSER

Gräserpollen gehören zu den häufigsten Verursachern von Heuschnupfen, Asthmaanfällen und Hautreizungen. Soweit irgend möglich sollten Gräser aus dem allergenreduzierten Garten verbannt werden. Dies heißt, daß man nicht nur auf Rasenflächen verzichten, sondern auch alle Ziergräser aus den Beeten und Rabatten entfernen und durch nichtallergene Pflanzen ersetzen sollte.

Alle in unseren Gärten anzutreffenden Rasensorten sollten vermieden werden (s. S. 48–51 zu möglichen Alternativen). Eine Aufzählung sämtlicher Ziergräser, die in unseren Breiten in Beeten und Rabatten wachsen, würde den Rahmen sprengen, so daß ich hier nur die gängigsten Sorten behandele. Sie alle gehören der Familie der *Gramineae* an.

### Pampasgras

***Cortaderia selloana***
GRAMINEAE

Großes, immergrünes, buschiges Gras mit in Rispen stehenden silberweißen Blüten.

**ALTERNATIVE**
**Neuseeländischer Flax,** winterhart bis –10°C
*Phormium tenax*
Schwertfömige, steife, dunkelgrüne Blätter.

### Mariengras

***Phalaris aurundinacea picta* 'Picta'**
GRAMINEAE

Ausläufer treibendes Gras mit grün-weiß gestreiften Blättern, vornehmlich für Beete.

**ALTERNATIVE**
**Taglilie,** winterhart
*Hemerocallis fulva* 'Kwanso Variegata'
Ausdauernde mehrjährige Pflanze mit großen, nicht duftenden orangefarbenen Blüten.

### Schwingel

***Festuca glauca***
GRAMINEAE

Kleines immergrünes, mehrjähriges Ziergras.

**ALTERNATIVE**
**Grasnelke,** winterhart
*Armeria maritima*
Eignet sich für vordere Reihen in Rabatten.

### Federgras

***Stipa gigantea***
GRAMINEAE

Sehr beliebtes hoch wachsendes Gras.

**ALTERNATIVE**
**Schleierkraut,** winterhart
*Gypsophila paniculata*
Zahlreiche weiße Blüten im Sommer.

### WEITERE ZU VERMEIDENDE GRÄSER

| Deutscher Name | Botanischer Name |
|---|---|
| | *Hakonechloa macra* 'Alboaurea' |
| Zierhafer | *Helictotrichon sempervirens* |
| Honiggras | *Holcus mollis* 'Albovariegatus' |
| Flattergras | *Milium effusum* 'Aureum' |
| Chinaschilf | *Miscanthus sinensis* |
| Federborstengras | *Pennisetum orientale* |

**Achtung:** Alle diese Gräser können sowohl Asthma als auch Heuschnupfen verursachen. Der Pflanzensaft kann Dermatitis oder andere Hautallergien auslösen.

# EINJÄHRIGE UND ZWEIJÄHRIGE PFLANZEN

Dieser Abschnitt führt einjährige und zweijährige sowie bedingt winterharte mehrjährige Pflanzen auf, die als Beetpflanzen genutzt werden. Viele der besonders beliebten Einjährigen gehören zur Familie der *Asteraceae*, deren Blüten allergene Pollen produzieren. Sollten duftende Blüten bei Ihnen Asthma und/oder Heuschnupfen verursachen, versuchen Sie auf nicht duftende Sorten auszuweichen.

## Ringelblume

### *Calendula officinalis*

ASTERACEAE

Die Pollen dieser beliebten Blume mit leuchtend orangefarbenen Blüten verursachen Anfälle von Asthma und Heuschnupfen, Kontakt mit Saft und Blättern kann Hautreizungen und Nesselsucht auslösen.

**ALTERNATIVEN**

**Pantoffelblume,** mehrjährige Pflanze, wird behandelt wie einjährige
***Calceolaria integrifolia***
Gelbe bis orangefarbene Blüten im Sommer.

**Gauklerblume,** einjährig
***Mimulus luteus***
Leuchtend gelbe Blüten.

## Geranien

### *Pelargonium* Hybriden

GERANIACEAE

Beliebte Beet- und Balkonpflanze, die Asthma und Heuschnupfen auslösen kann, wahrscheinlich ist der moschusartige Duft die Ursache dafür. Der Kontakt mit den Blättern kann Hautreizungen hervorrufen.

**ALTERNATIVE**

**Fuchsie,** einjährig
***Fuchsia***
Die Sorten bieten eine breite Farbpalette und eignen sich ebenso für Töpfe und Balkonkästen.

## Wunderbaum, Palma Christi

### *Ricinus communis*

EUPHORBIACEAE

Wie viele andere Mitglieder der Gattung *Euphorbia* ist auch diese Pflanze für den Allergiker problematisch. Der Umgang mit der Pflanze kann Hautreizungen zur Folge haben. Nicht pflanzen, wenn Kinder Zugang zum Garten haben – giftig!

**ALTERNATIVE**

**Indisches Blumenrohr,** mehrjährig, schwierig zu überwintern
***Canna indica***
Große attraktive Blätter und leuchtend bunte Blüten.

**OBEN:** *Die Blüten von* Calendula officinalis *leuchten orangerot.*

**OBEN:** *Die stark duftenden Blüten der Nachtkerze.*

### WEITERE ZU VERMEIDENDE EIN-, ZWEI- UND MEHRJÄHRIGE PFLANZEN

| Deutscher Name | Botanische Bezeichnung | Familienname |
|---|---|---|
| Leberbalsam | *Ageratum houstonianum* | ASTERACEAE |
| Gartenfuchsschwanz | *Amaranthus caudatus* | AMARANTHACEAE |
| Bärenohr | *Arctotis* x *hybrida* | ASTERACEAE |
| Maßliebchen, Tausendschönchen, Gänseblümchen, Marienblume | *Bellis perennis* | ASTERACEAE |
| | *Bracteantha bracteata* | ASTERACEAE |
| Garten-Ringelblume | *Calendula officinalis* | ASTERACEAE |
| Kornblume, Flockenblume | *Centaurea cyanus* | ASTERACEAE |
| | *Chrysantemum frutescens* | ASTERACEAE |
| Spinnenpflanze | *Cleome hassleriana* | CAPPARACEAE |
| Schmuckkörbchen, Kosmea | *Cosmos bipinnatus* | ASTERACEAE |
| Dahlie | *Dahlia* | ASTERACEAE |
| Nelke | *Dianthus* ssp. | CARYOPHYLLACEAE |
| Roter Fingerhut | *Digitalis purpurea* | SKROPHULARIACEAE |
| Natternkopf | *Echium plantagineum* | BORAGINACEAE |
| | *Erysimum cheiri* | CRUCIFERAE |
| Gazanie | *Gazania* | ASTERACEAE |
| Sonnenblume | *Helianthus annuus* | BORANGINACEAE |
| Heliotrop | *Heliotropium arborescens* | BORAGINACEAE |
| Gartenbalsamine, Impatie | *Impatiens balsamina* | BALSAMINACEAE |
| Wandelröschen | *Lantana camara* | VERBENACEAE |
| Wohlriechende Wicke | *Lathyrus odoratus* | LEGUMINOSAE |
| Levkoje | *Matthiola* ssp. | CRUCIFERAE |
| Ziertabak | *Nicotiana alata* | SOLANACEAE |
| Nachtkerze | *Oenothera biennis* | ONAGRACEAE |
| | *Osteospermum jucundum* | ASTERACEAE |
| Primel | *Primula* x *polyantha* | PRIMULACEAE |
| Gartenresede | *Reseda odorata* | RESEDACEAE |
| Greiskraut, Kreuzkraut | *Senecio cineraria* | ASTERACEAE |
| Tagetes, Sammetblume, Studentenblume | *Tagetes* ssp. | ASTERACEAE |
| Zinnie | *Zinnia elegans* | ASTERACEAE |

# MEHRJÄHRIGE STAUDEN UND BODENDECKER

Mehrjährige Stauden und Bodendecker werden hier gemeinsam behandelt, da letztere sehr häufig in Rabatten vorkommen. Besonders problematische Pflanzen, die aus dem allergenreduzierten Garten ganz verbannt werden sollten, werden ausführlich beschrieben. Die in der Liste am Ende dieses Abschnitts aufgeführten Pflanzen sind entweder stark duftend, produzieren allergene Pollen oder verursachen Hautreizungen. Versichern Sie sich aber erst, welche dieser in Ihrem Garten stehenden Pflanzen Ihnen tatsächlich Probleme bereiten, bevor Sie sie entfernen.

**OBEN:** Aster x frikartii *'Jungfrau' produziert wie alle Astern allergene Pollen.*

**OBEN:** Ligularia *'The Rocket' mit leuchtend gelben Rispen und großen, gezackten Blättern braucht einen feuchten Standort.*

## Echte Schafgarbe

*Achillea millefolium*

ASTERACEAE

Eine altmodische Pflanze mit graugrünen, kammartig gefiederten Blättern und Strahlenblüten in verschiedenen Farben. Die weiß blühende Sorte steht häufig als Unkraut im Rasen. Ihre Pollen sind allergen und können Asthma oder Heuschnupfen auslösen, der Saft Hautreizungen. Nicht geeignet für den allergenreduzierten Garten.

**ALTERNATIVEN**

**Taglilie,** winterhart
***Hemerocallis* 'Stella de Oro'**
Große, trompetenförmige gelbe Blüten.
**Fackellilie**
***Kniphofia* 'Bee's Lemon'**
Zitronengelbe Blüten auf kräftigen Stielen.
**Flammenblume,** winterhart
***Phlox paniculata***
Große Blütenköpfe, denen der Schafgarbe sehr ähnlich.

## Eisenhut

*Aconitum* ssp.

RANUNCULACEAE

Nützliche Pflanze mit hohen Ähren blauer, wie ein Helm geformter Blüten für den schattigen Standort. Auch cremefarbene, weiße und zweifarbige Sorten erhältlich. Eine der giftigsten bekannten Pflanzen. Bei längerem Kontakt mit der Pflanze kann das Gift über die Haut in den Körper gelangen. Bei der Entfernung der Pflanze sollte mit größter Vorsicht vorgegangen werden. Obwohl nicht im eigentlichen Sinne eine Allergien auslösende Pflanze, gehört sie nicht in einen Garten, in dem Kinder spielen.

**ALTERNATIVE**

**Pfirsichblättrige Glockenblume,** winterhart
***Campanula persicifolia***
Nicht ganz so groß wie der Eisenhut, aber Blüten haben ähnliche Farbe.
**Rittersporn,** winterhart
***Delphinium*-Hybriden**
Gleicht in Größe und Form der Blätter sehr dem Eisenhut und hat ähnliche blaue Blüten.

## Nelken

*Dianthus* ssp.

CARYOPHYLLACEAE

Viele der in unseren Gärten anzutreffenden ein- oder mehrjährigen Nelkenarten und -sorten sind stark duftend und können damit Asthma oder Heuschnupfen auslösen. Nicht duftende Sorten dagegen sind wahrscheinlich unproblematisch.

**ALTERNATIVEN**

**Grasnelke,** winterhart
***Armeria maritima***
Ähnliche Blätter und runde, rosafarbene Blüten.
**Sonnenröschen,** winterhart bis –10°C
***Helianthemum* 'Rhodanthe Carneum'**
Graue Blätter und rosafarbene Blüten. Ein guter Ersatz für Nelken im Steingarten.

## Diptam

*Dictamnus albus*

RUTACEAE

Interessante Pflanze mit rosafarbenen und weißen Blüten über duftenden, gefiederten, drüsig behaarten Blättern. Kontakt mit dem Saft bei Sonnenlicht ruft einen schmerzenden Hautausschlag hervor.

**ALTERNATIVEN**

**Glockenblumen,** winterhart
***Campanula lactiflora* 'Loddon Anna'**
Ähnliche rosafarbene Blüten.
***Campanula latifolia* 'White Ladies'**
Ähnliche weiße Blüten.

## Wolfsmilch

*Euphorbia* ssp.

EUPHORBIACEAE

Die Euphorbien erfreuen sich bei Gärtnern immer größerer Beliebtheit. Eine der schönsten Arten ist *E. characia*. Hübsch ist auch die Sorte *E. amygdaloides* 'Purpurea' mit roten Schößlingen, dunkelvioletten Blättern und gelbgrünen Blüten. Die meisten Euphorbien (Ausnahme: Weihnachtsstern) haben einen milchigen Saft, der hoch allergen ist und Hautreizungen sowie Ekzeme hervorrufen kann. Nach dem Anfassen der Pflanze sollte man eine Berührung der Augen unbedingt vermeiden, da diese durch den Saft erheblich geschädigt werden können. Beim Umgang mit der Pflanze sollte man also äußerste Vorsicht walten lassen oder sie aus dem allergenreduzierten Garten ganz entfernen.

**ALTERNATIVEN**

**Frauenmantel,** winterhart
***Alchemilla mollis***
Hat die gleiche Farbe wie *E. characias*, ist jedoch kleiner. Die winzigen, leuchtend gelbgrünen Blüten erscheinen im Hochsommer.
**Purpurglöckchen,** winterhart
***Heuchera micrantha* 'Palace Purple'**
Hat wie *E.* 'Purpurea' dunkelviolette Blätter.

## Nieswurz

### *Helleborus* ssp.
RANUNCULACEAE

Attraktive Pflanze mit immergrünen Blättern und offenen weißen, rosafarbenen oder blaßgrünen Blüten, die im Winter oder zu Beginn des Frühjahrs erscheinen. Eignet sich ausgezeichnet für schattigen Standort. Der Saft jedoch kann bei Sonnenlicht zu schmerzhafter Blasenbildung auf der Haut führen, alle Teile der Pflanze sind giftig. Für den allergenreduzierten Garten nicht geeignet.

**ALTERNATIVEN**
**Storchschnabel,** winterhart
***Geranium sylvaticum* 'Album'**
Zwar kein Winterblüher, aber eine Pflanze, die einen schattigen Standort bevorzugt. Einen Ersatz für das immergrüne Laub der Christrose bieten Funkien und Bergenien.

## Margeriten

### *Leucanthemum* ssp.
ASTERACEAE

Früher unter dem botanischen Namen *Chrysanthemum* geführte Pflanze, heute *Leucanthemum*. Grobe, grüne Blätter und weiße Blüten mit gelbem Herz. Die Pflanze scheint selbst bei vollkommener Vernachlässigung zu gedeihen. Alle Chrysanthemenarten produzieren hochallergene Pollen, die Asthma und Heuschnupfen auslösen können. Der Kontakt mit Saft und Blättern der Pflanze verursacht Ekzeme. Chrysanthemen gehören nicht in den allergenreduzierten Garten.

**ALTERNATIVE**
**Anemone,** winterhart
***Anemone* x *hybrida***
Alle Pflanzen mit offenen Blüten produzieren allergene Pollen, eignen sich also nicht für den allergenreduzierten Garten. Ersatz für die Margerite bieten die weißen Blüten der Sorte 'Whirlwind', die im ausgehenden Sommer und Herbst erscheinen.

## Primeln und Schlüsselblumen

### *Primula* ssp.
PRIMULACEAE

Viele verschiedene Primeln finden sich in unseren Gärten, von den einfachen Kissenprimeln, *P. vulgaris*, bis zur eleganten Japanprimel, *P. japonica*. Der Kontakt mit den Blättern der meisten Arten kann unterschiedlich starke Hautreizungen verursachen. Am stärksten allergen ist die Zimmerprimel, *P. obconica*, doch auch die meisten Gartenprimeln können bei empfindlichen Menschen Beschwerden verursachen.

**ALTERNATIVEN**
**Blutweiderich,** winterhart
***Lythrum salicaria***
Die Blüten dieser mehrjährigen Pflanze haben eine ähnliche Farbe wie die der *P. japonica*.
**Ungarwurz,** winterhart
***Waldsteinia ternata***
Wintergrüner, mehrjähriger Bodendecker mit gelben Blüten.

**OBEN:** *Exotisch anmutende Blüten von* Astroemeria *'Apollo'; der wiederholte Kontakt mit diesen Pflanzen kann Ekzeme verursachen.*

WEITERE ZU VERMEIDENDE MEHRJÄHRIGE STAUDEN UND BODENDECKER

| Deutscher Name | Botanische Bezeichnung | Familienname |
|---|---|---|
| Inkalilie | *Alstroemeria* Hybriden | AMARYLLIDACEAE |
| Perlpfötchen | *Anaphalis* ssp. | ASTERACEAE |
| Buschwindröschen | *Anemone nemorosa* | RANUNCULACEAE |
| gemusterter Aronstab | *Arum maculatum* | ARACEAE |
| Aster | *Aster* ssp. | ASTERACEAE |
| Sumpfdotterblume | *Caltha palustris* | RANUNCULACEAE |
| Blaue Rasselblume | *Catanache caerulea* | ASTERACEAE |
| Flockenblume | *Centaurea* ssp. | ASTERACEAE |
| Mädchenauge | *Coreopsis* ssp. | ASTERACEAE |
| Nelke | *Dianthus* ssp. | CARYOPHYLLACEAE |
| Roter Sonnenhut | *Echinacea purpurea* | ASTERACEAE |
| Kugeldistel | *Echinops* ssp. | ASTERACEAE |
| Berufskraut, Feinstrahlaster | *Erigeron* ssp. | ASTERACEAE |
| Schöterich | *Erysimum* ssp. | CRUCIFERAE |
| Kokardenblumen-Hybriden | *Gaillardia* x *grandiflora* | ASTERACEAE |
| Herbstsonnenbraut | *Helenium autumnale* | ASTERACEAE |
| Sonnenblume | *Helianthus* ssp. | ASTERACEAE |
| Greiskraut | *Ligularia* ssp. | ASTERACEAE |
| Lilie | *Lilium* Hybriden | LILIACEAE |
| Lupine | *Lupinus* ssp. | LEGUMINOSAE |
| Knöterich | *Polygonum* ssp. | POLYGONACEAE |
| Küchenschelle, Kuhschelle | *Pulsatilla vulgaris* | RANUNCULACEAE |
| Hahnenfuß | *Ranunculus* ssp. | RANUNCULACEAE |
| Rudbeckie, Sonnenhut | *Rudbeckia* ssp. | ASTERACEAE |
| Goldrute | *Solidago* ssp. | ASTERACEAE |
| | *Stokesia laevis* | ASTERACEAE |
| Germer | *Veratrum* ssp. | LILIACEAE |
| Zimmerkalla | *Zantedeschia aethiopica* | ARACEAE |

# KLETTERPFLANZEN

Kletterpflanzen sind im allergenreduzierten Garten vor allem deshalb problematisch, weil die meisten von ihnen duftende Blüten haben, die als Auslöser für Attacken von Asthma und Heuschnupfen gelten. Bei einer nur kurzen Blüteperiode ist es denkbar, die Kletterpflanze in einem hinteren Teil des Gartens anzupflanzen, in dem man sich nicht ständig aufhält. Vermeiden Sie Gartenarbeit in ihrer Nähe, solange sie in Blüte steht. Viele der unten aufgeführten Kletterpflanzen blühen jedoch über einen längeren Zeitraum oder mehrmals im Jahr, so daß man auf sie am besten verzichten sollte.

**OBEN:** Hedera helix *'Angularis Aurea', eine der vielen Efeusorten.*

**OBEN:** *Die kleinen weißen, duftenden Blüten von* Jasminum officinale *erscheinen vom Spätsommer bis in den Herbst.*

## Clematis

***Clematis* ssp.**

RANUNCULACEAE

Clematis-Hybriden zählen zu den empfehlenswerten Pflanzen für den allergenreduzierten Garten (s. S. 100), da sie nur leicht oder gar nicht duften. Einige Arten jedoch haben stark duftende Blüten, die Asthma oder Heuschnupfen begünstigen können. Dazu gehören die immergrüne *C. armandii,* die im Frühling blühende *C. montana; C. flammula* mit süßlich duftenden, cremefarbenen Blüten im Sommer und *C. rehderiana* mit Blüten, die an die der Schlüsselblume erinnern.

**ALTERNATIVEN**

**Verschiedene Clematis-Hybriden,** winterhart (s. S. 100)

## Efeu

***Hedera helix***

ARALIACEAE

Die wohl verbreitetste Kletterpflanze in Garten und freier Natur ist so anspruchslos, daß sie überall wächst. Der Saft der Pflanze kann Hautreizungen verursachen, die von einem leichten Ausschlag bis zu Blasenbildung und Schwellungen reichen. Alle Teile sind giftig, vor allem der Saft und junge Blätter.

**ALTERNATIVE**

**Kletterhortensie,** winterhart

***Hydrangea anomala petiolaris***

Dieser Wurzelkletterer ist zwar nicht immergrün, trägt aber bis in den späten Herbst hinein glänzende Blätter (s. S. 100).

## Jasmin

***Jasminum officinale***

OLEACEAE

Eine wuchsfreudige Kletterpflanze. Der an sich außerordentlich angenehme Duft des Jasmin kann bei empfindlichen Menschen Asthma oder Heuschnupfen auslösen. Alle weißblütigen Jasminarten haben einen besonders starken Duft, während einige gelb blühende Sorten kaum oder gar nicht duften.

**ALTERNATIVE**

**Winterjasmin,** winterhart

***Jasminum nudiflorum***

Gelbe Blüten von Februar bis März. Kaum oder gar kein Duft; der windende Strauch läßt sich problemlos an einer Mauer hochziehen.

## Japanisches Geißblatt

***Lonicera japonica* 'Halliana'**

CAPRIFOLIACEAE

Eine der attraktivsten und nützlichsten Geißblattpflanzen für den Garten. Stark kletternd, immergrüne Blätter und cremefarbene Blüten, die den ganzen Sommer über erscheinen. Der starke Duft der Blüten kann jedoch Asthma und Heuschnupfen auslösen, Kontakt mit der Pflanze kann Hautreizungen verursachen.

**ALTERNATIVE**

**Geißblatt,** winterhart

***Lonicera***

Verschiedene kletternde Arten duften kaum oder gar nicht, darunter *L. tragophylla* (s. S. 100)

## Glycine, Wistarie

***Wisteria floribunda***

PAPILIONACEAE

Eine zu jeder Jahreszeit attraktive Pflanze. Die Blüten duften allerdings sehr stark und können daher Asthma oder Heuschnupfen auslösen. Alle Teile der Pflanze sind giftig, vor allem Samen und Schoten.

**ALTERNATIVE**

**Clematis,** winterhart

***Clematis* 'Perle d'Azur'**

Oder andere Sorten in ähnlichen Farben.

### WEITERE ZU VERMEIDENDE KLETTERPFLANZEN

| Deutscher Name | Botanische Bezeichnung | Familienname |
|---|---|---|
| Trompetenblume | *Campsis radicans* | BIGNONIACEAE |
| Klettermaxe | *Fallopia baldschuanica* | POLYGONACEAE |
| Hopfen | *Humulus lupulus* | MORACEAE |
| Trichterwinde, Prunkwinde, Sternwinde (Samenkörner enthalten Halluzinogene) | *Ipomoea tricolor* | CONVOLVULACEAE |
| Platterbse (Samenkörner können zu vorübergehender Lähmung führen) | *Lathyrus odoratus* | LEGUMINOSAE |
| Rose 'Compassion' | *Rosa* 'Compassion' | ROSACEAE |
| Nachtschatten | *Solanum jasminoides* | SOLANACEAE |
| Sternjasmin | *Trachelospermum jasminoides* | APOCYNACEAE |

# STRÄUCHER

Die hier aufgeführten Sträucher lösen nachweislich Allergien aus und gehören nicht in den allergenreduzierten Garten. Ein weiterer auszuschließender Strauch ist die Gartenraute, der vor allem in Kräutergärten vorkommt und daher auf Seite 122 behandelt wird. Die meisten der anderen, in der unten angefügten Liste aufgeführten Sträucher haben duftende Blüten und sollten nur dann entfernt werden, wenn sie bei Ihnen oder einem Mitglied Ihrer Familie nachweislich zu allergischen Reaktionen führen.

## Seidelbast, Kellerhals

***Daphne mezereum***
THYMELAEACEAE

Ein sehr beliebter Strauch mit leuchtend rosafarbenen, duftenden Blüten. Im Herbst tiefrote Beeren. Ausgesprochen giftige Pflanze (10 g der giftigsten Pflanzenteile können tödliche Wirkung haben). Der Saft der Pflanze wie der Beeren kann Ekzeme verursachen.

**ALTERNATIVE**
**Zierkirsche,** winterhart
***Prunus tenella***
Die zu Beginn des Frühjahrs erscheinenden Blüten haben eine ähnliche Farbe. Anspruchslos.

## *Fremontodendron californicum*

STERCULIACEAE

Hübscher Strauch mit den ganzen Sommer über erscheinenden gelben Blüten. Alle Teile der Pflanze sind fein behaart und lösen bei Berührung Reizungen von Haut, Mund, Nase und Augen aus.

**ALTERNATIVEN**
**Johanniskraut,** winterhart
***Hypericum* 'Hidcote'**
Großer Strauch mit ähnlichen Blüten. Für den Standort vor einer Mauer eignet sich auch eine gelbe Kletterrose wie *Rosa* 'Golden Showers'.

## Liguster, Rainweide

***Ligustrum ovalifolium***
OLEACEAE

Der Duft der Blüten löst Asthma und Heuschnupfen aus, die Pollen sind allergen, und bei Kontakt mit den Blättern wie auch der Rinde des Strauchs kann es zu Hautreizungen kommen. Überdies sind die schwarzen Beeren giftig.

**ALTERNATIVE**
**Schneeball,** winterhart bis –10°C
***Viburnum tinus***
Große immergrüne Blätter und weiße Blüten. Läßt sich auch als Hecke pflanzen (nicht schneiden).

## Schwarzer Holunder

***Sambucus nigra***
CAPRIFOLIACEAE

Hoher Strauch mit cremefarbenen Blüten im Sommer, gefolgt von Trauben schwarzer Beeren. Alle Teile der Pflanze sind giftig. Der Duft der Blüten löst häufig Asthma oder Heuschnupfen aus.

**ALTERNATIVEN**
**Fiederspiere,** winterhart
***Sorbaria sorbifolia***
Ähnliche Blütentrauben wie Holunder.
**Weigelie,** winterhart
***Weigela florida***
Zahlreiche Sorten mit bunten Blättern (s. S. 107).

**OBEN:** *Die hellblauen Blüten von* Ceanothus *'Pin Cushion' bedecken im Sommer das Blattwerk vollständig.*

**OBEN:** Ligustrum ovafolium *'Aureum' hat bunte Blätter und stark duftende, allergene Blüten.*

### WEITERE ZU VERMEIDENDE STRÄUCHER

| Deutscher Name | Botanische Bezeichnung | Familienname |
|---|---|---|
| Japanischer Ahorn | *Acer palmatum* | ACERACEAE |
| | *Brachyglottis* ssp. | ACERACEAE |
| Sommerflieder, Schmetterlingsstrauch | *Buddleja* ssp. | BUDDLEJACEAE |
| Säckelblume | *Ceanothus* ssp. | RHAMNACEAE |
| Scheineller | *Clethra alnifolia* | CLETHRACEAE |
| Hartriegel | *Cornus sanguinea* | CORNACEAE |
| Seidelbast | *Daphne* ssp. | THYMELAEACEAE |
| Ölweide | *Elaeagnus* ssp. | ELAEAGNACEAE |
| | *Grevillea* ssp. | PROTEACEAE |
| Stechpalme | *Ilex aquifolium* | AQUIFOLIACEAE |
| Strauchgeißblatt, Heckenkirsche | *Lonicera* x *purpusii* | CAPRIFOLIACEAE |
| Mahonie | *Mahonia japonica* | BERBERIDACEAE |
| Duftstrauch | *Olearia* ssp. | ACERACEAE |
| Duftblüte | *Osmanthus delavayi* | OLEACEAE |
| Pfeiffenstrauch, Sommerjasmin | *Philadelphus* ssp. | SAXIFRAGACEAE |
| Brandkraut | *Phlomis fruticosa* | LABIATAE |
| Rhododendren und Azaleen | *Rhododendron* und *Azalea* | ERICACEAE |
| Blutjohannesbeere | *Ribes sanguineum* | SAXIFRAGACEAE |
| Weinraute | *Ruta graveolens* | RUTACEAE |
| Schleimbeere, Fleischbeere | *Sarcococca* ssp. | BUXACEAE |
| Flieder | *Syringa vulgaris* | OLEACEAE |
| Schneeball | *Viburnum carlesii* | CAPRIFOLIACEAE |

**OBEN:** *Die sich abschälende Rinde ist typisch für* Acer griseum. *Unter der Rinde ist der Stamm mahagonifarben.*

**OBEN:** *Den leuchtend gelben Blüten von* Laburnum alpinum *'Pendulum' folgen wie bei allen Goldregenarten giftige Samen.*

# BÄUME

Bäume sind für Allergiker insofern problematisch, als viele der bei uns heimischen Arten windblütig sind und allergene Pollen produzieren, die Ursache für Anfälle von Asthma und Heuschnupfen sein können. Ob ein Baum in diese Kategorie gehört, läßt sich am Blütenstand erkennen. Eine vollständige Liste der entsprechenden Bäume findet sich am Ende dieses Abschnitts. Zunächst werden einige der verbreitetsten Zierbäume ausführlich besprochen.

## Ahorn

***Acer griseum***
ACERACEAE

Von den vielen Ahornarten, die über eine schöne Herbstfärbung und interessante, vor allem im Winter auffällige Rinde verfügen, ist diese eine besonders schöne. Ein attraktiver, mittelgroßer Baum mit dreilappigen, hellgrünen Blättern, die sich im Herbst leuchtend rot und orange verfärben. Alle Ahornarten produzieren allergene Pollen.

**ALTERNATIVEN**

**Kirschapfel,** winterhart
***Malus tschonoskii***
Herrliche Herbstfarben, leuchtendes Orange, Rot und Violett (s. S. 110).

**Zierkirsche,** winterhart
***Prunus serrula***
Frühblüher mit einer glänzenden, mahagonifarbenen Rinde, die besonders im Winter hübsch aussieht.

## Spitzahorn

***Acer platanoides* 'Drummondii'**
ACERACEAE

Ein mittelgroßer Baum mit runder Krone und dramatisch weißgerandeten grünen Blättern. Für Allergiker wie alle Ahorngewächse problematisch.

**ALTERNATIVEN**

**Hartriegel,** winterhart
***Cornus controversa* 'Variegata'**
Kleiner, buntblättriger Baum mit ausladenden Ästen. Im Sommer kleine weiße Blüten.

**Tulpenbaum,** winterhart
***Liriodendron tulipifera* 'Aureomarginatum'**
Beeindruckend großer, buntblättriger Baum mit grünlich weißen Blüten im Hochsommer.

## Trauerbirke

***Betula pendula* 'Youngii'**
VETULACEAE

Mit ihrer hübschen Schirmform eignet sich die Trauerbirke vor allem für eine Einzelpflanzung auf dem Rasen oder – noch effektvoller – neben einem Wasserbecken. Alle Birken haben hängende Kätzchen voller allergener Pollen, im Frühjahr Hauptursache für Anfälle von Asthma und Heuschnupfen.

**ALTERNATIVEN**

**Hängende Nelkenkirsche,** winterhart
***Prunus* 'Kiku-shidare-Sakura'**
Mittelgroßer Baum, Triebe stark hängend, mit gefüllten rosafarbenen Blüten im Frühjahr.

**Japanische Bergkirsche,** winterhart
***Prunus* x *subhirtella* 'Pendula Rubra'**
Trauerkirsche mit bis auf den Boden hängenden Zweigen und im Frühjahr erscheinenden rosafarbenen Blüten.

## Weißbuche/Hainbuche

***Carpinus betulus* 'Fastigiata'**
CORYLACEAE

Die heimische Weißbuche wird zwar häufig als Hecke gepflanzt, die säulenartige Fastigiata-Form eignet sich aber auch hervorragend als Alleebaum oder für eine Einzelpflanzung. Mit aufrechten Zweigen und glänzenden, ovalen Blättern, die sich im Herbst gelb färben. Leider produziert die Weißbuche im Frühjahr Unmengen allergener Pollen und gehört daher nicht in den allergenreduzierten Garten.

**ALTERNATIVE**

**Mehlbeere,** winterhart
***Sorbus aria***
Ein mittelgroßer Baum mit einer runden, aufrechten Form (s. S. 111). Die jungen Blätter sind silbriggrau, und werden später auf der Oberseite grün, auf der Unterseite weißfilzig. Weiße Blüten im Frühjahr, gefolgt von tiefroten Beeren im Herbst.

## Rotbuche

***Fagus sylvatica* 'Riversii'**
FAGACEAE

Als großer Waldbaum paßt eine ausgewachsene Rotbuche nur in sehr große, parkähnliche Gartenanlagen. Eignet sich für Einzelpflanzung auf dem Rasen oder als Hecke, die allerdings geschnitten werden muß. Produziert im Frühjahr allergene Pollen und ist daher für den allergenreduzierten Garten ungeeignet.

**ALTERNATIVE**

**Blutpflaume,** winterhart
***Prunus cerasifera* 'Pissardii'**
Ein Baum mit runder Krone und ähnlich roten Blättern wie die Rotbuche, der mit seiner Größe von 4–7 m wesentlich besser in die meisten Gärten paßt (s. S. 110). Blaßrosa Blüten im Frühjahr, gefolgt von eßbaren roten Früchten.

## Goldesche

***Fraxinus excelsior* 'Jaspidea'**
OLEACEAE

Die wohl attraktivste unter den europäischen Eschen. Mit einer gefurchten Rinde, schwarzen Knospen und gefiederten Blättern, die jungen Zweige und Blätter sind gelb, werden im Sommer hellgrün und verfärben sich im Herbst golden. Alle Eschen produzieren allergene Pollen und gehören daher nicht in den allergenreduzierten Garten.

**ALTERNATIVE**

**Lederhülsenbaum,** winterhart
***Gleditsia triacanthos* 'Sunburst'**
Der Goldesche sehr ähnlich, doch mit kleineren, glänzenden Blättern, die den ganzen Sommer und bis in den Herbst hinein gelb bleiben.

## Goldregen ✪

***Laburnum* x *wateri* 'Vossii'**
PAPILIONACEAE

Alle drei gängigen Arten des Goldregens sind hübsche kleine Bäume mit dunkelgrünen Blättern und gelben Blüten im Frühjahr. Den Blüten folgen lange grüne Fruchthülsen mit schwarzen, glänzenden, hochgiftigen Samen, die vor allem auf Kinder eine magische Anziehungskraft ausüben. Obwohl der Goldregen im eigentlichen Sinne keine allergischen Reaktionen auslöst, sollte er wegen des hohen Vergiftungsrisikos aus jedem Garten, in dem sich Kinder aufhalten, unbedingt entfernt werden.

**ALTERNATIVE**
**Blasenbaum,** winterhart
***Koelreuteria paniculata***
Ein ausladender Baum mit gelben Blüten im Sommer, das Laub ist hübscher als das des Goldregens.

## Amerikanischer Amberbaum ❋

***Liquidambar styraciflua***
HAMAMELIDACEAE

Der mittelgroße Baum ist aufgrund seiner dem Ahorn ähnelnden Blattform leicht mit diesem zu verwechseln, hat im Gegensatz dazu aber eine eher konische Form und eine zerfurchte, korkähnliche Rinde. Herrliche orangerote Herbstfärbung. Die Pollen verursachen Heuschnupfen.

**ALTERNATIVE**
**Kirschapfel,** winterhart
***Malus***
Verschiedene Arten des Kirschapfelbaumes bieten eine schöne Herbstfärbung, darunter *M. transitoria*, ein kleiner Baum mit strahlend gelben Blättern im Herbst, und *M. tschonoskii*, größer und aufrechter wachsend, mit leuchtend roten, purpurnen und orangefarbenen Blättern.

## Pappel ❋

***Populus* x *candicans* 'Aurora'**
SALICACEAE

Ein sehr attraktiver Baum mit nach Balsam duftenden Blättern, die vor allem in der Jugend mit rosa- und cremefarbenen Sprenkeln übersät sind. Dieser Baum wird sehr groß und sollte daher beschnitten oder gekappt werden. Wie alle anderen Pappeln auch produziert er im Frühjahr Unmengen von allergenen Pollen, die Anfälle von Asthma und Heuschnupfen auslösen können. Überdies kann auch der Balsamduft Asthmaanfälle verursachen.

**ALTERNATIVE**
**Taubenbaum,** winterhart
***Davidia involucrata***
Zur Zeit der Blüte sieht dieser Baum der Pappel sehr ähnlich, muß aber im Gegensatz zu dieser nicht beschnitten oder gekappt werden (s. S. 109).

## Salweide ❋ ✪

***Salix caprea* 'Kilmarnock'**
SALICACEAE

Weiden sind beliebte Gartenbäume, und dieser kleine Baum mit seinen langen, hängenden Zweigen und der kompakten Krone ist besonders attraktiv. Die Zweige reichen bis auf den Boden, müssen aber beschnitten werden, so daß sie einen „Schirm" bilden. Im Frühling sind die Zweige mit Kätzchen übersät, die allergene Pollen freisetzen.

**ALTERNATIVE**
**Zwergmispel (Trauerform),** winterhart
***Cotoneaster salicifolius* 'Pendulus'**
In Wuchs und Form recht ähnlicher, wintergrüner Baum mit hängenden Zweigen, dunkelgrünen Blättern und weißen Blüten im Frühjahr, gefolgt von roten Beeren im Herbst.

**OBEN:** *Das junge Laub von* Populus *x* candicans *'Aurora' zeigt eine herrliche Färbung in Grün, Creme und Rosa.*

### WEITERE ZU VERMEIDENDE BÄUME

| Deutscher Name | Botanische Bezeichnung | Familienname |
|---|---|---|
| Ahorn ❋ | *Acer* ssp. | ACERACEAE |
| Roßkastanie ✪ | *Aesculus hippocastanum* | HIPPOCASTANACEAE |
| Götterbaum ❋ 🍂 | *Ailanthus altissima* | SIMAROUBACEAE |
| Erle ❋ | *Alnus* ssp. | BETULACEAE |
| 🍂 | *Aralia elata* | ARALIACEAE |
| Birke ❋ | *Betula* ssp. | BETULACEAE |
| Weißbuche, Hainbuche ❋ | *Carpinus* ssp. | BETULACEAE |
| Hickorynußbaum ❋ | *Carya* ssp. | JUGLANDACEAE |
| Haselnußbaum ❋ | *Corylus* ssp. | BETULACEAE |
| Quitte 🍂 | *Cydonia oblonga* | ROSACEAE |
| Buche ❋ ✪ | *Fagus* ssp. | FAGACEAE |
| Esche ❋ | *Fraxinus* ssp. | OLEACEAE |
| Walnußbaum ❋ | *Juglans* ssp. | JUGLANDACEAE |
| Goldregen ✪ | *Laburnum* ssp. | LEGUMINOSAE |
| Maulbeerbaum ❋ | *Morus* ssp. | MORACEAE |
| Scheinbuche ❋ | *Nothofagus* ssp. | FAGACEAE |
| Platane ❋ | *Platanus* ssp. | PLATANACEAE |
| Pappel ❋ | *Populus* ssp. | SALICACEAE |
| Flügelnuß ❋ | *Pterocarya fraxinifolia* | JUGLANDACEAE |
| Eiche ❋ | *Quercus* ssp. | FAGACEAE |
| Weide ❋ ✪ | *Salix* ssp. | SALICACEAE |
| Ulme ❋ | *Ulmus* ssp. | ULMACEAE |

**OBEN:** *Die alte, wohlschmeckende Tomatensorte 'Gardener's Delight' ist für die Freilandanpflanzung eine gute Wahl.*

**OBEN:** *Der äußerst dekorative wie eßbare Blütenkopf der Artischocke. Man sollte sie ernten, bevor die Blüten erscheinen.*

# GEMÜSE

Während Spinat, Meerkohl und Rote Beete der Familie der *Chenopodiaceae* angehören, sind Porree, Chicorée und Endivien der Familie der *Asteraceae* zuzurechnen – beides Familien also, deren Mitglieder allergene Pollen produzieren. Da die entsprechenden Gemüse jedoch meistens vor der Blüte geerntet werden, dürften sich aus ihrem Anbau auch in einem allergenreduzierten Garten keine Probleme ergeben. Lebensmittelallergien sind nicht Thema dieses Buches. Dennoch sei darauf hingewiesen, daß der Verzehr der im folgenden aufgeführten Gemüsesorten bei entsprechend disponierten Menschen verschiedenste allergische Reaktionen zur Folge haben kann. Vorschläge für eine alternative Bepflanzung werden in diesem Abschnitt nicht gemacht, da visuelle Aspekte in Gemüsegärten eine untergeordnete Rolle spielen.

## Sellerie

***Apium graveolens***
UMBELLIFERAE

Sellerie schmeckt sowohl roh in Salaten als auch gekocht. Der Anbau des traditionellen Bleichsellerie erfordert allerdings viel Mühe, da er in gut vorbereitete Gräben gesetzt und in der Wachstumsphase ständig angehäufelt werden muß. Kontakt mit der Pflanze bei Sonnenlicht kann zu Lichtdermatitis führen, ein weiterer Grund, warum man auf den Anbau dieses Gemüses verzichten sollte.

## Spargel

***Asparagus officinalis***
LILIACEAE

Ein ideales Gemüse, wenn man einen leichten, durchlässigen Boden und ausreichend Platz zur Verfügung hat. Anders als die meisten anderen Gemüsepflanzen ist Spargel mehrjährig und muß einzeln in gut vorbereitete Beete gepflanzt werden. Weil die jungen Sprosse Hautreizungen verursachen können, sollte sich nur ein Nicht-Allergiker um die Pflanzen kümmern.

## Gemüse-Artischocke

***Cynara cardunculus***
ASTERACEAE

Es ist nicht verwunderlich, daß dieses Pflanze allergische Reaktionen verursacht: Die hohen Stiele sind mit kurzen Stachelhaaren besetzt, die Hüll- und Laubblätter der distelähnlichen Blüten sind dornspitzig. Die Blüte wird geerntet, bevor sie sich öffnet. Nach dem Kochen wird nur der fleischige Blütenboden gegessen. Läßt man die Pflanze bis zur Blüte reifen, produziert sie – wie alle Mitglieder der Familie der *Asteraceae* – allergene Pollen. Darüber hinaus kann es nach Kontakt mit der Pflanze zu Hautreizungen kommen. Artischocken sind nicht für einen allergenreduzierten Garten geeignet.

## Tomate

***Lycopersicon esculentum***
SOLANACEAE

Tomaten kann man – je nach Sorte – entweder im Gewächshaus oder im Freiland ziehen. In jedem Falle muß man beim Umgang mit den Pflanzen besondere Vorsicht walten lassen, wenn man unter Hautallergien leidet, da die klebrigen Blätter eine Reihe von allergischen Reaktionen hervorrufen können. Der Duft von Tomaten kann Anfälle von Heuschnupfen und Asthma verursachen. Darüber hinaus reagieren viele Menschen mit allergischen Symptomen auf den Verzehr von Tomaten.

## Dicke Bohnen

***Vicia faba***
LEGUMINOSAE

Alle Bohnensorten können allergische Reaktionen verursachen. Die duftenden Blüten vor allem von *Vicia faba* und *Phaseolus coccineus* sind Ursache für Anfälle von Asthma und Heuschnupfen, und die behaarten Hülsen der Dicken Bohnen können Hautreizungen hervorrufen. Darüber hinaus reagieren manche Menschen allergisch auf den Verzehr von Bohnen. Wenn Sie feststellen, daß Ihnen die duftenden Blüten der Pflanzen Probleme bereiten, sollten Sie auf den Anbau von Bohnen im eigenen Garten verzichten.

## Zuckermais

***Zea mays convar. saccharata***
GRAMINEAE

Der Mais gehört zur Familie der Gräser. Maiskolben sind also nichts anderes, als die Frucht einer sehr großen Gräserblüte, die, wenn sie sich öffnet, Unmengen allergener Pollen produziert und so Asthma oder Heuschnupfen auslösen kann. Aus Zuckermais werden viele Maisprodukte hergestellt, eine Hauptquelle für Nahrungsmittelallergien. Zuckermais eignet sich nicht für den allergenreduzierten Garten.

### WEITERE ZU VERMEIDENDE GEMÜSESORTEN

| Deutscher Name | Botanische Bezeichnung | Familienname |
|---|---|---|
| Spanischer Pfeffer, Speisepaprika | *Capsicum annuum* | SOLANACEAE |
| Zucchini | *Cucurbita pepo* | CUCURBITACEAE |
| Pastinake | *Pastinaca sativa* | UMBELLIFERAE |
| Radieschen | *Raphanus sativus* var. *radicula* | CRUCIFERAE |

# OBST

Viele der Beerenfrüchte, die in unseren Gärten wachsen – darunter Brombeere, Stachelbeere und Himbeere –, haben Stacheln oder Dornen und können daher bei entsprechend disponierten Personen Hautreizungen hervorrufen. Diesem Problem läßt sich begegnen, indem man stachellose Züchtungen – wie die Brombeere 'Oregon Thornless', die über ein sehr attraktives Blattwerk verfügt – anpflanzt und beim Umgang mit den Pflanzen Vorsicht walten läßt.

## Haselnuß ❋

***Corylus avellana***
CORYLACEAE

Diese Sträucher bzw. -bäume werden zwar häufig nur zu Zierzwecken – als Hecke oder in Gruppenstellung mit anderen Bäumen – angepflanzt, können aber auch als Früchte tragende Nutzpflanzen eingesetzt werden. In Baumschulen werden verschiedene, mehr oder weniger ertragreiche Sorten angeboten. Wenn Sie an einer reichen Ernte interessiert sind, sollten Sie Sorten wie 'Pearsons', 'Prolific' oder 'Cosford Cob' wählen. Doch Haselnußbäume produzieren im Frühjahr Unmengen von hochallergenen Pollen und sind damit in dieser Jahreszeit einer der Hauptauslöser für Asthma- und Heuschnupfenanfälle. Darüber hinaus reagieren viele Menschen auf den Verzehr von Haselnüssen allergisch.

## Echter Feigenbaum

***Ficus carica***
MORACEAE

Der Feigenstrauch ist nicht nur eine der ältesten Obstpflanzen in Kultur, sondern aufgrund seiner großen, glänzenden, wunderschön geformten Blätter auch noch sehr attraktiv, gleich ob er nun Früchte trägt oder nicht. Eine reiche Ernte wird man in unseren Breiten von einem Feigenstrauch wohl kaum erwarten können, doch die Wahl einer guten Sorte wie 'Brown Turkey' und das Abstechen der Wurzeln läßt doch zumindest auf einige Früchte hoffen. Leider kann der Kontakt mit dem Saft der Pflanze bei Sonne zu starken Hautreaktionen wie Rötung, Juckreiz und Blasenbildung führen, die an einen Sonnenbrand erinnern. Tragen Sie beim Umgang mit dieser Pflanze also immer Handschuhe oder verzichten Sie in Ihrem Garten gänzlich auf Feigensträucher.

## Walnußbaum ❋

***Junglans regia***
JUGLANDACEAE

Meistens werden Walnußbäume als Alleebäume oder Schattenspender angepflanzt, weniger wegen ihrer Früchte. Da er relativ schnell wächst, ist das einzige Problem aus der Sicht des Gärtners das späte Erscheinen der Blätter und die Empfindlichkeit der Wurzeln. Für den allergenreduzierten Garten allerdings sind Walnußbäume nicht geeignet, da sie windblütig sind und allergene Pollen produzieren. Darüber hinaus kann der Verzehr der Früchte Allergien hervorrufen.

## Schwarzer Maulbeerbaum ❋

***Morus nigra***
MORACEAE

Ein alter Maulbeerbaum erreicht eine wahrhaft majestätische Größe, so daß sich diese Bäume nur für wirklich große Gärten eignen. Zugleich bringen sie im ausgehenden Sommer oder Frühherbst eine große Menge sehr schmackhafter brombeerähnlicher Scheinfrüchte hervor, die man genauso gut roh essen wie zu einer köstlichen Marmelade verarbeiten kann. Doch Vorsicht, unter den Schuhen mit ins Haus getragene zertretene Beeren hinterlassen Flecken auf dem Teppich, die sich praktisch nicht wieder entfernen lassen. Die dunkelgrünen, herzförmigen, behaarten Blätter können Hautreizungen verursachen. Außerdem produziert der Maulbeerbaum große Mengen allergener Pollen, die Asthma und Heuschnupfen auslösen können.

## Rhabarber ❋

***Rheum* x *hybridum***
POLYGONACEAE

Diese mehrjährige Pflanze braucht viel Platz im Gemüsegarten. Rhabarber verlangt einen nährstoffreichen Boden, um fleischige, rote Stiele hervorzubringen, die vom Frühjahr bis in den Sommer hinein geerntet werden können. Wenn sich die großen, cremefarbenen Blüten öffnen, entlassen sie allergene Pollen, die Asthma und Heuschnupfen verursachen können. Die Stengel schmecken gekocht vorzüglich, die Blätter jedoch enthalten Oxalat und sind stark giftig. Aus diesem Grunde gehört Rhabarber nicht in den allergenreduzierten Garten, vor allem dann nicht, wenn kleine Kinder im Haushalt leben.

**OBEN:** *Die leuchtend roten, fast reifen Stengel des Rhabarbers mit den noch nicht ganz ausgebildeten großen Blättern im Frühling.*

**OBEN:** *Reife Erdbeeren laden zum Genuß, aber Vorsicht, der Kontakt mit den Blättern der Pflanze kann Hautirritationen verursachen.*

### WEITERE ZU VERMEIDENDE OBSTSORTEN

| Deutscher Name | Botanische Bezeichnung | Familienname |
|---|---|---|
| Quitte | *Cydonia oblonga* | ROSACEAE |
| Erdbeere | *Fragaria* x *ananassa* | ROSACEAE |
| Olive, Ölbaum ❋ | *Olea europaea* | OLECEAE |
| Stachelbeere | *Ribes uva-crispa* | GROSSULARIACEAE |

**OBEN:** Chamaemelum nobile *bildet einen duftenden, aber allergenen Blatteppich.*

**OBEN:** *Die stark duftenden Blüten des Lavendel werden gerne getrocknet, um für Potpourris und Duftkissen verwendet zu werden.*

# KRÄUTER

Die in den meisten Kräutern vorhandenen aromatischen Substanzen wirken nicht als Auslöser für Asthma und Heuschnupfen, so daß diese Kräuter auch für einen allergenreduzierten Garten als unproblematisch anzusehen sind. Es gibt jedoch ein paar Ausnahmen, zu denen zum Beispiel Lavendel zu zählen ist. Einige der unten aufgeführten Kräuter gehören zur Familie der *Asteraceae*, andere können Hautreizungen verursachen. Die von mir genannten Alternativen können die zu verbannenden Kräuter unter optischen Gesichtspunkten ersetzen, besitzen aber nicht unbedingt ähnliche Würz- oder Geschmackseigenschaften.

## Wermut, Magenkraut

### *Artemisia absinthium*

ASTERACEAE

Ursprünglich pflanzte man Wermut wegen seiner Insekten abweisenden Wirkung an, und so war diese Pflanze wichtiger Bestandteil eines jeden Kräutergartens. Die winzigen Blüten produzieren allergene Pollen und können daher Anfälle von Asthma oder Heuschnupfen hervorrufen. Darüber hinaus kann der Kontakt mit Blüten und Blättern zu Hautreizungen führen. Den stechenden Geruch empfinden viele Menschen als unangenehm.

**ALTERNATIVE**

**Perowskie, Silberstrauch,** winterhart bis –10°C
***Perovskia atriplicifolia***
Die Pflanze hat ähnliche Blätter, die nicht ganz so seidig sind wie die des Wermuts. Dafür sind die lavendelblauen Blüten sehr hübsch.

## Römische Kamille

### *Chamaemelum nobile*

ASTERACEAE

Alle Teile der Pflanze sind stark aromatisch, was einer der Gründe dafür ist, warum das Gehen durch ein Kamillenbeet so großes Vergnügen bereitet. Die Blüten produzieren allergene Pollen, und alle Teile der Pflanze können Hautreizungen verursachen. Für Pollenallergiker empfiehlt sich die Sorte *C. n.* ‚Treneague', die keine Blüten ausbildet, aber trotzdem zu Hautreizungen führen kann.

**ALTERNATIVE**

**Thymian,** winterhart
***Thymus serpyllum***
Durch dichte Pflanzung läßt sich ein rasenähnlicher Effekt erzielen. Winzige Blättchen mit kleinen, rosafarbenen Blüten im Sommer.

## Echter Lavendel

### *Lavandula angustifolia*

LABIATAE

Eine hübsche Gartenpflanze und wesentlicher Bestandteil eines jeden Kräutergartens. Leider kann Lavendel Anfälle von Asthma und Heuschnupfen verursachen.

**ALTERNATIVEN**

**Rosmarin,** winterhart bis –10°C
***Rosmarinus officinalis***
und
**Ysop,** winterhart
***Hyssopus officinalis***
Beide Pflanzen gleichen dem Lavendel, erstere ist etwas größer, die zweite hat grünere Blätter.

## Weinraute, Gartenraute

### *Ruta graveolens*

RUTACEAE

Der immergrüne Strauch mit kleinen, blaugrünen Blättern und offenen, gelben Blüten gehört zu den schlimmsten Verursachern von Hautschädigungen. Bei Kontakt mit jedem Teil der Pflanze bei heißem, sonnigem Wetter können sich auf der Haut Blasen bilden, die erst nach Wochen wieder abklingen und wieder auftreten können, wird die Haut erneut dem Sonnenlicht ausgesetzt. Eine permanente Schädigung der Haut kann die Folge sein. Diese Reaktion tritt nicht nur bei Allergikern auf. Fassen Sie die Pflanze daher nie ohne Handschuhe an und entfernen Sie sie aus dem Garten, wenn Kinder Zutritt zu ihm haben.

**ALTERNATIVE**

**Strauchveronika,** winterhart bis –5°C
***Hebe albicans***
Ein kugelförmiger Busch mit immergrünen graugrünen Blättern und weißen Blüten.

## WEITERE ZU VERMEIDENDE KRÄUTER

| Deutscher Name | Botanische Bezeichnung | Familienname |
|---|---|---|
| Engelwurz | *Angelica archangelica* | UMBELLIFERAE |
| Arnika, Wohlverleih | *Arnica montana* | ASTERACEAE |
| Meerrettich | *Armoracia rusticana* | CRUCIFERAE |
| Eberraute | *Artemisia abrotanum* | ASTERACEAE |
| Estragon | *Artemisia dracunculus* | ASTERACEAE |
| Borretsch | *Borago officinalis* | BORAGINACEAE |
| Schwarzer Senf | *Brassica nigra* | CRUCIFERAE |
| Ringelblume | *Calendula officinalis* | ASTERACEAE |
| Hopfen, Bierhopfen | *Humulus lupulus* | MORACEAE |
| Sauerampfer | *Rumex acetosa* | POLYGONACEAE |
| Heiligenpflanze | *Santolina chamaecyparissus* | ASTERACEAE |

# UNKRÄUTER

Ein Unkraut könnte man definieren als „eine Pflanze am falschen Platz", und tatsächlich sehen viele Unkräuter in der freien Natur oder auf einer deutlich eingegrenzten Fläche attraktiv aus. Aus unseren Gärten jedoch versuchen wir sie fernzuhalten, weil sie unordentlich wirken, wertvolleren Pflanzen den Platz wegnehmen und zu einer echten Plage werden, wenn sie außer Kontrolle geraten und alles überwuchern. Im allergenreduzierten Garten ist es um so wichtiger, Unkräuter so weit als möglich zu vermeiden, weil die Anstrengung des Jätens an sich schon bei Asthmakranken einen Anfall hervorrufen kann. Die meisten der bei uns heimischen Unkräuter produzieren darüber hinaus massenhaft Pollen und müssen damit vor allem im Sommer zu den Hauptverursachern für Anfälle von Asthma und Heuschnupfen gezählt werden. Zu nennen sind vor allem Sauerampfer, Beifuß, Brennessel und Wegerich. Andere, häufig in unseren Gärten anzutreffende Unkräuter wie Hahnenfuß, Löwenzahn und Schafgarbe sind auch allergen, aber nicht in dem Maße wie die unten ausführlich beschriebenen Pflanzen. Die Liste am Ende des Abschnitts zählt weitere Unkräuter auf, die in Rasenflächen, Beeten und Rabatten anzutreffen sind.

## Echter Beifuß

***Artemisia vulgaris***
ASTERACEAE

Aufrechte Stengel mit kleinen, gelben Blüten, die von der Mitte des Sommers bis in den frühen Herbst hinein erscheinen. Ein relativ leicht zu kontrollierendes Gartenunkraut.

## Glaskraut

***Parietaria* ssp.**
URTICACEAE

*P. judaica* ist in Australien auch unter dem Namen „Asthma-Kraut" bekannt. Die windblütige Pflanze hat winzige Blüten, die den ganzen Sommer hindurch allergene Pollen produzieren.

## Wegerich

***Plantago* ssp.**
PLANTAGINACEAE

Aufrechte Stiele mit winzigen, braunen Blüten, die vom ausgehenden Frühjahr bis in den beginnenden Herbst hinein Pollen produzieren. Das häufig auf Rasenflächen und in Rabatten anzutreffende Unkraut sollte im allergenreduzierten Garten mit allem Nachdruck bekämpft werden.

## Sauerampfer

***Rumex* ssp.**
POLYGONACEAE

Auf Feldern und freien Flächen häufig in der Nachbarschaft von Brennesseln zu finden: Das Einreiben der von einer Brennessel gereizten Hautstelle mit einem Sauerampferblatt ist ein ebenso altes wie bewährtes Hausmittel.

## Brennessel

***Urtica dioica***
URTICACEAE

Die Brennessel scheint überall zu wachsen. Die gezackten Blätter sind mit feinen Härchen bedeckt, die bei Berührung abbrechen. Dadurch gelangt eine Substanz in die Haut, die ein Brennen und die Bildung kleiner, weißer Pusteln verursacht. Die Beschwerden können mehrere Stunden anhalten. Die winzigen Blüten der windblütigen Pflanze produzieren im Sommer große Mengen allergener Pollen.

**Wie vermeide ich Unkraut und häufiges Jäten?**

- Der Boden sollte „sauber" sein, bitten Sie also jemanden, Ihren Garten umzugraben und/oder setzen Sie vor dem Pflanzen Herbizide ein.
- Wählen Sie Pflanzen, die als Bodendecker eingesetzt werden können.
- Stellen Sie sicher, daß alle neuen Pflanzen unkrautfrei sind, besonders dann, wenn sie aus anderen Gärten stammen – wenn nötig, sollten Sie die Erde von den Wurzeln waschen, bevor Sie die Pflanze einsetzen.
- Düngen Sie die Pflanzen nach dem Setzen, um für rasches Wachstum zu sorgen.
- Bepflanzen Sie die Beete komplett – greifen Sie, falls nötig, auf einjährige Pflanzen zurück, um den Boden vollständig zu bedecken.
- Mulchen Sie mit Kies.
- Gießen Sie neue Pflanzen regelmäßig, um schnelles Wachstum zu fördern.
- Benutzen Sie eine Hacke und entfernen Sie das Unkraut, sobald es auftaucht – *so wenig wie möglich, aber so oft wie nötig* ist die beste Methode.

WEITERE ZU VERMEIDENDE UNKRÄUTER

| Deutscher Name | Botanische Bezeichnung | Familienname |
|---|---|---|
| Schafgarbe | *Achillea millefolium* | ASTERACEAE |
| Quecke | *Agropyron repens* | GRAMINEAE |
| Ackergauchheil | *Anagallis arvensis* | PRIMULACEAE |
| Klette | *Arctium lappa* | ASTERACEAE |
| gemusterter Aronstab | *Arum maculatum* | ARACEAE |
| Gänseblümchen | *Bellis perennis* | ASTERACEAE |
| Hirtentäschel | *Capsella bursa-pastoris* | CRUCIFERAE |
| Schöllkraut | *Chelidonium majus* | PAPAVERACEAE |
| Weißer Gänsefuß | *Chenopodium album* | CHENOPODICAEAE |
| Kratzdistel | *Cirsium* ssp. | ASTERACEAE |
| Wolfsmilch | *Euphorbia* ssp. | EUPHORBIACEAE |
| Bärenklau, Herkulesstaude | *Heracleum mantegazzianum* | UMBELLIFERAE |
| Rispengras | *Poa annua* | GRAMINEAE |
| Hahnenfuß | *Ranunculus repens* | RANUNCULACEAE |
| Jakobskraut | *Senecio jacobea* | ASTERACEAE |
| Nachtschatten | *Solanum* ssp. | SOLANACEAE |
| Löwenzahn | *Taraxacum officinale* | ASTERACEAE |

## Nützliche Adressen

**Deutscher Allergiker- und Asthmatikerbund e.V.**
Hindenburgstraße 110
41061 Mönchengladbach
Telefon (0 21 61) 1 02 07
Telefax (0 21 61) 20 85 02

**Bundesverband Deutscher Pflanzenzüchter e.V.**
Kaufmannstraße 71–73
53115 Bonn
Telefon (02 28) 69 30 14
Telefax (02 28) 69 26 02

**Bundesverband Deutscher Samenkaufleute und Pflanzenzüchter e.V.**
Rheinallee 4 a
53173 Bonn
Telefon (02 28) 36 44 23
Telefax (02 28) 36 45 33

**Gesellschaft für Pflanzenzüchtung e.V.**
Von-Siebold-Straße 8
37075 Göttingen
Telefon (05 51) 39 43 61
Telefax (05 51) 39 46 01

**Capel Manor Horticultural and Environmental Centre**
Bullsmoor Lane
Enfield
Middlesex EN1 4RQ
• Nationales Gartenarbeitszentrum, das einen dauerhaften allergiefreien Garten zeigt

**Lucy Huntington**
Cothelstone
Taunton
Somerset TA4 3DS
• Beraterin für Gartendesign

**Stationery Office Limites**
Publications Centre
51 Nine Elms Lane
London SW8 5DR
• Verleger und Großhändler von Plato-UK, CD-ROM für giftige Pflanzen

## Bildnachweis

**Eric Crichton:** S. 66 oben, S. 68 unten, S. 72 unten, S. 93 unten links, S. 97 oben rechts, S. 102 unten links, S. 104 Mitte, S. 105 unten, S. 106 unten links, S. 108 unten links, S. 109 oben links, S. 110 unten links, S. 113 unten rechts, S. 116 unten.

**Garden Picture Library:** David Asham S. 74 oben, S. 84 oben; John Baker S. 53 oben; Philippe Bonduel S. 23; Rex Butcher S. 110 unten rechts; Brian Carter S. 94 oben links, S. 112 unten; Dennis Davis S. 76; Robert Estall S. 32; Christopher Fairweather S. 97 oben links; John Glover S. 25, S. 31, S. 33, S. 80 unten (Savill Gärten, Windsor), S. 86 unten, S. 90 unten rechts, S. 98 unten links, S. 109 oben rechts, S. 111 unten, S. 113 oben, S. 114 oben, S. 117 oben; Neil Holmes S. 5, S. 94 unten, S. 108 oben; Lamontagne S. 52; Howard Rice S. 20, S. 68 oben, S. 78, S. 114 unten, S. 116 oben; Gary Rogers S. 12, S. 13; Jerry Pavia S. 107 oben links; JS Sira S. 79; Ron Sutherland S. 56, S. 96 links; Ron Sutherland (Design: Lucy Huntington) S. 44; Brigitte Thomas S. 83; Juliette Wade S. 72 oben, S. 97 unten; Steven Wooster S. 34.

**John Glover:** S. 1, S. 21 (Barnsley House), S. 27, (Design: Lucy Huntington) S. 7, S. 46, S. 87, (Design: Peter Tinsley) S. 77 unten, (Design: Julie Toll – RHS Garten, Wisley, Surrey) S. 57.

**Reed Consumer Books Ltd:** S. 35, S. 118 oben, S. 120 unten, S. 121 oben, S. 122 oben; Neil Holmes S. 122 unten; Steven Wooster S. 85, S. 106 unten rechts, S. 117 unten; George Wright S. 88/89.

**Jerry Harpur:** S. 3, S. 103 unten, S. 110 unten Mitte, S. 111 oben, S. 119, (Design: Sheila McQueen) S. 9, S. 60/61, (Design: Lucy Huntington) S. 42, (Züchtung: Bob Flowerdew) S. 121 unten.

**Lucy Huntington:** S. 8, S. 51, S. 55.

**Andrew Lawson Photography:** S. 4, S. 22, S. 38, S. 48, S. 53 unten, S. 59, S. 63, S. 77 oben, S. 90 oben Mitte, S. 93 oben links, S. 96 rechts, S. 98 rechts, S. 99 unten links und oben, S. 112 oben, S. 119, (Design: Anthony Noel) S. 36/37.

**Clive Nichols Photography:** S. 2, S. 54, S. 70, S. 80 oben, S. 81, S. 94 oben rechts, S. 99 unten rechts, S. 102 oben rechts, S. 107 oben rechts; (Hexham Kräuter, Northumberland) S. 86 oben, (Le Manoir aux Quat' Saisons, Oxon) S. 84 unten, (Old Coach House, Turn End, Bucks) S. 49 oben, (Sailing Hall, Essex) S. 81 unten, (Design: Lucy Huntington) S. 11, S. 66 unten, (Design: Lucy Huntington – Mrs. Dymock's Garten) S. 49 unten.

**Photos Horticultural:** S. 50, S. 64, S. 74 unten, S. 82, S. 90 unten links, S. 95, S. 100, S. 101, S. 103 oben, S. 104 unten, S. 105 oben, S. 106 unten Mitte, S. 108 unten rechts, S. 115, S. 118 unten, S. 120 oben.

**Science Photo Library:** Dr. Vic Bradbury S. 30; Dr. Jeremy Burgess S. 17, S. 18, S. 19 unten links; Darwin Dale S. 19 unten rechts; Claude Nuridsany S. 16; Alfred Pasieka S. 28.

# Register